Los pintores de las cavernas
El misterio de los primeros artistas

Gregory Curtis

Los pintores
de las cavernas

El misterio de los primeros artistas

Traducción de Eugenia Vázquez Vacarino

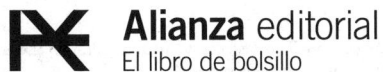 **Alianza** editorial
El libro de bolsillo

Título original: *The Cave Painters. Probing the Mysteries of the World's First Artists.*

Diseño de colección: Estrada Design
Diseño de cubierta: Manuel Estrada

PAPEL DE FIBRA
CERTIFICADA

Copyright © Gregory Curtis, 2006
   Esta edición ha sido publicada por acuerdo con The Foreign Office Agència Literària
   y McCormick Literary
© de la traducción: Eugenia Vázquez Vacarino, 2025
© Alianza Editorial, S. A., Madrid, 2025
   Calle Valentín Beato, 21
   28037 Madrid
   www.alianzaeditorial.es

ISBN: 978-84-1148-966-9
Depósito legal: M. 3.400-2025
Printed in Spain

Si quiere recibir información periódica sobre las novedades de Alianza Editorial, envíe
un correo electrónico a la dirección: alianzaeditorial@anaya.es

Índice

Para Vivian Curtis y Vivian Curtis,
mi madre y mi hija

Introducción. El cavernícola desnudo

Este libro arranca en 1995, cuando mi hija Vivian vio una estatua de lo que a ella le pareció un «cavernícola desnudo». Llevábamos varios días recorriendo a caballo la Dordoña, esa región de valles surcados por ríos, montañas onduladas y bosques espesos que se extiende al sur de la Francia central. Estábamos a finales de primavera, justo antes de la llegada de los enjambres de remeros, excursionistas y campistas que invaden la región cada verano. No sabía entonces que, tantos miles de años atrás, este encantador paisaje había atraído también a grupos de seres humanos primitivos. Sus antiguos campamentos, por lo común situados a cobijo de salientes rocosos en los acantilados de piedra caliza que bordean los ríos, han mantenido a los arqueólogos felizmente ocupados desde que fueron descubiertos, hace más de ciento cincuenta años.

A medida que los arqueólogos ahondan en sus excavaciones, hallan capa tras capa de restos de asentamientos, y cada estrato retrocede en el tiempo hasta perderse en el pasado. En ocasiones, en los niveles superiores, que pueden tener entre quince mil y veinte mil años de antigüedad, estas excavaciones dejan al descubierto minúsculas cuentas de marfil pacientemente talladas, el grabado de un animal en una piedra o un diente de reno con la raíz perforada que otrora perteneciera a un collar. Quienes fabricaron estos delicados objetos fueron los mismos que se aventuraron a adentrarse en las cavernas de las montañas, a veces arrastrándose por estrechos pasadizos a lo largo de cientos de metros, para crear las pinturas, los grabados y las esculturas en bajorrelieve que todavía conmueven a todo el que las contempla.

Durante nuestro recorrido, Vivian y yo nos detuvimos en Les Eyzies-de-Tyac, un pueblo a orillas del río Vézère. Dejamos nuestros caballos paciendo en un pequeño prado justo enfrente del hotel donde nos alojábamos y fuimos a visitar Font-de-Gaume, que entonces era, como ahora, la única cueva con pinturas polícromas que sigue abierta al público. Tras subir una pendiente sumamente empinada, llegamos a la entrada: un corte vertical en la roca cerca de lo más alto de una pared de piedra donde aguardaban otros tres o cuatro turistas.

Transcurridos unos instantes llegó el guía de la cueva y abrió la puerta metálica que cerraba el acceso. Caminamos en fila india por un pasadizo estrecho que se prolongaba de manera más o menos uniforme en línea recta, con unos pocos recodos y curvas. Una reja metálica de trama fina colocada en ciertas áreas del recorrido protegía el suelo de la gruta. Algunas luces ocultas en las paredes esparcían una débil luminosidad. El guía las encendía cuando llegábamos a cierta sección, y las apagaba una vez habíamos pasado. Después de unos sesenta y cinco metros, el guía se detuvo. Con un láser rojo a modo de indicador, empezó a hablar sobre la primera pintura.

Yo estaba emocionado. Lo poco que sabía de las pinturas parietales prehistóricas de las cavernas procedía de fotografías de libros y revistas. Ahora, en cambio, algunas de las obras originales estaban frente a mis ojos en toda su magnificencia. Eran bisontes de formas redondeadas, gruesos, dibujados con trazos suaves y curvos. Sus ojos estaban muy marcados y dotados de gran expresividad, mientras que las patas eran minúsculas. Mamuts de largos colmillos retorcidos se erguían plácidamente entre los bisontes. Caballos esbozados en negro, ahora en parte ocultos por las rugosidades naturales, galopaban por la pared de la cueva. Más impresionantes eran dos renos de gran tamaño, cara a cara. El de la derecha, una hembra, estaba arrodillado. A la izquierda, el macho, cuyas astas formaban un espléndido arco, había agachado tiernamente la cabeza hacia ella, y empezaba a lamerle la cerviz. La grandeza del macho y la delicadeza de la hembra en aquel momento de sosiego, sumamente íntimo y tierno, hacía que la pintura resultara irresistible y emocionante.

La belleza en el arte, en la naturaleza o en una persona siempre sorprende, porque es más poderosa y conmovedora de lo que habías previsto. De ahí que, aunque contaba con que las pinturas de Font-de-Gaume fueran bellas, verlas fuera para mí un acontecimiento de intensidad sorprendente, como cuando un flash se enciende a cinco centímetros de tus ojos. Incluso sentí que me tambaleaba un poco, pues aquellas pinturas encerraban un sinfín de detalles inesperados.

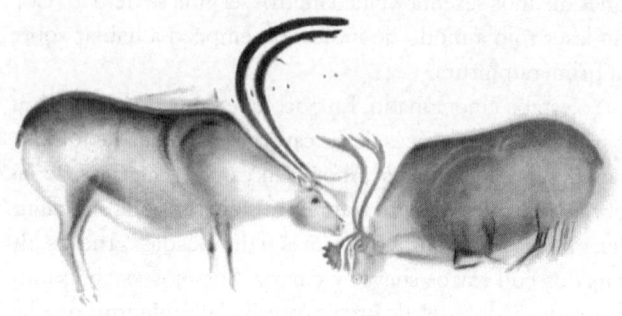

Esta imagen, en la que un reno macho se inclina sobre una hembra arrodillada, es una rareza de las pinturas rupestres, porque muestra un momento de afecto.

Para empezar, estaban salpicadas de signos indescifrables. Los más simples constaban de una línea horizontal y otra vertical que formaban algo así como una «t» invertida. Otros signos habían añadido líneas a esta forma básica. Unas estaban rematadas por líneas inclinadas en la parte superior, mientras que otras tenían líneas verticales paralelas que hacían que el símbolo pareciera una casa de palotes. Y había signos de estilos diferentes. Algunos eran cuadrículas de líneas rectas dentro de un rectángulo; otros, simplemente dos círculos debajo de dos arcos. Semejaban la caricatura de un fantasma atisbando el horizonte. Con frecuencia los signos aparecían en solitario, pero también podían estar cerca, o incluso en el interior, de una pintura. No se trataba de grafías, puesto que los signos no se repetían del modo que ocurriría en un sistema de escritura. Debía de tratarse más bien de un código elaborado, en el que cada variación tuviese un significado específico: un número, un clan o una época del año. De hecho, podían ser cualquier cosa. Sin embargo, la presencia de estos signos demuestra que las pinturas significaban más para quienes las llevaban a cabo de lo que las propias pinturas lograban comunicar. De algún modo, los signos marcaban las pinturas. Las clasificaban, las ordenaban, o les atribuían cierto sentido dependiendo de... ¿qué? Me sobresaltó darme cuenta de que para sus creadores, estas pinturas por sí mismas no bastaban. Requerían un acabado, cierto detalle, ¡pies de foto!

Además, me asombró el modo en que los artistas de las cavernas utilizaban los contornos de la pared de la cueva a fin de realzar su trabajo. Esta es una característica especial del arte parietal que rara vez se plasma en las fotografías. La poderosa cruz de un bisonte, por ejemplo, a menudo está pintada en una protuberancia de la roca que hace que los músculos del animal den la impresión de crecer con gran realismo, y le otorga a la obra una dimensión que no hubiera adquirido en modo alguno en una superficie plana. Esto ocurre con tanta frecuencia que está claro que los artistas no se limitaban a aprovechar los contornos con los que se topaban al pintar. Por el contrario, debían de examinar la pared minuciosamente en busca de los lugares donde el relieve de la superficie evocara formas de animales o de algunas partes de estos antes de empezar a pintar. Esto significaba que, cuando menos en ocasiones, los artistas de las cavernas habían pintado los animales que la pared sugería, en lugar de imponer sus propias ideas en la superficie.

Las fotografías que aparecen en libros y revistas hacen que las pinturas parezcan aleatorias, e incluso en el interior de la cueva al principio no se advierte un orden aparente. Los animales parecían agrupados al capricho de los antiguos artistas, y a menudo están pintados unos sobre otros en posturas que en la naturaleza son lisa y llanamente imposibles. El guía señaló un bisonte rojo que miraba a la izquierda, por encima del cual había un mamut grabado que miraba a la derecha. El tamaño de ambos animales era a grandes rasgos el mismo, aunque al natural un mamut habría sido inmensamente más grande que un bisonte. Y, con la excepción del reno macho lamiendo a la hembra, los animales no parecían hacer nada. Simplemente estaban ahí, en la roca. En ocasiones se miraban de frente, pero incluso entonces permanecían estoicamente erguidos, sin señal alguna de agresividad. Y la mezcla de animales —bisontes, mamuts, caballos, e incluso rinocerontes— parecía también aleatoria.

Es decir, parecían fruto del azar hasta que mirabas por segunda vez. Aquella tarde solamente permanecimos cuarenta y cinco minutos en la cueva, pero bastaron para empezar a intuir cierto orden en el caos aparente. Las hembras están pintadas de rojo, pongamos por caso, aunque no todo animal de ese color sea hembra. Cuando los animales están cara a cara, por ejemplo, uno es de color rojo y el otro de color negro. El animal negro está a la derecha en las pinturas próximas a la entrada, pero aparece a la izquierda en las pinturas que se adentran más en la gruta. Hacia el final del recorrido me volví para mirar un friso de bisontes que había visto de frente apenas unos momentos antes. Ahora los animales describían una curva alrededor del muro de la caverna y parecían tridimensionales. Era evidente que el artista había planeado que la pintura se contemplase desde el punto en el que yo estaba.

Daba que pensar que aquel punto se hallara ante una cavidad alargada de escasa profundidad que hay en la pared y que se conoce como la «sala de los bisontes». Estaba situado en una espaciosa cámara ovalada que se abría al final del largo pasadizo que habíamos seguido desde la entrada. El espacio me recordó a la nave de una pequeña iglesia. Incluso el techo era abovedado. Y la sala de los bisontes, que era una oquedad de paredes curvas, tenía el aire de una capilla adyacente. Como su nombre da a entender, está llena de pinturas de bisontes. Cinco de ellos se conservan bien y es fácil distinguirlos, pero en origen había al menos diez. Los bisontes se arremolinan alrededor de la pared igual que si flotaran en las nubes. Miran a derecha, a izquierda, arriba o abajo, y justo debajo de ellos la pared presenta una ancha fisura horizontal. ¿Emergían de la grieta o eran arrastrados hacia su interior? Y ¿acaso no habría una conexión entre los bisontes de esta sala y los que retroceden por la sala abovedada, que se veían mejor desde un punto situado justo frente a la sala de los bisontes?

Vivian había pasado el mismo tiempo que yo, e igual de concentrada, viendo todo aquello; nos descubrimos transportados emocionalmente por la experiencia. Contentos, aunque ligeramente alterados por lo que acabábamos de ver, abandonamos la cueva para visitar el museo de Prehistoria. En el verano de 2004, el museo se trasladó a un edificio completamente nuevo situado justo debajo del antiguo; pero en 1995 estaba todavía en un viejo castillo erigido en los acantilados de Les Eyzies. Las salas estaban llenas de lustradas vitrinas de madera y cristal con aspecto de reliquias del siglo XIX. Algunas de ellas contenían tediosas y repetitivas exposiciones de útiles de piedra tallada —carentes de significado para un profano— que son inevitables en todo museo dedicado a los hombres primitivos. Otras vitrinas, en cambio, contenían grabados de bisontes o caballos en roca o piezas de asta. Había unas pocas piedras con grabados de vulvas, tan vagos que era un milagro que los arqueólogos hubieran logrado advertirlos. Recorrimos el lugar con desgana. En Font-de-Gaume acabábamos de contemplar las cotas más altas alcanzadas por la civilización de la Edad del Hielo. En el museo estábamos viendo los restos de su vida cotidiana.

Al fin salimos. Enfrente del museo había una terraza alargada y estrecha, y en un rincón se alzaba la estatua en piedra caliza de un neandertal. Con sus poco más de dos metros de altura, veteado y manchado por el viento y la lluvia, nos miraba con ojos hundidos en las cuencas. Su cabeza cuadrada presionaba el cuello, y la figura mantenía los brazos pegados rígidamente al cuerpo y tenía el rostro crispado. Todo en su expresión y su postura transmitía tensión, furia y amenaza. Infundió miedo e incomodidad en mi hija, que rehusó que le hiciera una foto con, estas fueron sus palabras, «un cavernícola desnudo».

Así que dimos media vuelta y contemplamos el valle que se extendía ante nosotros. El pueblo estaba justo a nuestros pies. Enfrente, el río Vézère trazaba un amplio y lento meandro. Árboles de ramas lánguidas flanqueaban ambas orillas. Más allá, un valle anchuroso y llano se extendía hasta donde, en la distancia, se erguía otra pared rocosa. Amenazantes nubes oscuras cubrían el cielo y daban al valle exuberancia y verdor, y por un instante todo lo que había visto aquella tarde cobró sentido.

Si contemplabas el paisaje del modo en que lo habrían hecho los humanos primitivos, enseguida comprendías por qué optaron por habitar en los acantilados desde los que ahora mi hija y yo oteábamos el horizonte. Los salientes rocosos ofrecían cobijo, y la altura de los acantilados evitaba que algún animal u otros seres humanos se acercaran por la retaguardia. El río atraería manadas migratorias y otros animales de caza mayor, y cualquiera que viviese en las alturas rocosas podía seguir sus movimientos por el valle a kilómetros de distancia. Se trataba de un lugar protegido donde abundaba la comida.

Sin embargo, a buen seguro que esas razones prácticas no lo fueron todo. Aquel paisaje que se extendía ante nosotros encerraba algo más, algo de suma importancia para unos pobladores capaces de pintar en las paredes de las cuevas auténticas obras maestras. El paisaje era bello. En algún momento, mucho tiempo atrás, ¿acaso nuestros ancestros se habrían detenido en el mismo lugar donde ahora permanecíamos nosotros y habrían paladeado el escenario que se abría ante nuestros ojos, se habrían deleitado en primavera con los árboles en flor junto al río, habrían observado el vuelo de los pájaros o el dibujo de las manadas de animales que atravesaban el valle, o se habrían maravillado ante un frente tormentoso arrastrado por encima de las montañas distantes, igual que yo hacía ahora?

En el preciso momento en que los tres —la estatua iracunda, mi hija y yo— contemplábamos aquel paisaje lleno de verdor, antiguo y seductor, nació este libro.

Durante mi investigación, cada vez que entraba en una cueva resurgía en mí con idéntica intensidad el entusiasmo que sentí el día en que visité por vez primera Font-de-Gaume con Vivian. Me ocurrió incluso las múltiples ocasiones en que volví a esa misma cueva, a menudo concertando una visita en solitario con el guía. Los solemnes mamuts, el reno cariñoso y las figuras arremolinadas de la sala de los bisontes nunca dejaron de hacer que me detuviera, maravillado.

Sin embargo, a medida que me familiarizaba con las cavernas también fui capaz de asumir cierta imparcialidad investigadora. Y entonces, empecé a ver mucho más. Me quedaba en pie junto a una pared mientras el guía iluminaba ángulos oblicuos, y figuras antes invisibles emergían a la vista como si la sólida roca que subyacía tras la superficie de la pared las hubiera convocado. A veces estas imágenes eran bellas, pero en ocasiones parecían meros garabatos: animales extraños, formas humanas curiosas, o una línea de pintura roja en una grieta mínima, que recordaba una vulva. Esa enorme variedad en una única cueva demostraba que muchas personas se habían aventurado en su interior por razones diversas. No todo el que pintaba en una pared era un consumado maestro, aunque muchos sí lo fueron. Y no todo el que entraba en la cueva atesoraba pensamientos solemnes. En tanto que algunos pintaban magníficas imágenes de la historia o los mitos de su sociedad, otros parecían haber garabateado sus propias cavilaciones en un rincón. Todo lo que hay allí —no solamente ciertas imágenes o grupos de imágenes— debe tomarse en consideración a fin de comprender el significado del arte rupestre prehistórico.

Este libro contiene dos narraciones, una de extensión considerablemente menor que otra. La más breve abarca varios millones de años, desde que el *Homo sapiens* apareció en África, migró y, aproximadamente hace cincuenta mil años, se adentró en Europa de este a oeste. Algunos grupos llegaron directamente al océano Atlántico. En cambio, los que se detuvieron a escasa distancia del océano y vivieron a ambos lados de los Pirineos fueron quienes empezaron a decorar las cuevas. Su trabajo da fe de la desbordante creatividad del *Homo sapiens*, que se empezó a manifestar hace unos cuarenta y cinco mil años y desde entonces no ha cesado.

La segunda narración, más extensa, abarca apenas cien años. Aunque se habían tenido noticias de pinturas en algunas cuevas desde hacía siglos, nadie había logrado averiguar de qué se trataba hasta alrededor de 1900. No obstante, una vez se determinó que las pinturas eran obra de pobladores prehistóricos y cobraron fama, tanto por su valor estético como por ser un testimonio histórico maravilloso de los albores de la humanidad, enseguida surgieron preguntas. ¿Cuándo se pintaron? ¿Quién las llevó a cabo? Y, la más relevante y enigmática de todas, ¿qué significan? Durante los últimos cien años, cuatro científicos brillantes, sagaces, a menudo solitarios y en ocasiones de trato difícil, dedicaron su carrera a tratar de dar respuesta a estas cuestiones. Sus vidas, que ocupan el grueso central de este libro, recorren la totalidad del periodo que va de 1900 hasta la actualidad, y sus ideas se derivan unas de otras. Resulta imposible abordar la trascendencia de las cuevas decoradas sin comprender las inspiradas revelaciones que encierra el trabajo de estos científicos.

Historiadores del arte, poetas y demás aficionados al arte rupestre que escriben al margen de la ciencia tienden a realizar afirmaciones generalizadoras que, de tener algún fundamento, postulan una especie de conexión genética que trata de ponernos en relación con los artistas remotos que son, a fin de cuentas, los ancestros de todos nosotros. La suposición más común, que fue expresada originalmente por Max Raphael, es que las pinturas atestiguan el momento en que las personas empezaron a tomar conciencia de ser distintos de los animales. Esto es, el preciso instante en que nos convertimos en seres humanos. Puede que sea cierto, aunque nunca podrá probarse, pero ese supuesto se deriva de la idea de que deberíamos ser capaces de «leer» las pinturas solamente a través de la intuición.

Considerar el arte desde ese punto de vista es tentador, divertido, y también arriesgado, puesto que lleva a penetrar más en la propia imaginación que en las pinturas mismas. En consecuencia, tal vez con una sola excepción, he tratado de no interpretar las pinturas por medio de la intuición, y me he basado más bien en lo que podemos conocer a través de las evidencias y la deducción. En cuanto al momento en que los seres humanos empezaron a sentirse diferentes del resto de los animales, sigo siendo agnóstico; pero en cualquier caso, el valor de las pinturas rupestres no radica en eso. Representan el primer momento del que tenemos noticia en que los seres humanos reunimos toda nuestra inteligencia y discernimiento, la sabiduría y la técnica de que disponíamos, así como nuestros deseos y nuestros miedos, y los aunamos en la creación de algo que perdurara siempre. ¿Qué hizo que nuestros ancestros supieran que aquel esfuerzo merecía la pena, que era necesario? He ahí lo que permanece en las cavernas a la espera de ser desentrañado.

Antes de comenzar, permítanme un apunte sobre el lenguaje técnico, que he evitado casi por completo. Habitualmente, basta con emplear un sinónimo de uso común en lugar de un tecnicismo. Por eso hablo de «útiles de piedra» en lugar de referirme a la «industria lítica». Sin embargo, hay unos pocos términos técnicos que el lector debería conocer y saber por qué medio los he sorteado.

Los arqueólogos han dividido a los pobladores de la Europa de la Edad del Hielo en seis grupos fundamentales, que se distinguen por las características de sus campamentos, de las herramientas de piedra que utilizaban y del trabajo artístico que desarrollaron. Son los siguientes:

1. Musteriense: empieza hace más de cuarenta mil años.
2. Chatelperroniense: empieza hace treinta y ocho mil años. Junto con el musteriense, son ambos obra de los neandertales.
3. Aurignaciense: empieza hace treinta y cinco mil años. Es la cultura de los primeros seres humanos que habitaron Europa.
4. Gravetiense (o perigordiense): empieza hace veintisiete mil años.
5. Solutrense: empieza hace veintidós mil años.
6. Magdaleniense: empieza hace diecisiete mil años.

Se trata de fechas aproximadas, por supuesto, y cada era se divide a su vez en periodo inferior y superior.

Estas distinciones surgieron a lo largo del siglo XX, a medida que los arqueólogos se esforzaban por fechar los objetos artísticos y los artefactos que hallaban en las cuevas, así como los restos que aparecían en asentamientos al aire libre. Los dos grandes expertos en arte rupestre prehistórico entre 1900 y 1980, Henri Breuil y André Leroi-Gourhan, pasaron buena parte de su carrera elaborando sistemas de datación basados en los estilos artísticos discernibles y asignando los trabajos hallados en las cuevas a uno u otro periodo. Se daba por supuesto que las creaciones con aspecto más tosco eran anteriores y las que mostraban mayor refinamiento eran más recientes, mientras que el arte entre ambos extremos se correspondía a un periodo intermedio.

Incluso a partir de 1950, cuando se hizo posible determinar la antigüedad por radiocarbono, el arte prehistórico era todavía difícil de fechar, pues las pinturas solían tener una base mineral y la datación por carbono 14 funciona solo con material orgánico. Sin embargo, las cuevas que se descubrieron durante la década de 1990, en especial Chauvet y Cosquer, albergaban arte refinado que pudo datarse por este procedimiento y, para sorpresa de todos, reveló una enorme antigüedad. Mientras que algunas de las pinturas de Chauvet son de hace treinta y dos mil años, lo que las data en el auriñaciense, un arqueólogo que las fechara por su apariencia las habría adscrito al magdaleniense, y por tanto les habría atribuido solo diecisiete mil años de antigüedad.

Estos descubrimientos hicieron que los arqueólogos se cuestionaran las distinciones entre culturas que se habían impuesto por tradición. La vieja creencia de que el arte de las cavernas evidenciaba una evolución de formas más toscas a otras más perfeccionadas ha demostrado ser errónea y ha caído en completo desuso. En consecuencia, no hago referencias al arte o a los pueblos que lo llevaron a cabo como auriñacienses o gravetienses, ni utilizo otra nomenclatura técnica, a pesar de la utilidad que dichas distinciones entrañan para un especialista. Por el contrario, he optado por ofrecer la datación de las creaciones artísticas siempre que ha sido posible, como ocurre por lo general.

Empleo diversos nombres para designar a los pueblos que llevaron a cabo esas creaciones artísticas (cazadores de la Edad del Hielo, artistas paleolíticos, antiguos pobladores, etcétera), con la intención de que sean intercambiables. En la literatura científica la Edad de Piedra se divide en el Paleolítico, que es el periodo más antiguo, y Neolítico, más reciente. La costumbre de pintar en las cuevas no se extendió hasta el Neolítico, de modo que cuando utilizo el término Edad de Piedra me refiero solamente al Paleolítico.

I. El bifaz seductor. Las galas de los recién llegados

Font-de-Gaume es una de las casi trescientas cincuenta cuevas conocidas en las que se han hallado manifestaciones artísticas prehistóricas. Los trabajos de estas cavernas son creaciones de la primera civilización de la que se tiene constancia. Apareció en algún momento entre treinta mil y cuarenta mil años atrás, y se extendió por Europa y Asia. A medida que se desplazaba por esta vasta extensión, la civilización conservó una unidad básica, gracias a lo que tuvo que ser una red de comunicación y comercio sorprendentemente eficaz. Gracias a esa red, hay artículos muy preciados en la Edad del Hielo —obsidiana o ciertos moluscos marinos, por ejemplo— que aparecen en yacimientos arqueológicos a cientos de kilómetros de su lugar de procedencia. Además, por doquier había trabajos artísticos en forma de estatuillas o grabados en piedra, marfil o asta.

A pesar de estas similitudes generales, sin embargo, la cultura tomó rumbos distintos en los diversos lugares, y se de-

sarrollaron costumbres, estilos y tradiciones locales características entre sociedades muy diseminadas. Lo mismo podría
decirse actualmente de Europa, donde cada nación ha evolucionado como un conjunto de variaciones locales a partir de
una misma cultura que las comprende a todas. Uno de esos
avances locales fue la pintura parietal. A excepción de unos
pocos ejemplos desperdigados, el único pueblo que pintaba
en cuevas habitó en lo que ahora se corresponde con el sur de
Francia y el norte de España. Claro que en lugares como las
estepas rusas no había cuevas que pintar, pero en el resto, en
Alemania por ejemplo, abundan las cavernas, y aun así quienes vivían en sus inmediaciones al parecer ni las exploraron
ni realizaron pinturas en ellas. Fueron los pueblos que habitaban entre las cuevas a ambos lados del Pirineo quienes desarrollaron este medio de expresión impactante y perdurable.

Las pinturas rupestres más antiguas que se han descubierto hasta la fecha se hallan en una cueva del sur de Francia
que recibió el nombre de Chauvet. Datan de hace unos treinta y dos mil años, y muestran enormes y vívidas manadas
de animales que inundan las paredes de la gruta. En concreto, hay leones y caballos trazados con una individualidad
y un dinamismo que los convierten en auténticas obras maestras. Los leones andan a la caza, parecen salvajes y fieros.
Sin embargo, los osos de las cavernas eran tan feroces como
los leones, y no obstante hay un oso encantador, regordete,
con la cabeza inclinada, como si husmeara las flores del suelo. Las pinturas que pueden verse poseen todo el refinamiento, la sutileza y la intensidad que caracterizan a las grandes
creaciones artísticas desde entonces.

Tras su eclosión repentina y su florecimiento en Chauvet,
la pintura parietal se mantuvo en líneas generales inalterada

hasta que, hace unos diez mil años, cayó en desuso. Los cambios que se produjeron fueron apenas perceptibles. Los leones y los osos aparecen con frecuencia en las pinturas de Chauvet, pero mucho menos en las cuevas decoradas miles de años más tarde. Tal vez el cambio sea una prueba de que esos depredadores habían devenido una amenaza menor a medida que los humanos aprendían a controlarlos o exterminarlos. También el estilo sufre ligeras modificaciones. Chauvet, y también Lascaux, fueron decoradas por distintos artistas con visiones diversas; pero las sutiles diferencias solamente ponen de relieve la similitud esencial, sin importar a qué era o lugar pertenezcan. Caballos, bisontes, manos humanas, renos y varios signos geométricos recurrentes y repetidos son imágenes que aparecen una y otra vez en todas las cuevas. Los caballos, por ejemplo, son comunes en Chauvet y aparecen por toda la gruta. En Lascaux, cuyas pinturas se llevaron a cabo quince mil años más tarde, el caballo es el animal predominante de la cueva, y queda plasmado en cerca de la mitad del millar de pinturas y grabados que vienen a sumar el total.

Se da también una estricta coherencia, a lo largo de esos veinte mil años, en lo que no está representado. Rara vez aparecen peces, a pesar de la gran cantidad de salmones que abunda en esos ríos. Salvo por una o dos excepciones no hay insectos, aunque enjambres de moscas debían de seguir a las manadas de renos. No aparecen roedores, que también eran comunes, ni tampoco reptiles, y no hay pájaros excepto por unos cuantos búhos. En ocasiones, los búhos están representados de frente y de espaldas, dando a entender su especial categoría, puesto que parecían capaces de girar la cabeza 360 grados. Quedaron excluidas también muchas especies de mamíferos, desde los murciélagos hasta ejemplares comunes de mayor tamaño, como las hienas. Los pintores rupestres no se dedicaban a crear un bestiario o un catálogo zoológico. Tampoco trataban de recrear y documentar el mundo que veían a su alrededor con todo lujo de detalles, ni las especies representadas en las cuevas aparecen al capricho de los artistas. Por el contrario, estos genios prehistóricos decidieron pintar a los animales que ocupaban un lugar especial en su cultura y a los que su civilización apreciaba, no tanto en un sentido práctico —pues en ese caso habría más peces, que constituían una parte importante de la dieta—, sino desde un punto de vista estético, mitológico o espiritual. De algún modo, todo el universo dependía de los animales de las pinturas.

Había otras convenciones estrictas acerca de aspectos que no se muestran. Ninguno de los miles de animales aparece representado en un paisaje. Nunca hay un árbol, un arbusto ni una flor. No hay ríos, lagos, acantilados, rocas ni cuevas. En ocasiones, una protuberancia natural de la pared de la caverna sirve de línea de tierra, pero en la mayoría de los casos, tanto si el animal está corriendo como si permanece quieto, tanto si está encabritado como si lucha, o incluso cuando cae, siempre lo hace en el espacio vacío. Tampoco se ilustra el cielo: no hay estrellas, ni luna, ni sol. Esta es una omisión peculiar y desconcertante, puesto que los pueblos prehistóricos sin duda observaban el cielo con atención, a fin de marcar el paso del tiempo y de prever el cambio de las estaciones y las migraciones de los animales.

También resulta sorprendente la castidad que predomina en las cuevas. Hay imágenes de vulvas, penes —que ocasionalmente están erectos—, mujeres embarazadas y una gama de formas geométricas que sugieren genitales masculinos o femeninos. Sin embargo, los animales nunca están apareándose, y tampoco los seres humanos copulan. (A los primeros pintores de las cavernas los denominamos aurignacienses. Un artículo sobre ellos que suele citarse se titula *«No Sex, Please—We're Aurignacians»* [«Nada de sexo, por favor: somos aurignacienses»]). Una pequeña roca plana contiene el grabado de un hombre y una mujer manteniendo relaciones sexuales, pero se trata de la única representación de ese motivo descubierta de esas épocas prehistóricas. Al parecer, fue obra del proto-pornógrafo. No aparecen tampoco animales pariendo, salvo por una peculiar talla en un lanzadardos. Incluso los cervatillos, los cachorros u otros ejemplares jóvenes resultan extremadamente raros.

Los colores también son una constante. Los pintores de las cavernas disponían de una amplia gama de colores en su paleta, pero los dos que predominaban en todas partes eran el negro, obtenido del dióxido de manganeso u ocasionalmente del carbón, y el rojo, del óxido de hierro. Los minerales de colores se pulverizaban y luego se mezclaba con algún fluido para elaborar la pintura. A menudo ese fluido era el agua que rezumaba de las paredes de la propia gruta. Con los minerales del lugar disueltos, la pintura se adhería mejor a los muros de la caverna.

Las técnicas artísticas fueron idénticas durante todos los milenios en los que se practicó la pintura rupestre. Los artistas utilizaban diminutas esquirlas puntiagudas de sílex a modo de cincel. A veces empleaban lápices de tiza o pinceles de pelo de animal. Con mayor frecuencia usaban trizas de pieles, o tal vez musgo, y los presionaban sobre el muro.

También era frecuente que escupieran la pintura en la pared, metiéndosela en la boca y rociándola por medio de un junco o un hueso hueco, con una serie de bufidos secos. Tras soplar la pintura, utilizaban las manos, o una plantilla de corteza o cuero, para trazar la forma deseada.

Esta inmutable similitud de temas, colores y técnicas demuestra que las pinturas parietales fueron obra de artistas que trabajaban dentro de una tradición cultural que sobrevivió más de veinte mil años. Para que esa tradición perdurase sin apenas cambios esenciales durante tanto tiempo, tuvo que pasar de generación en generación según un método preciso, claro y, por encima de todo, oral, puesto que ese periodo fue muy anterior a la invención de la escritura. Y, puesto que la pintura es tanto un arte como una técnica que no puede por menos que aprenderse, y dado que se admitía un único estilo al que los pintores debían ajustarse, no hay duda de que las técnicas pictóricas habían de enseñarse.

Esta es una idea asombrosa, puesto que si la pintura se enseñaba, es muy posible que se instruyeran también otras habilidades a fin de preservar la cultura. El conocimiento y las creencias se habrían transmitido de generación en generación de un modo más formal y riguroso que a través de meras historias contadas alrededor de una hoguera. Una habilidad que tal vez se enseñase pudo ser la música. En varias excavaciones arqueológicas de yacimientos de la era glacial han aparecido flautas y silbatos de hueso. Hay quienes son músicos por naturaleza, pero para la mayoría de la gente aprender a tocar un instrumento requiere cierto aprendizaje. Y la música debió de ir acompañada de la danza, las canciones y el canto. Quizá se tratara de danzas rituales o artísticas, y asimismo se habrían transmitido de generación en generación. Las canciones y los cánticos probablemente estaban dotados de un ritmo definido, y además debían de abundar las repeticiones y las frases de repertorio que caracterizan la poesía oral de cualquier procedencia.

Que no existiera la escritura, sin embargo, hizo que la música, las danzas, las canciones y la elaborada mitología de esta primera civilización desaparecieran para siempre. Las bellas tallas de animales en hueso, marfil y piedra, así como las pinturas de las cavernas, son en realidad todo lo que pervive de esta tradición cultural, tan plena y profunda que se prolongó durante más de veinte mil años. Para los habitantes de la Edad del Hielo, este arte era su religión, su historia y su ciencia. Con él, el mundo se tornó comprensible, otorgó orden y sentido a sus vidas, y dio forma a su sentido de la belleza.

Los artistas de las cavernas aplicaron todo su talento a las representaciones de animales. Cuando pintaban o realizaban grabados de imágenes de seres humanos, ponían en ello poco esmero o escaso esfuerzo; la mayoría de esas ilustraciones son figuras de palotes estilizadas, o simples bocetos de rostros esquemáticos que parecen caricaturas o dibujos de una tira cómica. La belleza y el convincente realismo de muchas pinturas de animales demuestran que los artistas, de haberlo querido, tenían sobrada habilidad para llevar a cabo representaciones realistas de seres humanos. Incluso podrían haber realizado retratos realistas, y qué gran suerte hubiera sido para nosotros que lo hubieran hecho.

Sin embargo, es evidente que a los artistas de las cavernas no les interesaba mucho retratar a sus semejantes. Algunos estudiosos sugieren que tal vez hubiera una prohibición religiosa o social contra las imágenes de seres humanos, similar a la que existe en la actualidad en países islámicos y en otras culturas; no obstante, esa explicación nunca ha logrado satisfacerme. De haber existido tal prohibición no habría representaciones humanas en absoluto, ni siquiera burdas caricaturas. En mi opinión, es más probable que esas figuras de palotes sean realistas, a su manera. Estas, junto con las pinturas de los animales, muestran lo que los seres humanos pensaban de sí mismos en relación al mundo que los rodeaba; un mundo consagrado a los animales, no a las personas.

Lejos de ser las criaturas dominantes del planeta, como ocurre hoy en día, los humanos eran seres insignificantes que se aferraban como buenamente podían a los bordes de un mundo que pertenecía a los animales, los cuales se agrupaban en temibles manadas. En apariencia, los animales eran los dueños y señores de la tierra por derecho propio. Parecían comprenderla y ejercer su poder sobre ella. Y el poder, el privilegio y la dominación de los animales son exactamente lo que dan a entender las pinturas rupestres.

En la actualidad nos resulta imposible imaginar la ingente profusión de animales[1] que había. Todas las especies autóctonas de la Europa actual ya existían, junto a las que se han extinguido. Había puercoespines, musarañas y topos, así como ratas, ratones y otros roedores. Los roedores tenían muchos depredadores, entre los que se contaban turo-

---

1. En lo relativo a esta profusión de animales, en las páginas siguientes la información está basada en Kurtén (1968, 1976), Powers y Stringer (1975), Spiess (1979), Sonneville-Bordes (1986), Gordon (1988), de Beaune (1995), Lister y Bahn (2000), Cohen (2002).

nes de varias clases. Había visones, armiños, tejones, lobos, chacales, zorros y mapaches. Los murciélagos oscurecían el cielo al anochecer, y había un sinfín de aves, como búhos, perdices, faisanes y especies más exóticas. Las focas holgazaneaban a orillas de los ríos, que durante el desove primaveral abundaban en salmones.

Los tigres de diente de sable ya se habían extinguido en Europa cuando llegaron los seres humanos, pero quedaban multitud de felinos feroces. Gatos salvajes, de mayor tamaño que los actuales, y dos variedades de lince deambulaban a la caza de roedores y conejos. Había leopardos, cuyo aspecto era peculiar si se compara con el de los felinos de estilizada silueta de hoy en día. Igual que los perros salchicha, tenían la cabeza pequeña, el cuerpo alargado, las patas cortas y una cola sumamente larga. Y estaban también los guepardos, más grandes que los actuales, aunque igual de rápidos. El felino más impresionante era el león de las cavernas, de mayor tamaño que el contemporáneo, aunque sin su característica melena. Los leones de las cuevas también se diferenciaban de la mayoría de felinos modernos porque cazaban en grupo, no en solitario. Necesitaban aunar sus esfuerzos para apresar uros, bisontes, ciervos gigantes, alces y otros animales de gran envergadura, demasiado impresionantes para un único atacante. Las pinturas de Chauvet muestran escenas de caza en las que participan grupos de leones.

Los seres humanos modernos empezaron a llegar en una época de cambio global, en la cual el clima se tornaba cada vez más frío. Los bosques se habían extinguido y en su lugar había inmensas sabanas de campo abierto, surcadas por ríos y montañas. Estas extensiones cubiertas de hierba albergaban un sinfín de manadas de renos y caballos primitivos, las dos especies que se convertirían en la base de la dieta humana. Las manadas, rodeadas de enjambres de moscas, jejenes y mosquitos, seguían sus rutas migratorias por el paisaje que compartían con otra serie de especies bovinas y unguladas: el uro, el ciervo rojo, el bisonte, el alce y el magnífico megacero, ahora extinguido, cuyas astas eran gruesas como hojas de palma y alcanzaban los tres metros y medio de longitud.

De hecho, la mayoría de los animales de la Edad del Hielo eran más grandes que sus homólogos modernos. Había tres clases de hienas, entre las que se contaba la espantosa hiena gigante, del tamaño de un león. Los glotones que merodeaban en las ciénagas eran más peligrosos que las manadas de lobos. Cuando atacaba a un animal de mayor tamaño, el glotón saltaba desde un árbol sobre la espalda de su presa, donde clavaba sus garras para evitar que se lo sacudiera de encima, y a continuación empezaba a morder el cuello de su víctima hasta cercenarle los huesos.

Los osos de las cavernas, aunque exclusivamente vegetarianos, eran tan enormes que harían que un oso pardo contemporáneo pareciera pequeño; habrían sido perfectamente capaces de apresar la cabeza de un oso pardo entre sus garras y aplastarla. Su ámbito se limitaba a la Europa occidental y central, y no se alejaban del territorio en el que habían nacido. A buen seguro que los humanos tomaban la precaución de no entrar en una cueva mientras un oso estuviera dentro, y tampoco solían cazarlos: los osos de las cavernas eran feroces y difíciles de matar, mientras que los caballos y los renos, mucho menos peligrosos y más vulnerables, abundaban.

A finales del otoño, los osos abrían grandes cavidades en el suelo de las cuevas, donde hibernaban. El suelo de Chauvet está salpicado de estos agujeros redondeados, y otra cueva, Rouffignac, contiene miles y miles de ellos, algunos a poco menos de un kilómetro de la entrada de la gruta. Cada una de las cavidades pertenece a un año distinto, puesto que en una cueva hibernaba un solo oso cada estación. Los osos marcaban su rastro en las profundidades de la caverna con orín y rascándose en las paredes, de manera que en primavera podían hallar la salida en la oscuridad por medio del olfato. A veces resultaban heridos o morían durante la hibernación por un desprendimiento de rocas del techo de la cueva. En sus esqueletos comúnmente pueden apreciarse fracturas. En los machos, incluso los huesos del pene aparecen rotos con frecuencia, posiblemente tras pelear por alguna hembra al despertar de la hibernación. Los osos de las cavernas rara vez vivían más de veinte años, y sus esqueletos dan indicios de reumatismo, artritis y otros achaques propios de la edad. La mayor parte moría mientras hibernaba, cuando la inexperiencia de la juventud, la enfermedad o la vejez les habían impedido acumular grasa suficiente durante el resto del año para sobrevivir a su prolongado letargo.

De entre todas las especies que proliferaban y se multiplicaban durante esta época fecunda, la de mayor tamaño era, de lejos, el mamut lanudo. Estos animales, con sus largos colmillos curvos, aparecen con frecuencia en las paredes de las cuevas decoradas, así como en grabados en hueso y marfil. Inquietos, en una actitud de constante búsqueda, cubrían por entero el hemisferio norte, desde Europa, pasando por Asia hasta llegar a Norteamérica.

Estos gigantes pesados y torpes pesaban seis toneladas, pero la punta de su trompa poseía una musculatura sumamente delicada que les permitía escoger entre distintas briznas de hierba y decidir cuáles comer. También estaban dotados de ternura, y ayudaban y protegían a los miembros de su manada que estuvieran enfermos, heridos o corrieran peligro. Comían solamente hierba, ramas y cortezas, y pasaban hasta veinte horas paciendo para consumir los ciento ochenta kilogramos de alimento que necesitaban a diario. No entraban en la madurez hasta superar los quince años de edad. El periodo de gestación duraba dos años, y en cada parto nacía una sola cría; una hembra no volvía a quedarse preñada hasta tres o cuatro años después de dar a luz. Sin embargo, gracias a la exuberancia del entorno podían saciar su inmenso apetito y, a pesar de su lentísimo índice de reproducción, se multiplicaban en cantidades difíciles de creer.

Varios yacimientos arqueológicos son prueba indirecta de la cantidad de mamuts que había. En las estepas rusas, hace unos quince mil años, los pobladores construían sus cabañas con huesos de mamut ensamblados en una intrincada estructura propia de un rompecabezas. Cada cabaña requería veinticinco cráneos para los cimientos, así como veinte pelvis. Encima de estas, los constructores disponían otros doce cráneos, quince pelvis y algunos otros huesos. Se tendían pieles desde lo alto de la estructura, sostenidas por treinta y cinco colmillos. A continuación se alzaba una pared exterior con noventa y cinco mandíbulas trabadas entre sí. Una cabaña contenía casi cuatrocientos huesos, que en total pesaban unas veintitrés toneladas. Un asentamiento podía comprender cinco cabañas, cada una de las cuales constituye un testimonio de ingenio y duro trabajo.

Es poco probable que los habitantes de esas cabañas mataran a ninguno de esos mamuts. Por el contrario, debían de rescatar los huesos de entre los despojos de los miles de animales que habría esparcidos por el paisaje circundante. De hecho, aún ahora esas osamentas forman parte del paisaje en regiones remotas. Hay aldeas en Siberia en las que, todavía hoy, la talla de marfil de mamut en delicadas estatuillas y cajas de filigrana es una artesanía local. Como es lógico, uno da por supuesto que esa clase de marfil es raro, pero procede de los restos de millones de mamuts que siguen congelados bajo las desiertas inmensidades siberianas.

Hace unos cuarenta mil años, el *Homo sapiens* irrumpió en este vasto dominio donde reinaban los animales. Los recién llegados[2] eran idénticos en todos los sentidos a las personas contemporáneas, salvo porque probablemente fueran algo más altos que la media de los occidentales en la actualidad. Y se comportaban como un pueblo moderno. Gozaban de un intelecto poderosamente desarrollado y de una vida imaginativa rica. Se preocupaban por la apariencia, pues decoraban sus cuerpos y sus ropas con símbolos de bienestar, rango y parentesco. Por añadidura, hablaban una lengua compleja. El manido cliché es cierto: una pareja de la era glacial, en la que el hombre llevara abrigo y corbata y la mujer un vestido a la moda, pasaría inadvertida entre los demás pasajeros del metro de Nueva York o el de París y, si dispusiera del tiempo necesario para aclimatarse al mundo moderno, la pareja se las arreglaría tan bien como cualquiera.

2. Sobre los primeros seres humanos, véase Klein (1999).

Los recién llegados aparecieron, después de muchas generaciones de migraciones desde África, por el Levante, y luego, siempre desplazándose de este a oeste, se diseminaron por los Balcanes y el resto de Europa hasta alcanzar el océano Atlántico, una barrera infranqueable para continuar migrando hacia el oeste. Solamente entonces, después de haber llegado al final del camino en lo que en aquel momento era un rincón aislado del mundo, se iniciaron las pinturas de las cavernas.

La palabra «migración» se presta a confusión, porque no eran muchos. La población de *Homo sapiens* era ínfima. Hace cuarenta mil años, los habitantes de la actual Francia seguramente no superaban los cinco mil.

Estos recién llegados, al igual que cualquier otro animal, eran el resultado de millones de años de evolución. La larga saga de la evolución humana está llena de sutilezas, incertidumbres y abismos que no alcanzamos a columbrar. Por suerte, sin embargo, a fin de comprender cabalmente las pinturas parietales, la historia puede sintetizarse empleando cinco fechas aproximadas, aunque relevantes. La primera oscila entre cinco y siete millones de años atrás. Fue entonces cuando los seres humanos y los chimpancés (nuestros parientes más cercanos entre los animales que sobreviven hoy) compartieron un ancestro común. En esa época, una especie de primate que vivía en África, al sur del desierto del Sahara, presentó un cambio evolutivo súbito y se convirtió en el primer homínido (el término que designa a un grupo de especies relacionadas con los primates, pero distintas a ellos). El primer homínido seguía pareciéndose a un primate, y probablemente pasaba buena parte de su vida en los árboles, al igual que hacen estos; pero cuando estaba en el suelo caminaba erguido sobre dos piernas. La postura erecta le liberaba las manos para llevar comida, si bien nadie sabe con exactitud por qué caminar erguido supuso un avance evolutivo. Las teorías iniciales que postulaban que requería menos energía o dejaba menos área corporal a la exposición solar han sido rebatidas, y las posteriores no han atraído gran interés ni apoyos dignos de mención.

Fuera cual fuese la razón, caminar sobre dos piernas constituyó un avance evolutivo, pues de otro modo hoy en día no estaríamos donde estamos. Además, el éxito de este progreso se hizo evidente incluso en aquellos tiempos remotos. Mientras los milenios se sucedían, otras especies de homínidos aparecieron en el África central y oriental, hasta que una de ellas, que habitaba en el centro de la actual Etiopía, empezó a fabricar utensilios de piedra —y esta es la segunda fecha crucial— hace unos dos millones y medio de años. Estos primeros utensilios que han llegado hasta nosotros se hallaron convenientemente depositados en una capa de ceniza volcánica que fue fácil de datar con precisión. Sin embargo, no había huesos de homínido junto a los instrumentos, y por ello resulta imposible determinar qué especie llevó a cabo este brillante y enorme avance. Bien pudiera ser que todavía sea desconocida para la ciencia, pero una cosa es cierta: la especie que fabricó esos utensilios es nuestro antepasado directo, aunque lejano.

Estas herramientas de piedra no son muy impresionantes, pues no se trata más que de unas esquirlas obtenidas al picar una piedra con otra. No obstante, incluso unos utensilios tan rudimentarios requirieron cierto cálculo, para saber dónde golpear la piedra y obtener una astilla. Ese criterio necesario dejaba la elaboración de instrumentos de piedra fuera del alcance de cualquier simio o chimpancé, como han demostrado los experimentos modernos en los que se ha tratado de instruir a los primates. Por lo general, quienes fabricaban los utensilios esculpían un largo filo en piedras grandes y pesadas y las empleaban para partir huesos o destazar reses. Y desprendían esquirlas de cuarzo o de lava y las utilizaban para agujerear pellejos, en lo cual demostraban sorprendente maña. El aspecto de las piedras de filo largo o de las esquirlas apenas preocupaba a quienes las fabricaban. Les importaba solamente crear un filo. Estos utensilios, una vez inventados, no se mejoraron (ni siquiera se modificaron sustancialmente) a lo largo de un millón de años. Aquel antepasado nuestro, lejano y perdido, pionero en la fabricación de utensilios, al parecer no tuvo más que una idea estupenda y sumamente revolucionaria, y eso fue todo.

Después de muchos años de monotonía, hace aproximadamente un millón y medio de años —la tercera fecha relevante— al fin se produjo un cambio. Fue cuando apareció el primer bifaz o hacha de mano. Su inventor, una especie de homínido que atiende por el nombre científico de *Homo ergaster,* había aparecido hace entre un millón ochocientos y dos millones de años. El cerebro de *ergaster* era pequeño en comparación con el nuestro, pero el doble de grande que el de cualquier homínido anterior. Salvo por el tamaño de su cerebro, nuestro parecido con *ergaster* era inquietante; a diferencia de sus ancestros, había en él más de humano que de simio. Tenía los brazos más cortos que las piernas, lo que debía de significar que siempre vivió en el suelo, y no en los árboles. La pelvis y la cadera se habían desarrollado para fomentar la postura erguida, y los antropólogos aventuran que *ergaster* fue el primer primate cuyo cuerpo careció de vello casi por completo. Su nariz, en lugar de ser chata e internarse en el cráneo como la de un simio, era prominente como la de un ser humano.

Consideramos que el útil de rúbrica del *ergaster* es el bifaz, pero ese sencillo nombre oculta una incertidumbre persistente. No sabemos para qué se usaban los bifaces. Descritos en los manuales de antropología con el sempiterno atributo «en forma de lágrima», los bifaces tenían un extremo curvado y dos lados rectos que acaban en una punta. Estaban laminados por ambos lados para conseguir un filo, y el afilado borde solía abarcar todo el perímetro de la herramienta. Esto significa que un hombre que empleara esta hacha para cortar, se cercenaría su propia mano en el proceso. Tampoco debían de ser los bifaces muy apropiados para la caza. En caso de lanzarlas, estas hachas habrían supuesto poco más que una molestia para un animal de caza mayor, y el avance tecnológico que implica fijar una punta a un mango tardaría aún más de un millón de años en llegar. Además, todas las tareas para las que hubieran podido emplearse bifaces —destazar, cortar, rebanar, etcétera— pueden llevarse a cabo con utensilios más sencillos, que requieren mucho menos tiempo de fabricación. ¿Por qué nuestros antiguos parientes habrían invertido más tiempo del necesario en los bifaces, si es que ese es el caso? Algunos yacimientos albergan cientos de ellos que no parecen haberse utilizado, mientras que otros contienen solamente dos o tres hachas con signos de mucho uso. En algunos yacimientos no hay bifaces, mientras en que otros próximos de la misma época y de la misma cultura sí. Todas estas anomalías llevaron a dos investigadores de prestigio, Marek

Kohn y Steven Mithen[3], a proponer en 1999 que los bifaces en realidad no eran herramientas, sino que fueron creados y atesorados por los machos como una muestra de alarde sexual.

Esta teoría, que no puede probarse ni rebatirse, está cuando menos en conformidad con la significación que el bifaz tiene para nosotros. Previamente, como hemos visto, las herramientas tenían una apariencia desigual, dependiendo del modo en que las esquirlas saltasen de la roca. En cambio, para hacer un bifaz, el *Homo ergaster* había de tener en mente la clásica forma de lágrima antes de empezar, así que esculpía la roca hasta que se ajustaba a esa imagen. Este brillante salto, que tardó un millón de años en materializarse, fue más revolucionario aún que la idea original de fabricar herramientas de cualquier tipo. Tal vez el propósito del bifaz llegue a confundirnos, pero su forma es muy clara. Simétrica, clásica por su combinación de una curva con líneas rectas en una composición simple, un bifaz bien hecho nos resulta tan agradable estéticamente hoy en día como debió de serlo en el momento en que fue tallado. De hecho, si Kohn y Mithen están en lo cierto, el valor y el fin de los bifaces eran enteramente estéticos. La forma del bifaz era una idea abstracta. A lo largo de la historia, este instrumento fue en sí mismo la primera idea abstracta en hacerse realidad. Un humilde *Homo ergaster,* muy parecido a nosotros, aunque con un cerebro mucho menor, fue el primer ser vivo en transformar una visión en un objeto.

Las dos últimas fechas necesarias para entender el arte rupestre se sitúan hace ciento cincuenta mil y cuarenta y siete

3. Kohn y Mitchen (1999).

mil años. Son más precisas que las tres fechas previas, porque en relación con ellas existen más evidencias arqueológicas. ¡Si eso sirviera para simplificar las cosas! Por el contrario, la controversia sobre el significado de esas pruebas no cesa.

Como corresponde a un visionario, el *ergaster* fue la primera especie de homínido que emigró de África. En una corriente que no empezó más tarde de hace un millón ochocientos mil años, miembros de la especie se diseminaron desde el cuerno de África por toda Asia, donde sus descendientes formaron una especie a la que denominamos *Homo erectus,* y en la que se integran el famoso hombre de Java y el no menos famoso hombre de Pekín. El *ergaster* también atravesó el actual Egipto hasta llegar a Israel y adentrarse en Europa, donde sobrevivió junto con sus descendientes hasta hace ciento cincuenta mil años. Sus bifaces se encuentran en latitudes tan septentrionales como las islas británicas. Los descendientes europeos de *ergaster,* con el tiempo evolucionaron y se convirtieron en los neandertales.

En África, los descendientes del *ergaster* desarrollaron cerebros cada vez mayores hasta hace aproximadamente ciento cincuenta mil años, cuando al fin aparecieron los primeros seres humanos modernos, los *Homo sapiens.* Nadie sabe con exactitud dónde o cómo ocurrió esto. El África oriental es un emplazamiento posible para este acontecimiento capital, porque por entonces se trataba de un territorio variopinto con callejones ciegos y regiones límite que podrían haber ofrecido el aislamiento necesario para que una pequeña población de una especie evolucionara en otra. Puede que nunca se hallen restos de los auténticos primeros seres humanos, puesto que el germen pudo ser un grupo muy reducido, tal vez de cincuenta especímenes, o incluso menos, de modo que quizá no se hayan conservado evidencias de su existencia.

La aparición de este primer *Homo sapiens* debería ser tranquilizadora, en cierto sentido. He ahí, por fin, al cabo de millones de años, el testimonio de nuestra presencia en el mundo. Sin embargo, el *Homo sapiens* primitivo parece especialmente distante de nosotros. Estos primeros seres humanos, que desde un punto de vista anatómico eran idénticos a nosotros, no actuaban como nosotros. Parecían personajes de una novela de ciencia ficción que hubieran sufrido un lavado de cerebro por parte de una potencia alienígena para convertirlos en meros autómatas.

Eran más inteligentes que cualquiera de sus ancestros. Poseían utensilios más perfeccionados, cazaban eficazmente una amplia variedad de animales, e incluso en raras ocasiones realizaban objetos decorativos o tallaban un motivo de líneas en una roca. Los restos que se conservan indican, no obstante, que no pensaban, ni creaban, ni utilizaban la imaginación del mismo modo que lo hacemos nosotros. Por el contrario, al margen de contadísimas excepciones, todo lo que hacían era simplemente utilitario.

Más adelante, hace unos cuarenta y siete mil años, el *Homo sapiens,* que siempre se había parecido a nosotros, empezó también a comportarse como nosotros. Al cabo de un tiempo, sus asentamientos empiezan a abundar en grabados, estatuillas y otros trabajos artísticos. Organizaban sus entierros con minuciosidad. Decoraban sus cuerpos y sus ropas con conchas, cuentas y dientes de animales. Todo ello implica una cultura rica, una inteligencia concentrada, y una vida imaginativa perspicaz e inquisitiva, nada de lo cual había estado presente con anterioridad.

No hay razón aparente para este cambio repentino. Richard G. Klein, de la Universidad de Stanford, cree que la transformación fue el resultado de un cambio neurológico en el cerebro del *Homo sapiens* que tuvo lugar hace unos cuarenta y siete mil años. Más concretamente, considera que esta alteración neuronal súbita dio lugar a la capacidad de hablar un lenguaje complejo[4]. Sin lenguaje, el pensamiento simbólico habría sido lisa y llanamente imposible. Con el lenguaje, en cambio, la gente empezó a pensar simbólicamente, y todo nuestro arte y nuestra cultura, nuestra música, nuestros mitos y relatos, así como todas nuestras religiones, vienen de ahí.

Por descontado que ese cambio en el cerebro no dejó ningún vestigio arqueológico. La teoría de Klein no dejará de ser siempre una especulación bien fundada, y este experto cree en ella casi por defecto, al considerar que nada salvo la súbita aparición del lenguaje podría explicar un cambio tan radical del comportamiento.

Los científicos que están en desacuerdo con Klein[5] afirman que semejante alteración repentina no se produjo y que el comportamiento simbólico estuvo presente desde el momento en que apareció la anatomía moderna. Sin embargo, estos argumentos dependen de un puñado de objetos tallados o unos cuantos grabados descubiertos en unos pocos yacimientos muy separados en el tiempo y el espacio. Algunos de los supuestos objetos simbólicos podrían ser obra de los accidentes de la naturaleza y no del ser humano; pero incluso en el caso de que todos los objetos fueran en reali-

---

4. Klein y Edagar (2002).
5. Zilhão (2001), Clark (2001), Wolpoff *et al.* (2004) y Speth (2004), entre otros aparte de la bibliografía de este libro.

dad artefactos hechos por el hombre, son sumamente raros en comparación con la riqueza simbólica de los yacimientos desde hace cuarenta y siete mil años en adelante, por lo que pudiera tratarse de meras anomalías más que de precursores de una revolución. Por consiguiente, el debate acerca de los orígenes del ser humano se ha condensado en argumentos poco convincentes en contra de la indemostrable hipótesis de Klein. Bienvenidos a la antropología moderna.

Sea como fuera que ocurrió, hace unos cuarenta y siete mil años el *Homo sapiens* disponía de aptitudes que superaban las de cualquier otro homínido existente por entonces. Muchos de ellos empezaron a abandonar África en busca de nuevos territorios, y se dispersaron en abanico por todo el globo. Algunos se dirigieron al norte por el Levante, y luego siguieron hacia el norte por la Europa oriental. Después, algunos viraron hacia el oeste por la Europa central y continuaron hasta alcanzar los valles de los Pirineos. A lo largo de ese periplo hacia el oeste se encontraron con otro homínido que había habitado estos territorios por lo menos durante cien mil años; era distinto a ellos tanto en apariencia como en comportamiento, aunque guardaban con él un molesto parecido. Debió de entablarse una de las confrontaciones más atroces de la historia en el instante en que los humanos modernos que llegaban a la Europa occidental posaron los ojos en los hombres de Neandertal. Y, por supuesto, ese fue el mismo momento en que los neandertales de la Europa occidental, aislados y desprevenidos, nos vieron por vez primera.

Se da por supuesto que la escritura académica de los antropólogos es científica y que, por tanto, está completamente despojada de emociones. Sin embargo, ciertos artículos aparecidos a lo largo de los últimos treinta años en publicaciones destacadas a menudo se han infundido de sentimentalismo[6] a propósito de los neandertales. A lo largo del siglo XIX y la primera mitad del XX, se creía que los hombres de Neandertal eran criaturas cortas de entendederas, peludas y brutas, que caminaban encorvadas arrastrando los pies. El hecho de que tuvieran la frente corta y la mandíbula grande y prominente los hacía parecer los cretinos que se pensaba que eran. Esta imagen ha resultado ser completamente errónea y, gracias a la erudición minuciosa y a un replanteamiento inspirado, ha sido posible rectificarla. Sin embargo, ahora la opinión generalizada corre el riesgo de tornarse engañosa en el sentido contrario. No cesan de aparecer artículos en los que el menor indicio se esgrime como prueba de la compasión, la ternura y la inteligencia de los neandertales. Un erudito, a todas luces embelesado al imaginarse a los neandertales danzando en corro unidos de la mano, los describió como «los primeros hippies»[7].

En la mayoría de los casos al sentimentalismo se le pone más sordina, pero existe una razón sutil de su persistencia. No se trata simplemente de ir de un extremo al otro en el intento por corregir la errónea imagen embrutecida. Los antropólogos estudian a los indígenas de todo el planeta, especialmente a los que viven en sociedades de la Edad de Piedra y que a menudo reciben el maltrato de los gobiernos y otras instituciones poderosas. Los antropólogos no son los únicos que sienten simpatía hacia estos desventurados y que,

6. Zilhão (2001).
7. Solecki (1971).

con fundamento, los consideran víctimas. Además, en consonancia con el clima político, durante las tres últimas décadas aproximadamente, en las universidades se insiste en ver un patrón de explotación, e incluso de exterminio, que se repite una y otra vez desde la llegada de Colón a América, y se prolonga a través de los siglos XIX y XX a medida que el imperialismo occidental se extiende por el mundo.

Con esa visión del mundo moderno y de la historia reciente, parece inevitable que algunos investigadores acaben también por considerar a los neandertales víctimas —de hecho, las primeras víctimas del imperialismo— y por ver en nuestros antepasados, los humanos modernos avanzados, a los primeros conquistadores despiadados y rapaces.

Enseguida queda claro que bajo esta analogía con el imperialismo subyace el intento de encajar una plantilla del mundo moderno en el pasado remoto, un error que los antropólogos suelen reconocer y rechazar. No había imperios en la Edad de Piedra; tampoco puede decirse que los recién llegados contaran con una ventaja abrumadora en lo relativo a armas y tecnología. Puede que incluso el contacto entre ambos se produjese en términos amistosos; o, más probablemente, que fuese ocasional o prácticamente no existiera, puesto que los dos grupos coexistieron en el mismo territorio durante miles de años antes de que los neandertales desaparecieran. Y ese territorio —el lugar donde los hombres de Neandertal y los humanos modernos vivieron juntos por más tiempo— fue el sur de Francia, precisamente donde actualmente hallamos las cuevas decoradas.

Los homínidos, por origen y por naturaleza, se adaptan mejor a los climas tropicales y templados, si bien los neander-

I. El bifaz seductor. Las galas de los recién llegados

tales sobrevivieron durante cien mil años[8] o más en Europa, en un clima que variaba en intensidad a medida que transcurrían los siglos y los milenios, pero que básicamente era frío, muy frío.

Aislados en su adusto mundo evolucionaron, se adaptaron y sobrevivieron. Los neandertales[9] eran de corta estatura, tenían piernas, caderas y brazos robustos, así como una tremenda caja torácica vencida por el encorvamiento de la espalda. Sus huesos eran sólidos y lo bastante pesados como para soportar una tensión tremenda y sostener una inmensa masa muscular. En consecuencia, estaban dotados de una fuerza inimaginable. En un combate de lucha libre, un neandertal aplastaría al individuo más fuerte de nuestro tiempo rompiéndole la columna con un simple abrazo. Alzar a un oponente de ciento quince kilos no le hubiera costado a un neandertal el más mínimo esfuerzo. Además, la peculiar estructura de su mano hacía que el pulgar tuviera una enorme capacidad de palanca al presionarlo contra los otros dedos. Eso significaba que podían aferrarse con una fuerza increíble.

Una protuberancia ósea les atravesaba la frente justo por encima de los ojos. El resto de la cara estaba sesgada hasta una mandíbula prominente, que casi carecía de mentón. Por lo general, tenían los dientes gastados hasta la raíz, incluso los adolescentes, tal y como evidencian los fósiles. Tal vez mascaran pieles a fin de ablandarlas, o puede que sostuvieran un extremo del cuero con los dientes y con una mano tira-

8. Véase Jordan.
9. La descripción de los neandertales está basada en Trinkaus y Shipman (1994), Mellars (1996), Tattersall (1999), Jordan (1999).

ran del otro, tensando así la piel a fin de rasparla. Eso explicaría la mella de los dientes y sería acorde con la prominencia de sus mandíbulas.

Por lo común, tenían la cabeza bastante grande y una protuberancia ósea en la parte trasera. Su capacidad craneal superaba en cien centímetros cúbicos la nuestra, y en apariencia podían planificarse en relación con el alimento y el cobijo. Existen pocas evidencias —y las que hay son controvertidas— de que poseyeran otras aptitudes intelectuales más allá de esto.

La mayor parte de los neandertales morían antes de los treinta años y, según evidencian los esqueletos hallados, ninguno superaba los cuarenta. Esos esqueletos muestran también que pasaban hambre a menudo. En cambio, la esperanza de vida de los humanos modernos que coexistían con ellos era de cincuenta años.

Los neandertales vivían en grupos pequeños, se trasladaban con frecuencia, trabajaban sin descanso y rara vez se topaban con otros grupos de su misma especie. Existen restos fósiles de neandertales que vivieron durante años con atroces discapacidades. Para que esos inválidos sobrevivieran, otros miembros de su grupo tuvieron que compartir con ellos la comida y ayudarlos a trasladarse de un campamento a otro, clara muestra de compasión y afecto. Así pues, tenían una vida emocional.

Aunque en ocasiones tuvieran la suerte de acorralar a sus presas en un acantilado, sus mejores armas de caza eran las lanzas de madera, que pulían y afilaban con útiles de piedra. No podían tirar las lanzas con efectividad, así que en cambio las arrojaban a la presa a corta distancia. Contrariamente a lo que se creía en el pasado, que preferían atacar a animales heridos, enfermos, viejos o muy jóvenes, ahora parece claro que se decantaban por los adultos en excelente forma, lo cual hacía que la caza a tan escasa distancia resultase extremadamente peligrosa. Los huesos de neandertal contienen muchas fracturas curadas, en particular en la cabeza y el cuello. Un influyente artículo[10] comparó el patrón de las heridas que sufrían con las de los vaqueros de rodeo actuales, y descubrió que guardaban similitudes notables. Los autores del estudio llegaban a la conclusión de que el parecido implica que los neandertales, igual que les ocurre a los vaqueros, tenían «encontronazos frecuentes con ungulados de gran tamaño que sienten animadversión hacia los humanos a los que se enfrentan».

La gran masa muscular de los neandertales, que en muchos sentidos suponía una ventaja, requería sin embargo un esfuerzo constante para su manutención. La musculatura consumía tal cantidad de calorías al día que por fuerza debían de nutrirse de grasa animal[11], tuétano, sesos y alimentos de contundencia similar. La ropa y los refugios que empleaban eran en apariencia rudimentarios, de modo que conservar el calor corporal, sobre todo por la noche, significaba mantener todos esos músculos en movimiento constante, a fin de generar calor. Una actividad tan intensa podría explicar por qué morían a edad tan temprana. Se agotaban, sin más.

No sabemos con certeza si hablaban o no[12], pero su sociedad seguía siendo primitiva[13]. En sus campamentos nunca designaban un área para las ceremonias o los actos sociales.

10. Berger y Trinkaus (1995).
11. Cachel (1997).
12. Mellars (1996, 1998).
13. Stringer y Gamble (1993), Mellars (1996).

La rutina de su vida —cazar, preparar la carne, prender hogueras, hacer útiles— nunca variaba, y apenas existen pruebas de que concedieran algún valor simbólico a estas actividades, o de que las organizaran como parte de un rito o tradición que añadiría un sentido más allá de la repetición necesaria para simplemente mantenerse con vida. Habitaban en grupos pequeños, probablemente porque no creaban los patrones de cohesión cultural que hacen posible la convivencia en grupos numerosos: nociones de autoridad y rango, el respeto por los semejantes, las formas de vestir y comportarse que evidencian la pertenencia de un individuo al grupo, así como la categoría y el estatus. Los neandertales eran homínidos, pero no actuaban según ciertas pautas que creemos intrínsecas al ser humano.

Excepto en un sentido: enterraban a sus muertos[14]. Por lo general cavaban una sepultura en una cueva o bajo una roca saliente y colocaban en ella el cuerpo de costado, con las rodillas recogidas hacia el pecho en posición fetal. Los entierros son la razón de que se conserve gran cantidad de huesos de esta especie.

Sin embargo, esos esqueletos son lo único que ha llegado hasta nosotros. La tumba rara vez contiene algo más que el cadáver. No hay ofrendas ni preparativos especiales, ni siquiera obsequios sentimentales para el difunto, por lo que estos entierros no prueban la existencia de una cultura desarrollada o de que respetaran creencias religiosas, a excepción de un único caso. Una sepultura hallada en la caverna de Shanidar, en Irak, contenía terrones de polen, lo que podía significar que el cadáver había sido decorado con flores,

14. Mellars (1996), d'Errico (2003).

y eso a su vez entrañaría un ritual religioso de preparación del difunto para una vida después de la muerte. El entierro de Shanidar inspiró la idea de que los neandertales hubieran sido los primeros hippies. Por desgracia, caben las mismas posibilidades de que fueran los roedores los que llevaran el polen al interior de la tumba[15], que estaba minada de madrigueras. A menos que alguien descubra un yacimiento funerario parecido, el significado de la cueva de Shanidar no podrá determinarse nunca.

Todos los entierros de los neandertales, no obstante, aunque carezcan de ofrendas especiales, demuestran que los miembros de esta especie albergaban sentimientos hacia el prójimo y habían desarrollado una estructura social de entidad suficiente para que desearan reconocer la muerte de uno de los integrantes de su grupo. Se tomaban la molestia de acarrear el cuerpo hasta una cueva y cavar un hoyo, aun cuando solo pudieran valerse de las manos, rocas y palos. Después colocaban el cadáver con cuidado en el interior, antes de cubrirlo de tierra y piedras. Sus esmerados entierros permiten atisbar el potencial de los neandertales para una vida más plena, un potencial del que empezaron a tomar conciencia tras la llegada de los humanos al territorio.

Jean-Pierre Bocquet-Appel y Pierre-Yves Demars son dos investigadores franceses que en 2000 publicaron un estudio en *Antiquity,* una publicación británica sobre arqueología. Tres series de mapas constituyen el meollo del artículo. La primera serie se inicia con un mapa que muestra los lugares en los que hay indicios de neandertales de hace cuarenta mil años. El siguiente mapa muestra los lugares donde hay

---

15. Sommer (1999).

restos de neandertales de hace treinta y siete mil quinientos años. La secuencia continúa con un nuevo mapa cada dos mil quinientos años, hasta hace veintisiete mil quinientos años. En el primero se refleja la expansión de los neandertales por Europa, desde Iberia a los Balcanes. En el penúltimo mapa han desaparecido de todas las regiones, salvo una franja al sur de Francia, en las estribaciones de los Pirineos, y un punto en el remoto rincón suroeste de España. En el siguiente mapa, el último de la primera serie, datado hace veintisiete mil quinientos años, han desaparecido por completo.

La segunda serie de mapas abarca el mismo lapso temporal, pero en lugar de trazar la contracción neandertal muestra la expansión de los primeros seres humanos de este a oeste por Europa hasta extenderse (o extendernos) por todo el continente, de los Balcanes a España, avanzando a medida que los neandertales se replegaban.

La tercera serie de mapas muestra las áreas donde los humanos y los neandertales compartieron los mismos lugares y los mismos periodos. Este conjunto de mapas demuestra que sería una equivocación suponer que los hombres modernos abatieron a los neandertales y los empujaron sin cesar hacia el Atlántico. En primer lugar, eran una población tan escasa y había tan pocos neandertales en una extensión de tierra tan vasta que las oportunidades de que realmente se vieran fueron, con toda probabilidad, raras. También es posible que cuando los humanos modernos vieran a los neandertales los evitaran y se limitaran simplemente a seguir adelante hacia nuevos territorios. Había muchos lugares que recorrer. De hecho, la tercera serie de mapas muestra que solamente hubo un área en la que los neandertales y los seres humanos modernos realmente coexistieron por un lapso prolongado. Entre hace unos treinta y cinco mil y veintisiete mil quinientos años vivieron conjuntamente entre las estribaciones de los Pirineos y el valle del río Vézère, en el sur de Francia, exactamente la región donde aparecieron las primeras pinturas rupestres.

Y aquí es también donde germinó por un breve periodo la creatividad neandertal, aun cuando la especie misma disminuía en número hasta acabar por desaparecer. ¿Por qué llegaron a extinguirse?

Una teoría sostiene precisamente que los neandertales no se extinguieron[16]. Por el contrario, se cruzaron con los humanos y pasaron a formar parte de nuestros ancestros. Esta idea es parte de la teoría «multirregional» de los orígenes del hombre. La teoría rechaza la noción de que los seres humanos modernos se originaron en África y emigraron de allí hacia el resto del mundo; defiende en cambio que evolucionaron de forma más o menos simultánea en muchas regiones del globo, a partir de las poblaciones existentes de antiguos homínidos. La teoría multirregional es la opinión minoritaria, pero no ha sido refutada por completo y cuenta con el respaldo de restos arqueológicos, si bien escasos, de homínidos del Asia oriental, Australia y el Pacífico.

Sin embargo, la explicación multirregional de que los neandertales se mezclaron con humanos modernos parece estar equivocada. En 1997 un equipo científico internacional[17] logró extraer una pequeña muestra de ADN del primer esqueleto neandertal hallado. En 2000, un equipo internacional

16. Wolpoff y Caspari (1997), Wolpoff *et al.* (2000), Wolpoff y Coolidge (2004).
17. Krings *et al.* (1997).

distinto[18] recuperó una segunda muestra de ADN del esqueleto de un neandertal recién nacido. Los análisis de ambas muestras dieron resultados idénticos, que demostraban que no hay rastro de genes específicamente neandertales en nuestro ADN. Quizá los seres humanos modernos nunca o rara vez mantuvieran relaciones sexuales con los neandertales, a pesar de la cercanía en la que vivieron durante miles de años, lo que pudo deberse a un tabú social por una u otra parte, o por ambas. O quizá los individuos de ambos grupos mantuvieran relaciones, pero no concibieran descendencia. O, si los neandertales y los humanos concebían, tal vez los hijos híbridos nacieran estériles. En cualquier caso, el hecho es que los neandertales no se convirtieron en nuestros ancestros[19], y eso significa que fueron menguando hasta extinguirse.

Hasta bien entrado el siglo XX, se daba por supuesto que nosotros —los seres humanos modernos— los habíamos aniquilado, y que estaba bien que así hubiera sido. En 1921, el popular novelista H. G. Wells publicó *Una raza aterradora,* basada precisamente en este tema. Sin embargo, por muy maltrechos que estén los huesos de neandertal, no existen en ellos pruebas fehacientes de violencia infligida por humanos o por otros de su misma especie. Un esqueleto revela una herida de arma punzante, pero no fue fatal, y bien podría haberse producido a resultas de un accidente de caza. Y si los humanos tenían tal sed de sangre hacia los neander-

18. Ovchinnikov *et al*. (2000).
19. No hay acuerdo entre los científicos a propósito de este punto, o cuando menos entre ciertos científicos. El punto de vista que se expresa en estas páginas es el mayoritario, con diferencia, pero Wolpoff, Speth, Zilhão, Clark y otros lo rechazan de plano.

tales, ¿cómo pudieron convivir ambas poblaciones en el sur de Francia durante más de siete mil años?

En los últimos años, el destino de los neandertales ha servido de inspiración a una avalancha de nuevas teorías. Salvo una excepción, todas comparten un trasfondo común. Del mismo modo que en las dos últimas décadas hemos asistido a la vena de sentimentalismo a propósito de los neandertales en los trabajos académicos, también se ha generado la tendencia correspondiente, no declarada aunque obvia para cualquiera que se adentre en la literatura científica, de absolvernos de cualquier culpa que aún pudiéramos sentir por el modo en que tratamos a los neandertales. Según las nuevas teorías, poco tuvimos que ver con el triste final de esta especie. O, mejor aún, puede que no tuviéramos nada que ver en absoluto con su desaparición.

Algunas investigaciones, llenas de detallados cálculos, demuestran cómo incluso una ligera diferencia del índice de natalidad[20] o de la esperanza de vida habría destruido a los neandertales en menos de mil años, sin necesidad de una acción manifiesta por parte de los humanos modernos. Aun en el caso de que los neandertales simplemente tardaran más en destetar a sus criaturas, esa leve ventaja multiplicada a lo largo de las generaciones habría garantizado la preponderancia de los seres humanos modernos. Otra teoría defiende que la nuestra era una dieta más completa que la de los neandertales, y por eso logramos sobrevivir. Ciertos mamíferos de gran tamaño[21] se extinguieron hace unos treinta mil años, y tal vez los neandertales fueron sencillamente una de

20. Zilhão (2001).
21. Stewart *et al.* (2003).

esas especies. O puede que cuando las condiciones climatológicas se volvieron más rigurosas[22], como ocurrió en torno a esa fecha, los humanos modernos fuesen capaces de adaptarse gracias a que vivían en comunidades más pobladas, eficientes y cohesionadas, en tanto que los neandertales, en sus pequeñas agrupaciones, no lo lograsen.

El problema que plantean estas teorías es que los neandertales habían sobrevivido en Europa durante más de cien mil años, resistiendo a todas las oscilaciones climáticas —glaciales, benignas, y de nuevo gélidas— sin importar el índice de natalidad, ni el tamaño o la complejidad de sus comunidades. Solamente empezaron a decaer a partir de nuestra llegada. Algo que hicimos, con o sin intención, decidió su sino.

Y claro que parte de ello fue intencionado. Por descontado que hubo aspectos violentos. A lo largo de la historia se ha desatado la violencia siempre que una población más fuerte se topaba en su avance con un grupo más débil que habitaba un territorio atractivo. Parece una ingenuidad suponer que en la Prehistoria rara vez hubiera violencia, o que tuviera un escaso efecto global en la extinción de los neandertales. Azar Gat, de la Universidad de Tel Aviv, tuvo el valor de publicar un artículo en 1999 que decía esto mismo, pero su postura permanece aislada en el gran debate.

Cierto es que no había una gran diferencia entre las armas de ambos bandos, y que los neandertales estaban dotados de mayor fortaleza física y contaban con la ventaja inicial de conocer el territorio donde habitaban como la palma de su mano. Sin embargo, los recién llegados —o quizá de-

---

22. Stringer y Gamble (1993).

beríamos llamarlos «invasores»— eran capaces de organizarse. Por la observación de las sociedades cazadoras-recolectoras que sobreviven[23] hoy en día sabemos que, sin importar dónde vivan, sea en el desierto, en las selvas tropicales o en los hielos árticos, crean agrupaciones familiares de diez o veinte miembros, que a su vez se asocian en grupos de ciento cincuenta a ciento setenta y cinco, los cuales forman grupos regionales de unos quinientos individuos. Parece razonable suponer que los primeros seres humanos modernos vivieran en una organización familiar o social similar en torno a ese tamaño, sobre todo porque las pruebas arqueológicas coinciden. Los neandertales, entretanto, vivían en pequeños grupos de entre quince y treinta miembros. Por mucha fuerza que tuvieran, treinta neandertales mal coordinados no habrían podido competir con una hueste de ciento cincuenta a quinientos seres humanos lo bastante organizados como para cooperar en una lucha.

Debieron de producirse ataques. Presumiblemente los neandertales se defendían, pero es probable que con mayor frecuencia se limitaran a batirse en retirada, y por esa razón no han llegado hasta nosotros restos que denoten violencia. Entre los cazadores-recolectores supervivientes, al igual que ocurría entre las tribus norteamericanas antes de la llegada de los europeos, la intimidación, las amenazas y alardes de fuerza son mucho más frecuentes que el verdadero combate. Los humanos invasores hubieron de darse cuenta enseguida de que una ostentación amenazante de su mayoría numérica hacía a los neandertales poner tierra de por medio.

23. Gat (1999).

Los neandertales pasaron sus últimos siete mil quinientos años básicamente en los Pirineos y alrededores del norte de España y el sur de Francia. Se trata de un relieve donde las colinas, las montañas y los valles surcados por ríos cortan el territorio en pequeñas secciones que quedan aisladas entre sí. Esto significaba que los neandertales y los seres humanos modernos podían ocupar fácilmente territorios distintos y vivir sin entablar un contacto estrecho, sobre todo si tenemos en cuenta la escasa población de ambos grupos. Sin embargo, debió de producirse cuando menos algún contacto esporádico, el cual dio lugar al legado más conmovedor de los neandertales.

Posiblemente resultara evidente para ellos que casi todo lo que poseían los nuevos seres era superior: mejores herramientas, ropas más prácticas, campamentos y refugios más acogedores, hogares más eficientes y métodos de caza más sofisticados. Por si fuera poco, los recién llegados se adornaban con joyas, cuentas y colgantes tallados. Al ver que había modos mejores de hacer las cosas, los neandertales empezaron a imitar a sus rivales, o por lo menos a intentarlo.

Los restos neandertales hallados en Francia, en especial los del yacimiento de Arcy-sur-Cure[24], en Borgoña, incluyen estos primeros intentos desesperados de transformarse a sí mismos. Hay punzones, alfileres y otros artefactos de hueso o marfil tallados, unos materiales que solamente los seres humanos habían empleado con anterioridad. Estos neandertales pintaban los huesos y realizaban muescas en ellos, tal vez sus primeras tentativas decorativas. Hacían anillos de marfil y grababan surcos en la base de dientes de lobo,

24. Mellars (1999), White (2001).

zorro, reno, hiena y otros animales, y es de suponer que colgaban esas piezas en collares o prendas. Y también hacían surcos en huesos largos, por alguna razón desconocida.

Existen ciento veinticinco yacimientos con esta clase de vestigios en Francia y el norte de España. Aunque datan de la misma época, son distintos de otros asentamientos de seres humanos modernos de la misma región, lo cual constituye otra prueba de que en todo el tiempo que pasaron los neandertales y los humanos modernos en proximidad nunca llegaron a mezclarse. Los neandertales se vieron obligados a trasladarse a lugares cada vez más remotos e improductivos a medida que su población disminuía. Donde más tiempo permanecieron fue en un páramo rocoso al suroeste de España[25].

Si tenemos en cuenta lo imponente que debía de parecerle un neandertal a un ser humano, no cuesta imaginar —pues de imaginar se trata— a los humanos modernos previniendo a sus hijos contra estos extraños vecinos. Sus advertencias nacían de una verdadera preocupación, pero de ahí a utilizar sus avisos como instrumento disciplinario hay solo un paso: «El coco te llevará si no vas con cuidado». En distintas culturas occidentales la creencia en monstruos con aspecto de hombre-mono, como el *Big Foot* o el abominable hombre de las nieves, se resiste a desaparecer. Recuerda lo que nuestros ancestros debieron de sentir en el momento en que veían a una banda de sus musculosos vecinos coronar una cresta a los pies del Pirineo, con unos cuantos dientes de hiena colgándoles del cuello en tiras de cuero sin curtir.

25. Straus (2005).

II. Un escéptico reconoce su error. La pasión de *miss* Mary E. Boyle

En el límite occidental de Les Eyzies, el municipio al que pertenece Font-de-Gaume, hay un pequeño refugio de piedra formado por el saliente casi a ras del suelo de una pared rocosa. Está oculto tras una casona de dos plantas cubierta de enredaderas. A la derecha del refugio, un granero vencido por el peso de los años se apoya en la pared de roca; su verja metálica herrumbrosa permanece abierta en un ángulo extraño, como si nadie se hubiera tomado la molestia de cerrarla durante décadas. Aunque tanto la calle principal del pueblecito como la estación de tren están apenas a unos cientos de metros, este refugio es un rincón tranquilo, frondoso y olvidado. Ni siquiera hay indicadores para llegar allí. Sin embargo, hubo una época en la que la atención de toda Europa estaba puesta en este minúsculo lugar, que fue el emplazamiento de un hallazgo que sacudió a toda la comunidad intelectual, horrorizó a la Iglesia y proporcionó una nueva expresión a las lenguas de todo el mundo. Estos acontecimientos se conmemoran —o, cuando menos, están discretamente anotados— en una placa de acero atornillada en el saliente de piedra, justo por encima de la verja abierta. Anuncia que este lugar, conocido desde hacía generaciones antes de que se descubrieran los esqueletos como el refugio de Cro-Magnon («gran piedra»), dio nombre a los primeros humanos que ocuparon estas tierras, hace de treinta y cinco mil a cuarenta mil años: los hombres de Cromañón.

Fue en marzo de 1868 cuando unos obreros de la construcción descubrieron cinco esqueletos humanos bajo el saliente rocoso[1]. Por desgracia, los operarios mezclaron los huesos al desenterrarlos, pero Louis Lartet, un competente arqueólogo, llegó con prontitud para encargarse de excavar el yacimiento según las mejores prácticas del momento. Al parecer, los huesos correspondían a tres varones adultos, una hembra adulta y un niño. Su anatomía era idéntica a la del individuo contemporáneo, y se dio por hecho que los esqueletos pertenecían a antepasados directos de algún vecino de Les Eyzies.

El primer esqueleto, conocido como Cro-Magnon 1, o «el Anciano», era un varón que al morir tenía alrededor de cincuenta años. Su cráneo estaba lleno de agujeros en los pómulos, producto de una infección viral dolorosa y que debió de desfigurarle el rostro. Otros esqueletos tenían vértebras fusionadas en el cuello que debían de provenir de heridas terribles. El esqueleto de la mujer tenía el cráneo fracturado, si bien había sobrevivido con la fractura varios años. Era obvio que las vidas de estos antiguos pobladores estaban llenas de amenazas, pero contaban con

1. Camps (1991), White (2003).

la resistencia y la astucia necesarias para vivir hasta los cincuenta años, o incluso más.

Lartet llegó a la conclusión de que los esqueletos habían sido enterrados deliberadamente. Sus excavaciones pusieron al descubierto una magnífica serie de útiles de piedra y tesoros artísticos, como tallas de cuerno y de marfil, conchas agujereadas que parecían hechas para colgar en la ropa, collares o brazaletes. Estas atractivas reliquias eran idénticas a las que se habían descubierto en varios yacimientos próximos que no contenían esqueletos. Obviamente, Lartet supuso que estas otras reliquias también debían de ser obra de los cromañones, que, con lo que se sabía entonces, fueron considerados una raza. Puesto que el primer cráneo neandertal reconocido se había descubierto en 1856 en el valle de Neander, cerca de Düsseldorf, los franceses sintieron cierto orgullo patriótico por los hombres de Cro-Magnon. Sus ancestros —esto es, los antepasados de los franceses— pertenecían a esta raza sofisticada, atractiva y de fisonomía moderna, mientras que los alemanes descendían de los neandertales, achaparrados y cortos de entendederas.

Fue un periodo confuso, apasionado[2]. Incluso esos dejes nacionalistas eran un débil murmullo de fondo en comparación con los debates encarnizados entre ciencia y religión y los que mantenía la propia comunidad científica. Charles Darwin había publicado *El origen de las especies* en 1859, justo tres años después del descubrimiento del cráneo de neandertal. La obra era circunspecta respecto al origen de los humanos, aunque la insinuación de que descendíamos de los simios era clara. La ambigüedad no duró mucho tiempo.

2. Hammond (1982), Murray (1990), Trinkaus y Shipman (1994).

Thomas Huxley, discípulo de Darwin, publicó *Evidencias respecto al lugar del hombre en la naturaleza* en 1863, y el propio Darwin le siguió con *El origen del hombre* en 1871. Estas obras no solo dejaron muy claras las ideas de Darwin sobre la descendencia de los humanos de los monos —en concreto chimpancés y gorilas—, sino que argüían también que los seres humanos debieron de originarse en África porque allí era donde habitaban estos primates.

En este punto fue donde se inició el conflicto entre religión y ciencia acerca de la evolución de la especie humana, una batalla tan virulenta y politizada en el siglo XIX como en la actualidad; o quizá más, puesto que las ideas de Darwin eran entonces novedosas y devenían objeto de burla con mayor frecuencia. Y hubo muchos pensadores serios en la comunidad científica que se quedaron tan confundidos y se mostraron tan beligerantes a propósito de la cuestión de los orígenes del hombre como la propia Iglesia. No todos los científicos aceptaron la evolución. Rudolf Virchow, un alemán fundador de la patología científica, atacaba el planteamiento evolutivo con virulencia a la menor oportunidad. Incluso entre quienes aceptaban la evolución, se entablaban constantes batallas sobre qué significaba exactamente.

El siglo XIX estuvo obsesionado con el afán de definir, describir y clasificar las razas humanas. La teoría de Darwin provocó un sinfín de argumentos acerca de si las diversas razas habían compartido un ancestro común o, por el contrario, tenían antepasados distintos entre los primates. De la respuesta dependían muchas cuestiones, pues, si las distintas razas se correspondían con distintos ancestros, se explicaría la supuesta superioridad de unas razas sobre otras. Todo lo que rodea a este debate no será del gusto de la sensibilidad moderna.

Hubo otra suposición que los científicos de la época asumieron y que resulta menos crispadora, aunque igual de engañosa. La ciencia sostiene hoy que la evolución es neutral, y desde luego amoral. La evolución no aspira a la perfección, sino a la mera supervivencia. Sin embargo, los científicos decimonónicos creían que evolución significaba también progreso, razón por la cual muchos de los primeros en adoptar las ideas evolutivas eran también progresistas o radicales desde un punto de vista político.

Gabriel de Mortillet[3], un brillante pensador francés, propugnaba una política tan radical que se vio obligado a vivir en el exilio durante quince años. Creía en lo que él mismo denominaba «la ley del progreso de la humanidad», y alcanzó una considerable influencia. Pensaba que la evolución no solamente era responsable del perfeccionamiento físico a lo largo del tiempo, sino también de que la humanidad prosperase culturalmente. Los neandertales eran brutos cortos de entendederas; los cromañones suponían un avance indudable respecto a ellos, pero su cultura —aquellas tallas en el marfil y las conchas perforadas— no era más que un tosco comienzo de lo que al cabo de miles de años de evolución florecería al fin en la antigua Grecia, en la Italia del Renacimiento o, si se quiere, en la Francia del siglo XIX.

A medida que aparecían nuevos descubrimientos, se fue aplicando una mezcla variable de ciencia y estética para clasificarlos. La teoría era que, del mismo modo que un esqueleto con ciertos rasgos semejantes a los de los primates debía

3. Reinach (1899), Trinkaus y Shipman (1994), Richard (1999a).

de ser más antiguo que un esqueleto que poseyera solamente características humanas, lo cual a grandes rasgos es cierto, las herramientas o las creaciones artísticas toscas, poco sofisticadas, debían de ser más antiguas que los artefactos de mejor factura y diseño, lo cual no es cierto en todas las ocasiones. La idea de De Mortillet de que la cultura evolucionaba igual que una especie llevó a creer que los cromañones y otros humanos primitivos solo fabricaban útiles y decoraciones rudimentarias porque no eran capaces de nada mejor. Según De Mortillet, los pobladores de la Edad del Hielo desarrollaron sus herramientas simplemente en respuesta a necesidades específicas. Al margen de esta básica relación de causa y efecto, no habían evolucionado lo suficiente para pensar en abstracto. En consecuencia, no podían tener religión, y sin religión en modo alguno habrían podido realizar trabajos artísticos. Más concretamente, las pinturas que de vez en cuando se habían hallado en cuevas no podían ser obra suya.

Las cuevas decoradas con pinturas prehistóricas se conocían y habían sido visitadas en repetidas ocasiones a lo largo de los siglos. No es que fueran mal interpretadas, en sentido estricto; más bien cabría decir que no habían sido comprendidas. De hecho, eran imágenes desconcertantes, completamente ininteligibles, aterradoras. En 1458, el papa Calixto III, que era valenciano, condenó a sus compatriotas por llevar a cabo ritos en la «cueva de las pinturas de caballos». (Esta frase del Papa permite abrigar la tentadora idea de que algunos restos de la religión de la Edad del Hielo sobrevivieron hasta mediados del siglo XV). En Rouffignac, una cueva de Dordoña que presenta pinturas maravillosas en la extensa superficie de su techo bajo, las pintadas se mezclan con las obras por doquier. Muchas de las inscripciones están fechadas en el siglo XVIII, entre ellas una cruz trazada por un sacerdote al que llevaron para exorcizar los demonios y santificar la sala. En Niaux, una bella y notable cueva al borde de los Pirineos, se ven las numerosas pintadas de los visitantes que han inscrito ahí sus nombres con el paso de los años. Uno de los más antiguos pertenece a «Ruben de la Vialle», un hombre que dejó su impronta en 1660. Su inscripción está a apenas cien metros de unas enormes imágenes de bisontes e íbices bien conservadas. En 1864, doscientos años después de la visita de De la Vialle, un erudito llamado Félix Garrigou, que de hecho era prehistoriador, visitó Niaux y después anotó en su cuaderno: «Hay pinturas en las paredes, ¿de qué puede tratarse?».

Éstas y otras muchas personas vieron las pinturas, pero salvo por una o dos líneas garabateadas ocasionalmente en un cuaderno o una carta, nada se escribió sobre ellas. Puesto que los visitantes de las cuevas no llegaban a comprender el alcance de las pinturas, lo mismo habría dado que hubieran sido invisibles. Las doctrinas de la Iglesia no podían ofrecer una explicación sobre ellas, ni tampoco podían hacerlo las doctrinas de la ciencia, sobre todo la doctrina de la evolución cultural de De Mortillet. Si acaso las mencionaban, era para tacharlas de fraudes, de obra de soldados romanos o para atribuirles alguna otra explicación extravagante.

Los errores empañan la ciencia, y también dan pie a vidas trágicas. Al final la ciencia corrige los errores, pero la tragedia no puede repararse. La primera víctima de la creencia en la evolución cultural fue un estimable erudito y aristócrata español llamado Marcelino Sanz de Sautuola. Los hechos demostrarían que no solo era un científico intuitivo de enorme talla, sino también un visionario. La bienaventuranza y la maldición de su vida fueron consecuencia de que en 1879 descubrió en la heredad de su familia el bello techo pintado de la cueva de Altamira[4].

Sautuola se había licenciado en Derecho, pero le interesaba la ciencia por su afición a la historia natural de las tierras de sus ancestros y la campiña vecina del norte de España. Leía y exploraba, y engrosaba su colección de insectos, minerales y fósiles locales. En 1878, justo un año antes del descubrimiento que el destino le auguraba, Sautuola viajó a París para asistir a la Exposición Universal. Allí se sintió especialmente atraído por una exhibición de útiles y pequeños objetos de arte prehistóricos que se habían hallado en Francia. La experiencia le entusiasmó y le sirvió de inspiración, particularmente porque tuvo ocasión de conocer a Édouard Piette, que era entonces una de las lumbreras de la Prehistoria francesa y un ferviente coleccionista de artefactos prehistóricos. Sautuola mantuvo prolongadas charlas con Piette acerca de estos objetos y sobre los métodos apropiados para excavar un yacimiento.

De regreso a su país, empezó a realizar excavaciones en la campiña, y en particular en varias cuevas de la región. Su único propósito era hallar objetos prehistóricos como los que había visto en París. Así fue como en noviembre de 1879 Sautuola se hallaba excavando el suelo de Altamira. La historia de aquella tarde ha pasado a la posteridad. Sautuola, que por entonces contaba cuarenta y ocho años, era un hom-

---

4. Murray (1990), Bahn (1996, 1998), Bahn y Vertut (1999).

bre esbelto, con entradas y patillas rizadas que se unían a un poblado mostacho. Estaba con él su joven hija, María, que lo había acompañado a la cueva. Mientras su padre permanecía concentrado en las excavaciones, María entraba y salía de la cueva y correteaba de un lado para otro en la amplia caverna de techo bajo donde su padre estaba trabajando. De repente, levantó la vista y vio en el techo lo que ella llamó después «formas y figuras» y exclamó: «¡Mira, papá! ¡Bueyes!».

Su padre alzó la mirada y allí estaba el magnífico techo pintado de Altamira: unos veinte metros cubiertos de pinturas de bisontes de intenso colorido aunque delicada factura, casi de tamaño natural, que parecen revolcarse por el cielo como si hubieran sido lanzados allí por una mano gigantesca. Sautuola se quedó tan perplejo que prorrumpió en carcajadas. Debió de darse cuenta de cuán absurdo había sido concentrarse con tal intensidad en sus minuciosas excavaciones cuando tenía a la vista unos suntuosos tesoros que ni siquiera alcanzaba a soñar, a solo unos palmos de su cabeza. Por último, lo embargó el entusiasmo y apenas logró articular palabra.

Me complace pensar que fue en este preciso instante cuando Sautuola llevó a cabo la brillante deducción de que las pinturas databan de la Edad de Piedra, que eran obra de los mismos individuos que habían realizado los utensilios, las tallas y otros objetos que iban apareciendo en el suelo de la caverna y similares a los que había visto en la Exposición Universal. Esta deducción le granjeó el respeto de la historia, pero poco más que desdén en vida. Aunque su magnífica intuición no cristalizaría en palabras hasta cierto tiempo después, cuando logró recobrar la compostura, Sautuola debió de considerar estas pinturas desde el principio sin que le enturbiaran los prejuicios, ni siquiera cierta confusión. Sabía que era el primero que veía aquella cueva decorada. Aquel día de noviembre de 1879, mientras Marcelino Sanz de Sautuola permanecía estupefacto bajo el techo pintado de Altamira, fue la primera vez de la cual tenemos noticia en la que un artista de la distante Edad de Piedra conmovió la sensibilidad de una persona moderna.

Sautuola consultó a Juan Vilanova y Piera, un destacado paleontólogo español, quien tuvo el buen criterio de visitar la cueva en persona, algo que los detractores más furibundos de Sautuola rara vez se tomaron la molestia de hacer. Vilanova enseguida concluyó que las pinturas eran, en efecto, obra de pueblos prehistóricos y dictó una conferencia en la que así lo reconocía. Esto hizo correr la noticia por toda España y creó una avalancha de visitantes similar al entusiasmo que despertaría el descubrimiento de Lascaux, sesenta y un años después. El rey de España en persona acudió a contemplar las maravillas.

Estas expresiones de apoyo y aceptación locales fueron los últimos momentos de felicidad para Sautuola. Apenas unos meses después, a comienzos de 1880, publicó un breve y prudente tratado que tituló *Breves apuntes sobre algunos objetos prehistóricos de la provincia de Santander*. Se daba perfecta cuenta de que afirmar que las pinturas eran obra de pobladores de la Edad de Piedra le exponía a la controversia, y que llegado el caso no sería más que un mero aficionado enfrentado a la ortodoxia del mundo científico. Puesto que deseaba evitar el conflicto en la medida de lo posible, empezó su ensayo con la información más aburrida —el análisis técnico de los utensilios de piedra, los ornamentos y los restos de comida—, antes de centrarse en las pinturas. «[E]s indudable que, por repetidos descubrimientos que no se pueden prestar a la duda, como el actual, se ha comprobado que ya el hombre, cuando no tenía más habitación que las cuevas, sabía reproducir con bastante semejanza sobre astas y colmillos de elefante, no solamente su propia figura, sino también la de los animales que veía; por lo tanto, no sería aventurado admitir que si en aquella época se hacían reproducciones tan perfectas, grabándolas sobre cuerpos duros, no hay motivo fundado para negar en absoluto que las pinturas de que se trata tengan también una procedencia tan antigua». Esta frase, extensa y farragosa, arruinó la vida de Sautuola.

A pesar de su escritura vacilante, Sautuola se mantenía convincentemente fiel a sus conclusiones. Unos meses después de la publicación del opúsculo, él y Vilanova asistieron al Congreso Internacional de Antropología y Arqueología Prehistórica de Lisboa, donde se congregaban todas las figuras más destacadas de la disciplina en Europa. Vilanova hizo una presentación formal del hallazgo. Cuando mostró los dibujos de algunas de las pinturas de la cueva, el descrédito reinante se hizo palpable. El francés Émile Cartailhac, la figura más respetada de la arqueología prehistórica, abandonó deliberada y notoriamente la conferencia, sin hacer esfuerzo alguno por ocultar su repugnancia.

Su reacción estaba anunciada, ya que Sautuola le había enviado a Cartailhac un ejemplar de su opúsculo y, a modo de desdeñosa respuesta, este se limitó a comunicarle que aquellas pinturas de reses salvajes presuntamente prehistóricas no parecían en absoluto auténticas. (Sautuola podría haberle replicado que no parecían reses porque en realidad eran bisontes). Después, para empeorar aún más las cosas, De Mortillet advirtió a Cartailhac de que algunos jesuitas españoles estaban detrás de un complot para poner a los prehistoriadores del Congreso Internacional en una situación embarazosa, como ataque a la evolución. Las pinturas de Altamira no eran más que hábiles falsificaciones que formaban parte de la trama. Ningún artista de la Edad de Piedra habría podido pintar con tal habilidad: alguien había embaucado a Sautuola, o quizá él mismo participaba de la conspiración. Cartailhac dijo que todo se reducía a «la vulgar tomadura de pelo de un artista de pacotilla», y rechazó la invitación de Vilanova para visitar la cueva. Había tomado especial aversión hacia los dos caballeros españoles, porque insistían vehementemente en sus argumentos en otras reuniones celebradas durante el congreso. En las actas del evento ni siquiera se hace mención de Altamira. Por desgracia, este ambiente enrarecido de intriga, celos, mendacidad y paranoia contaminó el mundo de los prehistoriadores entre 1880 y 1900 y, aunque con menor intensidad, todavía se deja sentir hoy día.

Cartailhac tenía solo treinta y cinco años. Era un hombre delgado y menudo, con una cabellera ondulada y negra como el azabache, barba rizada y un fino bigote. Sus ojos estaban inusitadamente ensombrecidos por unas marcadas y oscuras ojeras; tendía a contemplar el mundo como desde muy lejos.

Cartailhac había alcanzado con rapidez su eminente posición y combinaba la seguridad propia de la juventud con una reputación que lo hacía inmune a quienes lo cuestionaban, algo que por lo general solamente se logra con los años. Sautuola lo había importunado a tal punto que no pudo limitar su afán de venganza a lo ocurrido en el congreso. Varios meses después, en 1881, envió a un tal Édouard Harlé para que visitara la cueva y lo informara de sus hallazgos. Harlé le escribió con gran diligencia asegurando que las pinturas eran a todas luces falsificaciones; afirmaba que requerían demasiada habilidad y que la pintura estaba demasiado fresca como para que fueran auténticas. Sin embargo, el aspecto que cerró su argumentación con contundencia fue que los pobladores prehistóricos habrían podido iluminar la cueva solo con antorchas, y sin embargo no había restos de humo en las paredes o el techo de la cueva. Las pinturas debían de haberse hecho con luz artificial moderna. Cartailhac se regodeó publicando el artículo de Harlé en la influyente revista que él mismo editaba. A continuación empezaron a aparecer otros artículos donde se satirizaba el descubrimiento de Altamira, no solo en Francia sino también en España, para desgracia de Sautuola.

Sin embargo, Sautuola y Vilanova no cejaron en su empeño. Presentaron sus trabajos en el Congreso francés por el Fomento de la Ciencia, tanto en 1881 como al año siguiente, así como en un congreso internacional celebrado en Berlín en 1882. Nadie les escuchó. Cartailhac publicó su estudio *Las edades prehistóricas de España y Portugal* en 1886. No mencionó Altamira. Para entonces, Sautuola era ya un hombre vapuleado; los ataques a Altamira con frecuencia se dirigían contra su persona, pero, aun cuando no lo hicieran manifiestamente, él se los tomaba como ataques a su honestidad. Creía haber ofrecido al mundo un espléndido tesoro y el mundo le había respondido tachándolo de falsario y bribón. Marcelino Sanz de Sautuola, el primer hombre que comprendió el verdadero significado de las pinturas rupestres, el

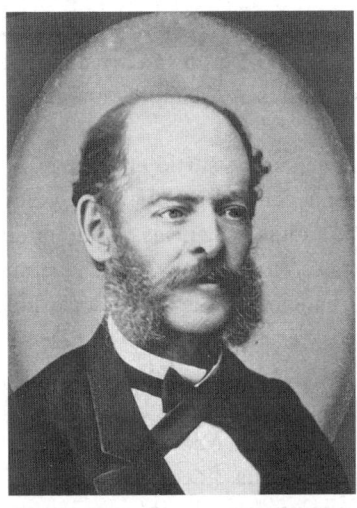

Don Marcelino Sanz de Sautuola, el descubridor de las pinturas de Altamira, tuvo un brillante momento de inspiración al darse cuenta de que las pinturas eran obra de pobladores prehistóricos. Su deducción le granjeó el respeto de la historia, pero poco más que desdén en vida.

primero en darse cuenta de que eran obra de pobladores prehistóricos y en experimentar su potencia artística, murió prematuramente a los cincuenta y siete años en 1888, angustiado, abatido y sin encontrar reconocimiento a su trabajo.

La restauración de Sautuola llegaría, aunque catorce años después ya no pudiera serle de ayuda. Entretanto habían surgido algunos —muy pocos— académicos progresistas que creían en la autenticidad de las pinturas de Altamira. Uno de ellos fue Édouard Piette, el distinguido prehistoriador que había trabado amistad con Sautuola en la Exposición Universal de París de 1878. Estaba reuniendo una impresionante colección personal de pequeños grabados, estatuillas de marfil y asta y utensilios de factura especialmente cuidada, y era de la opinión de que individuos capaces de crear estos bellos objetos también habrían podido llevar a cabo magníficas pinturas en las paredes de las cuevas. Piette, un hombre afable, en cierto momento escribió a Cartailhac manifestando su apoyo a las pinturas de Altamira, aunque sin resultado alguno.

En cambio, lo que años más tarde surtió efecto en Cartailhac fue el ver las pinturas con sus propios ojos, y después de que se acumularan tantas evidencias que no pudo evitar por más tiempo reconocer lo que estaba viendo. Durante la década de 1890 varios aficionados apasionados exploraban y realizaban excavaciones arqueológicas en diversas cuevas del sur de Francia. Uno de ellos era Léopold Chiron, un maestro de pueblo y arqueólogo aficionado de la región de Ardèche, en el sureste de Francia[5]. Mientras excavaba en la cueva local de Chabot advirtió unas líneas grabadas en espiral. No dudó de que fuera un grabado antiguo, porque estaba cubierto por una película de calcita que solamente podía haberse formado con el tiempo. Los grabados de Chabot están formados por líneas discontinuas y tienen fama de ser difíciles de descifrar. Por error, Chiron interpretó que el dibujo representaba grupos de personas y aves con las alas desplegadas. Sin embargo, hizo varios calcos e incluso tomó fotografías. Y, lo que es más importante, puso en relación los grabados con los útiles de piedra que hallaba en el suelo de la gruta, y llegó a la conclusión de que ambos eran obra de los mismos autores y se habían hecho en la misma época. Chiron anunció su conclusión en el artículo que publicó en 1878 en *Revue historique, archéologique, littéraire et pittoresque du Vivarais,* una revista de provincias de escasa repercusión en los círculos dominantes del momento, y escribió in-

5. Bahn y Vertut (1999).

cluso al gran De Mortillet, que nunca se tomó la molestia de contestarle. De Mortillet estaba seguro de sus teorías, ¿por qué iba a preocuparse de las ideas peregrinas y desafiantes de un maestro rural? Chiron no se arredró, a pesar de ello. Durante los quince años que siguieron continuó presentando sus descubrimientos en las reuniones de las sociedades científicas regionales, donde hablaba tanto de Chabot como de los grabados que había hallado en otras cuevas de las inmediaciones.

En 1895, el propietario de una cueva llamada La Mouthe, en la región de Dordoña, limpió los escombros de un antiguo desprendimiento de rocas y puso al descubierto una nueva galería. Algunos jóvenes lugareños se adentraron a explorar la cueva y descubrieron grabados. De inmediato la cueva se llenó de científicos, y uno de ellos halló una piedra plana con una hendidura poco profunda en uno de los extremos; así se descubrió y se identificó la primera lámpara prehistórica. Dado que el desprendimiento había sellado la caverna durante miles de años, los grabados no podían ser falsificaciones. La lámpara resolvió la incógnita sobre el modo en que los artistas prehistóricos iluminaban las cuevas.

Después del descubrimiento de La Mouthe[6], los aficionados locales y aquellos para quienes la arqueología era un mero pasatiempo volvieron a las cuevas donde habían encontrado pinturas y grabados a los que antes no les habían prestado atención. François Daleau, que vivía al este de Burdeos, había excavado en la cueva de Pair-non-Pair catorce años antes. (El nombre significa «par, impar», la versión francesa de «cara o cruz»). A su regreso, halló grabados que sus excavaciones

6. Cartailhac (1902), Bahn y Vertut (1999).

previas habían sacado a la luz. Puesto que anteriormente habían estado cubiertos de tierra, intacta por lo menos durante quince mil años, no podía tratarse de falsificaciones ni de travesuras infantiles, sino que debían de ser obra de los cromañones. Esta cueva convenció al fin a De Mortillet, quien tuvo la gentileza de admitir su conversión en 1898, poco antes de su muerte.

En 1901 un maestro de Les Eyzies descubrió Font-de-Gaume y una cueva próxima conocida como Les Combarelles, cuyas paredes estaban cubiertas con cientos, tal vez miles, de grabados. Cartailhac visitó estas dos cuevas, así como La Mouthe y Pair-non-Pair. Por fin, hasta él se convenció de que todas aquellas pinturas y grabados no eran «la vulgar tomadura de pelo de un artista de pacotilla», sino creaciones de pobladores prehistóricos. En La Mouthe, el propio Cartailhac rasqueteó una capa de tierra en la base de una pared y dejó al descubierto la pezuña de un animal pintado. Con frecuencia me he preguntado lo que pensaba este hombre orgulloso y obstinado, pero inteligente, mientras con sus manos ponía en evidencia que sus veinte años de desprecio por Sautuola habían sido una terrible equivocación.

Pudo ser entonces cuando concibiera lo que acabaría por ser su golpe maestro. Se arrepintió públicamente en un artículo que apareció en 1902 en *L'Anthropologie,* que era entonces, como ahora, la publicación más destacada en Francia en el ámbito de la Prehistoria. Cartailhac dio a su ensayo el extraño título de «La gruta de Altamira. Mea culpa de un escéptico».

A su modo, es una apología sincera, y su afán por buscar razones que expliquen sus errores llegaría incluso a resultar conmovedor si no adoleciera de cierto aire premeditado. Empieza con su visita a Pair-non-Pair y La Mouthe, en la que se convenció de la «antigüedad prehistórica» de los grabados. Sin embargo, se pregunta, ¿cómo podían llevarse a cabo con un pulso tan firme a la «vacilante luz de lámparas humeantes»? Tan solo ve una solución posible a este misterio: «Debemos pensar que los ojos de los pobladores prehistóricos estaban más acostumbrados a ver en semipenumbra que los nuestros». Entonces, con ciertos rodeos, afirma que no fue eso lo que le impulsó a ser cómplice veinte años antes de «una injusticia que es necesario admitir a las claras y tratar de reparar». No, continúa, resignado al fin a lo inevitable: «Debo inclinarme ante la verdad de los hechos y, en lo que me concierne, desagraviar al señor Sautuola».

Dos generaciones de antropólogos y arqueólogos franceses citarían con reverencia el «mea culpa» de Cartailhac como ejemplo de la valentía de un científico de casta que ama la verdad lo bastante para admitir públicamente sus errores. Esta adulación supuso que Cartailhac mantuviera su posición de prehistoriador de referencia de su generación hasta décadas después de su muerte. No obstante, después ha surgido un movimiento para reivindicar a Édouard Piette, el primero en ayudar a Sautuola en la Exposición Universal de 1878 y en creer desde el primer momento en la autenticidad de Altamira. La conclusión que se extrae es que, a pesar de que Cartailhac admitiera su error, estuvo equivocado todos aquellos años, en tanto que Piette estaba en lo cierto. No tuvo necesidad de admitir ningún error, lisa y llanamente porque no lo había cometido.

Tal vez sea fruto del cinismo propio de nuestra época, pero en los últimos años el «mea culpa» tiene más aspecto de gesto teatral que de honestidad a toda prueba. Cuando uno se

equivoca, una apología pública ostentosa puede no solo erra-
dicar el error, sino también atraer más atención y respeto
que el que uno obtendría por hacer simplemente lo correcto. Guarda cierto parecido con una táctica del ajedrez en la
que una primera pérdida se convierte en una trampa para
el adversario, y acaba en victoria fulminante. Un prehistoriador contemporáneo que había estado en el bando gana-
dor de una disputa me confió que tras la batalla había temido
que su oponente le «hiciera un Cartailhac».

Dicho sea en honor de Cartailhac, sin embargo, la retrac-
tación fue auténtica. En agosto de 1902, poco después de
publicar su «mea culpa», visitó de nuevo La Mouthe, Les
Combarelles y Font-de-Gaume mientras participaba en el encuentro anual de la Asociación Francesa por el Fomento de
la Ciencia. Estas visitas concedieron a las pinturas rupestres
el beneplácito oficial, de manera que los indecisos que aún
quedaban se vieron de repente desplazados de la corriente
científica dominante. Cartailhac procuró entonces compen-
sar los veinte años perdidos, y convenció a un joven asistente
para que emprendiera con él una prolongada investigación
arqueológica de, precisamente, la cueva de Altamira.

No hizo falta insistirle mucho al joven asistente. Era un sacerdote de veinticinco años llamado Henri Breuil, que había decidido que el estudio del arte prehistórico era su vocación[7]. A esa misión dedicaría sin descanso toda su energía
y su inteligencia, nada despreciables, durante los siguientes
cincuenta y cinco años de su vida. Al cabo de tres años de

7. Sobre los años de juventud de Breuil y su trabajo con Cartailhac en
Altamira, véase Breuil (1952), Broderick (1973; publicado por primera vez
en 1963), Boyle (1963), Bahn y Vertut (1999).

partir a Altamira con Cartailhac se había convertido en la eminencia más destacada del ámbito de la Prehistoria. Algunos lo apodaron «el papa de la Prehistoria», y con el tiempo él mismo empezó a adoptar ese sobrenombre. Desde principios de 1902, inició varios ataques valientes a la ortodoxia imperante a propósito de las cuevas decoradas, y ganó todas las batallas y todas las guerras. A lo largo de su longeva existencia, su reputación y su influencia nunca se extinguieron del todo y solamente declinaron cuando era ya septuagenario.

Breuil había definido su vocación durante el verano de 1897, cuando todavía estaba en el seminario. Un compañero de estudios, Jean Bouyssonie, invitó a Breuil a su casa de Brive-la-Gaillarde, una ciudad ferroviaria y mercantil a orillas del río Vézère, a pocos kilómetros al noreste de Les Eyzies. Los dos amigos investigaron los yacimientos prehistóricos que se conocían en la zona. Luego Breuil continuó por su cuenta, y fue de un yacimiento a otro hasta que en septiembre finalmente llegó a Rumigny, un pequeño pueblo al norte de París donde vivía Édouard Piette[8], que tenía entonces sesenta años. A Piette le agradó Breuil —lo que no era frecuente— y reconoció su talento latente. A lo largo de su carrera, Breuil trabajaría con todos los grandes nombres de la disciplina, pero siempre consideró a Piette su maestro y su fuente de inspiración.

Piette le mostró a Breuil su colección de objetos artísticos de la Prehistoria, que por entonces no tenía rival ni en colecciones públicas ni privadas[9]. Breuil quedó sobrecogido,

8. Delporte (1987).
9. Chollot (1964).

y en ese momento decidió que dedicaría su vida a estudiar lo que entonces se denominaba «la Edad del Reno». Breuil era un excelente artista y su habilidad pictórica pronto le granjearía una sólida reputación. Se puso a trabajar en una serie de minuciosos dibujos de todos los objetos de la colección de Piette, ilustraciones por las que el afable caballero tuvo la generosidad de pagarle cuatrocientos francos.

En septiembre de 1901, Breuil, acompañado por otros dos entusiastas, estaba de nuevo trabajando en el valle de Vézère y las inmediaciones de Les Eyzies. Su pequeño equipo había inspirado a los lugareños a explorar las cuevas de la zona, y así fue como un maestro local descubrió Les Combarelles. El maestro convenció a Breuil y a sus compañeros de que fueran a explorarla; la visitaron el 8 de septiembre, y de inmediato se dieron cuenta de que aquel hombre había llevado a cabo un descubrimiento que despejaría cualquier duda que aún pudiera albergarse sobre el arte de las cavernas. No hay pinturas en Les Combarelles, pero las paredes están cubiertas de cientos de grabados. Breuil contó poco menos de trescientos durante los primeros días que pasó estudiando la cueva, muchos de ellos de suprema delicadeza y gran maestría. Breuil se sumergió en un trabajo febril en la cueva y expresó su entusiasmo en una carta a Jean Bouyssonie fechada el 10 de septiembre:

¡Hurra! Hablando de descubrimientos, aquí hay uno [...] y de los buenos: una inmensa gruta de más de trescientos metros de largo y, en más de la mitad, figuras de animales grabadas en la roca; en especial caballos, pero también antílopes, renos, mamuts, íbices. Aún me embarga la sensación de que todo es un sueño; simplemente topar con ello, de manera bastante casual, como quien encuentra una piedra en el camino. ¡Y cómo nos matamos a trabajar ayer! Localicé dieciocho de esas bestias, algunas de ellas son magníficas [...] en total pasé diez horas en la gruta; estoy exhausto, me duele todo el cuerpo, pero también estoy sumamente satisfecho. Extraordinario, ¿verdad? Por mi parte, doy gracias a la Providencia.

Apenas cuatro días después, el 12 de septiembre, el mismo joven maestro de Les Eyzies salió en solitario a explorar otra cueva de las inmediaciones. Esperaba hallar una nueva Les Combarelles, pero lo que descubrió fueron las extensas galerías de incomparable belleza de Font-de-Gaume. He ahí un segundo don de la providencia para Breuil, que empezó a copiar frenéticamente las pinturas de la cueva recién descubierta.

Breuil y sus colegas publicaron artículos que él completó con sus propios dibujos a comienzos de 1902. Fue este el trabajo que convenció a Cartailhac para invitar a Breuil a que lo acompañara a Altamira. Entre ambos reunieron novecientos francos para costear la expedición: Cartailhac había obtenido quinientos de un patrocinador y Breuil contribuyó con los cuatrocientos que Piette le había pagado por ilustrar su colección. El eclesiástico había guardado ese dinero durante cinco años para destinarlo a algún fin especial, y ahora había llegado la hora de hacer realidad ese proyecto.

Cartailhac llegó a Santander recelando de la bienvenida que le darían. A fin de cuentas, él se había enfrentado a Sautuola y lo había ridiculizado, si bien este era recordado con afecto y la familia mantenía su noble reputación en la región. A pesar de sus temores, tanto él como Breuil recibieron una calurosa bienvenida de los dignatarios locales, que continuaron dispensándoles diversas atenciones durante su estancia. Lo pasado, pasado estaba; ahora a Santander se le presentaba la oportunidad, deseable aunque remota, de adquirir celebridad. Cartailhac, que veía Altamira por vez primera, también ansiaba olvidar el trato que le había dedicado a Sautuola. Las pinturas despertaron en él más entusiasmo que ninguna otra creación humana que jamás hubiera visto. Proclamó que Altamira era la «más misteriosa y sorprendente» de todas las cuevas ornamentadas.

Breuil y él se habían propuesto permanecer allí solo tres o cuatro días, pero esta cueva era tan interesante que estiraron el dinero para quedarse un mes. Empezaban a trabajar al amanecer, penetrando en la cueva por su discreta entrada, un agujero nada llamativo rodeado de matorrales, en la ladera de una montaña. Cuando se marchaban ya había caído la noche.

El trabajo era arduo, y la cueva entrañaba ciertos obstáculos y riesgos que lo complicaban aún más. Las rocas que se habían desprendido del techo cubrían el suelo de la galería más grande. Las excavaciones de arqueólogos no profesionales como Sautuola y Vilanova ahora estorbaban y eran un fastidio constante. Los dos hombres procuraban limpiar los escombros y nivelar el suelo, pero seguía sembrado de pedruscos angulosos y puntiagudos. El techo pintado que tanto había sobrecogido a Sautuola, y que ahora ejercía el mismo efecto en Cartailhac y Breuil, medía unos dieciocho metros de largo por once de ancho. Era bastante bajo y desigual, de manera que los dos hombres debían andar encorvados. A Breuil, que tenía solamente veinticinco años y era de baja estatura le resultaba incómodo, pero Cartailhac, que era larguirucho y tenía ya cincuenta y cinco años, lo pasaba aún peor. En algunos lugares el techo era tan bajo que tenía que tumbarse de espaldas en el suelo para poder ver las figuras completas. Utilizaban sacos de paja para acolchar un poco el suelo, pero casi era peor el remedio que la enfermedad, pues las rocas siempre acababan por asomar entre la paja.

Al final era Breuil el que se tumbaba en el suelo, a menudo en las posturas más imposibles, porque su trabajo consistía en hacer copias de las pinturas. En aquellos tiempos, antes de que la fotografía se convirtiera en una técnica común y económica, ilustrar los descubrimientos era el único medio de que los eruditos y el público general pudieran hacerse una idea de cómo eran las pinturas. Y, lo que es más importante, una copia minuciosa permite el estudio detallado sin poner en riesgo el propio trabajo artístico. Puesto que las pinturas y los grabados con frecuencia se superponen unos a otros, las reproducciones son un medio de distinguir las obras individuales. Actualmente, la elaborada manipulación de réplicas por ordenador constituye uno de los métodos más provechosos de estudiar el arte parietal.

En Altamira, mientras Breuil llevaba a cabo sus reproducciones, Cartailhac daba vueltas a su alrededor, inquieto, midiendo las dimensiones de las pinturas y tomando notas. Debía ir siempre con cuidado de no erguirse, ni siquiera un poco, puesto que podía rozar las obras. Al mismo tiempo dirigía a un pequeño grupo de lugareños a los que había contratado para sostener velas encendidas, a fin de que la débil luz alumbrara el área precisa de la pintura que Breuil estaba reproduciendo.

En medio de este arduo y enervante trabajo lleno de tensión, los dos hombres sufrían continuas interrupciones. A medida que a los pueblos vecinos, y aún más allá, llegaba la noticia de su presencia en la cueva, empezaron a aparecer curiosos. Algunos habían recorrido distancias considerables, y no permitirles la entrada a la cueva o hacer caso omiso de ellos mientras permanecían allí habría resultado ofensivo para los vecinos. Con la espalda contraída de dolor y con tantísimo trabajo todavía por hacer, Breuil y Cartailhac tenían que interrumpir su tarea repetidas veces y charlar educadamente con quienquiera que acudía a ver la cueva. Además, llovía sin cesar un día tras otro.

En ocasiones, sin embargo, cuando el sol traspasaba las nubes, podían almorzar en el exterior de la cueva, en la ladera que daba al extenso y majestuoso valle. Una fotografía de aquella época muestra a Breuil sentado sobre una manta durante una de esas tardes de bonanza. A pesar de que aún no ha empezado a perder pelo, parece mayor de lo que indicarían sus años debido a su frente amplia y a sus pobladas cejas negras. Lleva una sotana negra cubierta de goterones blancos, de la cera de las velas que le caía encima mientras trabajaba en el interior de la caverna.

La lluvia persistente elevó la humedad de la cueva a tal punto que la pintura de las paredes y el techo se volvió pegajosa. Breuil no podía calcarlas directamente sin estropearlas. Además, las acuarelas con las que solía trabajar quedaban inservibles. Por suerte, Breuil también llevaba consigo algunos pasteles, y aprendió a utilizarlos por su cuenta. Primero realizaba bocetos de cada pintura y a continuación, siguiendo las mediciones de Cartailhac, llevaba a cabo las copias.

Entretanto vieron restos de antiguas hogueras, huesos rotos de comidas remotas y utensilios de piedra, pero sabían que carecían de tiempo y recursos para exhumarlos como era debido. Así que, a cambio, el mes de trabajo dio de sí las copias de Breuil y el inventario y la descripción de Cartailhac de todas las pinturas que lograron identificar en la cueva. Al acabar, ya sin tener que soportar las largas jornadas encorvados bajo el techo pintado, la euforia se apoderó de Cartailhac. «Dejamos Santander el 28 de octubre —escribió—, una de esas noches extraordinarias en la que todo el firmamento estaba iluminado de extraños destellos. Nos marchamos agradecidos y encantados, con la riqueza de un dossier sin igual de las pinturas más antiguas del mundo».

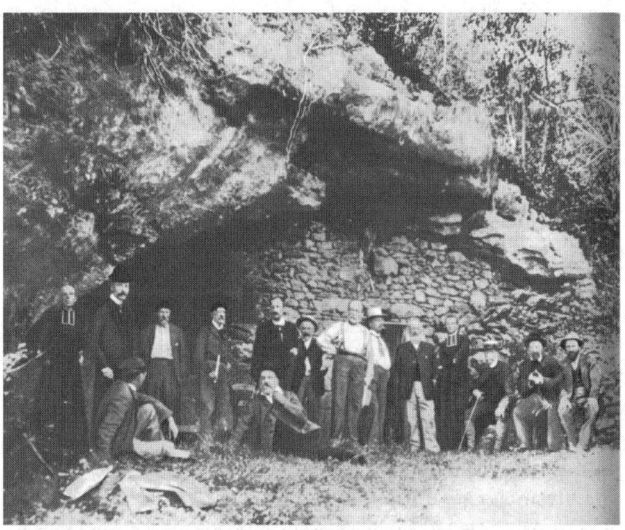

El encuentro de la Asociación Francesa por el Fomento de la Ciencia, fotografiado en la entrada de La Mouthe en agosto de 1906. Cartailhac es el cuarto por la derecha de los que permanecen de pie, sosteniendo lo que parece una vela. ¿Acaso su expresión angustiada se debe a que reflexiona acerca de sus veinte años de maliciosa equivocación? El abate Breuil, más tarde apodado el «papa de la Prehistoria», es el cuarto por la derecha, con alzacuellos.

Breuil también estaba de excelente ánimo, y más seguro que nunca de haber hallado su verdadera vocación. «Después de Altamira —aseguró—, copié varios millares de pinturas y grabados. Las representaciones animales de la era de las cavernas fueron mi principal ocupación durante mi vida de artista». Más adelante calculó que al cabo de los años había pasado más de setecientos días en el interior de setenta y tres cuevas distintas, «en la oscuridad, a la sola luz de mi lámpara, descifrando, copiando, calcando».

Sin embargo, ¿qué debía hacerse con el dossier de Cartailhac y las reproducciones de Breuil? Su trabajo era demasiado importante para confinarlo a unos pocos artículos en las publicaciones académicas al uso, si bien publicarlo en forma de libro entrañaba un coste demasiado elevado para cualquier asociación de eruditos. Habrían de pasar cuatro años hasta que el príncipe Alberto I de Mónaco accediera a financiar la publicación y les brindara todo su entusiasmo.

El príncipe Alberto fue el bisabuelo del príncipe Rainiero de Mónaco, que contrajo matrimonio con Grace Kelly, y el tatarabuelo del presente monarca, el príncipe Alberto II. Alberto I, que vivió de 1848 hasta 1922, era un hombre robusto, activo y atractivo, con verdaderos intereses intelectuales. Era un apasionado de la investigación submarina y también de la aviación, que entonces estaban aún en ciernes. En 1906 viajó al Polo Norte en un trineo tirado por perros.

Durante la segunda mitad del siglo XIX, en las excavaciones arqueológicas realizadas en la costa de Mónaco se habían hallado esqueletos humanos y cierto número de estatuillas de figuras femeninas con grandes nalgas. El propio príncipe Alberto había trabajado en los yacimientos y allí había conocido a Cartailhac. En 1906 coincidió con Breuil en una conferencia científica celebrada en Mónaco. El encuentro marcó el comienzo de una larga relación entre los dos hombres, que culminó en 1910 cuando el príncipe fundó el Instituto de Paleontología Humana de París, y nombró director al abate Breuil. Sigue siendo en la actualidad una institución vital bajo el continuo patrocinio de la familia real de Mónaco, que aún mantiene un apartamento en un edificio al otro lado de la calle. Hay muchas fotografías del príncipe Rainiero, su familia y sus antepasados en los oscuros corredores del Instituto. En una de ellas la princesa Grace, con gafas oscuras, examina con delicadeza un cráneo humano prehistórico.

En 1906, con los auspicios de Alberto, Cartailhac y Breuil publicaron *La Caverne d'Altamira à Santillane (La cueva de Altamira, en Santillana del Mar),* un costoso tomo de grandes dimensiones (treinta y tres por veintiocho centímetros) en el que Cartailhac, a quien no puede acusársele de falta de ambición, depositó la monumental totalidad de lo que entonces se sabía sobre las cuevas decoradas. Este es el punto de partida de todos los estudios posteriores de las pinturas rupestres, de miles de libros y artículos.

La obra incluye, por descontado, una relación del descubrimiento de Altamira y la posterior controversia que suscitó, así como el inventario y la descripción de todas las pinturas de la cueva. Sin embargo, eso ocupa solamente un tercio de *La Caverne d'Altamira.* Se recogen, además, la historia y la descripción de La Mouthe, Pair-non-Pair, Les Combarelles y Font-de-Gaume, así como de otras seis cuevas decoradas que por entonces se conocían. Un capítulo entero está dedicado al ocre rojizo, a su preparación y su utilización como pigmento en las pinturas. Otro capítulo compara los grabados en hueso, marfil y asta con las pinturas de las paredes de las cuevas.

Sin embargo, más relevantes son los tres capítulos que comparan el arte de los pueblos nativos de Norteamérica, África y Australia con el hallado en las cuevas prehistóricas de Europa. Estos capítulos anticipan la sensibilidad contemporánea que considera que todo el arte rupestre, se produzca donde se produzca y sea de la época que sea, forma parte de un mismo fenómeno. De buen principio hubo la costumbre, arriesgada aunque tentadora, de tratar de explicar a los pobladores que practicaban el arte rupestre en las cuevas de Francia y España comparándolos con las sociedades de la Edad de Piedra que perviven en la actualidad. Partiendo de que estas sociedades utilizan el arte como ritual de caza, Cartailhac y Breuil asumieron que el arte rupestre también debía de tener una función mágica en las cacerías. Las tribus australianas emplean signos abstractos en sus creaciones artísticas para simbolizar objetos reales; por tanto, los signos geométricos de Altamira «son también imágenes de algún utensilio, o arma». Las siluetas humanas con cabeza de animal, apenas visibles, deben de ser las máscaras de cacería que a menudo llevan los chamanes en sus rituales. «A priori —afirma Cartailhac—, la máscara era conocida por nuestros artistas paleolíticos, así como las danzas de máscaras». Mediante la analogía es posible «unir nuestro grupo de grabados y pinturas paleolíticos a la obra que presentan todas las razas primitivas de los cinco continentes». Gracias a estas analogías, concluye, «tenemos la satisfacción de hacer revivir la civilización y la mentalidad de nuestros ancestros prehistóricos de un modo que nunca alcanzamos a imaginar». A pesar de que el lenguaje está algo desfasado —Cartailhac, por ejemplo, suele referirse a los indígenas como «primitivos», una palabra que hoy en día se considera una seria afrenta–, el argumento de la analogía y la evocación de danzas de máscaras y el chamanismo como explicación de las cuevas rupestres nunca ha desaparecido del todo. Por el contrario, en los últimos tiempos parece haber cobrado vigor.

El texto de Cartailhac, a pesar de su extraño poder de anticipación, es interesante sobre todo desde un punto de vista histórico. No es eso lo que ocurre con las láminas de las reproducciones al pastel que realizó Breuil de las pinturas de Altamira. Con sus colores vivos, fluidas y sutilmente difuminadas, estas imágenes de Breuil transmiten la sensibilidad que nace del amor y la ternura tanto hacia las pinturas como hacia los animales que representan. Tales especies de caballos, ciervos y bisontes se habían extinguido hacía milenios; Breuil solo los había visto en las pinturas, pero parece que los conociera de primera mano, como si de algún modo se las hubiera ingeniado para habitar la mente y el cuerpo de uno de los artistas originales, que pintaba a los animales a partir de la observación directa. El propio Breuil, al parecer, creía realmente en su capacidad para transportar su sensibilidad a través de los tiempos. En una ocasión escribió: «Puedo imaginar sin esfuerzo alguno que los artistas de la Edad del Reno eran como yo. [...] Proyectan sobre la superficie de la roca, igual que yo hice sobre el papel, la visión interior que tenían de un animal». Una y otra vez, en ilustraciones al pastel con títulos como «Bisonte recostado volviendo atrás la cabeza» y «Bisonte hembra ovillado», Breuil crea imágenes delicadas y armónicas, y logra que el simple hecho de pasar las hojas de *La Caverne d'Altamira* se convierta en una intensa experiencia emocional. Casi se olvida uno de que esas no son las pinturas originales.

No obstante, eso es precisamente lo que no deberíamos olvidar nunca. La gran maestría de Breuil constituye su fuerza y el precioso legado que nos deja, pero también entraña cierto peligro. Sus pinturas, sus verdaderas obras maestras, a pesar de ser copias, son obras de arte de Henri Breuil. Están impregnadas de su visión y de su modo de entender la pintura rupestre, y esa concepción e interpretación merecen ser consideradas con suma atención. Sin embargo, para entender el arte rupestre es necesario contemplarlo en las cuevas. Breuil plasmaba su visión del mismo, y no lo que un artista prehistórico había pintado.

Esa diferencia es crucial, y un ejemplo bastará para comprender el porqué. Las pinturas del techo de Altamira forman parte de una composición, o de varias. Hay una razón para que todos esos animales aparezcan juntos, a pesar de que ciertas imágenes puedan parecernos aleatorias. Breuil, en cambio, pinta imágenes individuales. Por supuesto que merecen ser estudiadas, pero están separadas de sus vecinos del techo de la cueva y, por consiguiente, no pueden tener el significado que encerraban originalmente.

Cuando Breuil dejó Altamira aquella noche de octubre de 1902, había culminado la primera gran obra de su vida, tanto en su vertiente artística como científica. Fue un artista particular con una vocación especial, y a pesar de ello inspiró a otros artistas. Cuando Pablo Picasso, de entonces solo veinticinco años, vio las copias de Breuil en *La Caverne d'Altamira,* se apresuró a visitar la cueva y verla con sus propios ojos. En su calidad de científico, por otra parte, con su obra sobre Altamira completa y gracias a su pionera insistencia en que Les Combarelles y Font-de-Gaume eran obra de pobladores prehistóricos, Breuil, antes un oscuro seminarista, se catapultó a la primera línea de los arqueólogos franceses.

Y apenas acababa de empezar. Tres años después, en 1905, fue la atracción estelar de un congreso científico celebrado en Périgueux, una capital de provincia no lejana a Font-de-Gaume y otros yacimientos históricos del valle de Vézère. Allí presentó la segunda gran obra de su vida: una revisión completa de la datación de útiles y arte prehistórico que hasta entonces se manejaba. Al principio su trabajo fue ridiculizado y desdeñado, de modo similar a lo que le ocurriera con su investigación en Les Combarelles. Y, sin embargo, una vez más, perseveró y triunfó. Esta colosal revisión de la datación comúnmente aceptada no correspondió al Breuil artista, sino que fue obra de un arqueólogo, antropólogo y erudito, y de gran talla por cierto. Cabe advertir que, al igual que sus pinturas, su trabajo académico fue magnífico, muy personal y muy bien enfocado.

En su condición de artista, Breuil era un copista de talento, mientras que como erudito destacó esencialmente en sus brillantes descripciones y clasificaciones. Las cuestiones filosóficas trascendentales que la arqueología y la antropología suscitan —para empezar, qué significa ser humano— no le interesaban lo más mínimo, o cuando menos no hallaban espacio en su trabajo. Tal vez sus creencias religiosas le ofrecían las únicas respuestas que necesitaba, pero en ciencia es asombroso el poder que puede derivarse simplemente de colocar todas las pruebas disponibles en su verdadero orden. Eso requiere en primer lugar, por supuesto, determinar cuál es ese orden verdadero y adecuado, y ese fue el logro de

Breuil. El artículo que presentó en su conferencia de 1905 fue la primera salva de una guerra que duró cuatro años y que acabó por conocerse como la «batalla del aurignaciense».

A pesar de la importancia de esta batalla, sus detalles son sumamente técnicos[10]. Guardan relación con la forma y el tamaño de los utensilios de piedra que fabricaban distintas culturas en diferentes épocas de la Edad de Piedra. «Industria» es el término arqueológico para los utensilios y otros artefactos que han dejado las distintas culturas prehistóricas. Durante la Edad de Piedra, que se divide a su vez en Baja, Media y Superior, existe una abundancia abrumadora de industrias, las cuales en ocasiones se dividen a su vez en clasificaciones cada vez más acotadas. Larguísimos artículos mortalmente aburridos llenan las publicaciones especializadas debatiendo sobre si cierta industria menor es una categoría diferenciada o si se trata solamente de una variante local de otra industria. A pesar del tedio dominante, estos debates continúan porque podrían arrojar resultados relevantes. Ordenar todas las herramientas de piedra y las industrias que representan en una cronología adecuada resulta inmensamente esclarecedor.

A mediados del siglo XIX, los primeros arqueólogos trataron de dar sentido a los artefactos que estaban hallando. ¿Qué relación guardaban entre sí aquellos vetustos restos? ¿Cuáles eran más antiguos y cuáles más recientes? ¿Había algún modo de ordenarlos? Aquellos pioneros de la arqueología habían deducido algunas fechas aproximadas por los estratos geológicos donde se habían descubierto los útiles. En

10. Reinach (1899), Trinkaus y Shipman (1992), Richard (1999a), Cohen (1999).

los términos más sencillos, esto significaba que, a mayor profundidad, mayor antigüedad. Al advertir también que aparecían diferentes huesos fosilizados en distintos estratos geológicos, concluyeron que ciertos animales se habían extinguido, uno tras otro. Así que en 1861 Édouard Lartet, respetado fundador de la arqueología francesa y padre de Louis Lartet, que llevaría a cabo las excavaciones del emplazamiento cromañón de Les Eyzies, ideó un sistema de clasificación según cuáles fueran los huesos de animales que se hallaran con mayor frecuencia entre los útiles de piedra de los distintos yacimientos. De este modo pudo atribuir cierta clase de utensilios a la era del oso cavernario, que era la más antigua. Le seguía la era del mamut, que tenía sus útiles distintivos. Luego venía la era del reno y, por último, la era del uro. Actualmente, este método de clasificación parece pintoresco, como si se tratara de la creación de un poeta decimonónico menor más que del sobrio trabajo de un científico de primer orden. Sin embargo, a la luz de los restos con los que Lartet tuvo que trabajar, fue realmente inspirado.

Inspirado o poético, pronto dio paso a un sistema basado en comparaciones minuciosas de los propios artefactos, y este fue el sistema contra el que arremetió Breuil. Su ataque fue estrictamente científico, pero tal vez sintiera cierta satisfacción personal soterrada porque el inventor del sistema, Gabriel de Mortillet, despreciaba profundamente toda religión, y el catolicismo con especial inquina. Se trataba del mismo político radical y partidario de la evolución que había convencido a Cartailhac de que las pinturas de Altamira eran una trampa forjada por sacerdotes españoles.

De Mortillet creía en la evolución con un celo que en ocasiones adquiría visos religiosos. Para él la evolución significaba progreso. A medida que los seres humanos habían evolucionado, habían progresado también. Sus utensilios, en concreto, eran cada vez más sofisticados a lo largo de los milenios. De Mortillet puso nombre a cada industria según el lugar donde se descubriera por vez primera, de modo que una industria temprana llamada musteriense que fue hallada en el yacimiento de Le Moustier, en Francia, evolucionó hasta el solutrense, hallado por primera vez en La Soultré, que a su vez evolucionó hasta el magdaleniense, una industria descubierta en un emplazamiento próximo a Les Eyzies llamado La Madeleine. De Mortillet creía que el progreso de una industria a otra era directo y estaba claramente marcado por una mejora sostenida. «El periodo solutrense —escribió— habría perfeccionado en primer lugar el trabajo de la piedra, que a continuación en el periodo magdaleniense fue sustituido en buena medida por el trabajo en hueso, y se inventaron las Bellas Artes». Y eso era todo.

El esquema de De Mortillet poseía grandes virtudes, así como grandes puntos débiles por un exceso de simplismo. Su nomenclatura sigue empleándose hoy en día, y el orden cronológico del musteriense hasta el magdaleniense pasando por el solutrense es preciso; preciso, salvo por la inconveniente presencia del aurignaciense.

Las industrias aurignacienses contienen algunos útiles de hueso. Los utensilios solutrenses están hechos de piedra, por lo general sílex. Dado que los útiles de hueso eran avanzados respecto a los de piedra, De Mortillet no tuvo más remedio que situar el aurignaciense después del solutrense. Sin embargo, esta datación lo atrapó en una contradicción irresoluble, puesto que el aurignaciense contiene algunos utensilios de piedra además de los de hueso, y las herramientas de piedra son toscas y rudimentarias en comparación con las finas hojas de sílex de la industria solutrense. Las teorías de De Mortillet no podían dar cuenta al mismo tiempo de la progresión aurignaciense hacia la utilización del hueso y de la regresión hacia la piedra. Entonces, resolvió este dilema del único modo posible: cuando publicó su esquema de clasificación definitivo en 1872, omitió por completo el aurignaciense. Hizo como si no hubiera existido.

Sin embargo, no hay duda de que existió. Breuil sabía que el sistema de De Mortillet no se ajustaba a los restos hallados. Al dirigirse a su auditorio en la conferencia de 1905, mientras leía su «Ensayo sobre la estratigrafía de los sedimentos en la Era del Reno», Breuil describió las características de los artefactos aurignacienses con una intensidad cargada de sensualidad:

> Puntas de hueso de contornos ovoides o en forma de diamante, en ocasiones con una ranura en el fondo, otras veces [...] sin esta, muchos huesos puntiagudos, diversos instrumentos para pulir, en ocasiones punzones de canilla de reno, toscos alfileres, perlas de marfil, varas y costillas decoradas con motivos de caza, o con diversos rasgos elementales.

Podía citar hallazgos aurignacienses descubiertos en toda Bélgica y Francia. Y las industrias de ese periodo siempre apare-cían por encima de las musterienses y por debajo de las solutrenses, de manera que cronológicamente el aurignaciense debía situarse entre ambos. De hecho, insistió Breuil, que el aurignaciense aconteció entre el musteriense y el solutrense era «uno de los hechos más ciertos» que se conocían de la Edad de Piedra.

Esto constituía toda una afrenta para De Mortillet, pero no fue más que un golpecito comparado con lo que Breuil tenía en reserva. Se proponía clavar una estaca en el corazón mismo de la obra de De Mortillet: la creencia de que la evolución equivalía al progreso. Breuil escribió: «Si bien la claridad de un sistema simplista posee virtudes didácticas —con lo que insinuaba que el sistema de De Mortillet era poco más que un instrumento pedagógico—, por otra parte es incapaz de distinguir, entre la diversidad de los hechos, aquellos que engendrarán puntos de vista más objetivos y adecuados de la realidad». En otras palabras, el sistema es inútil porque es demasiado simple para captar la verdad. Los pobladores prehistóricos de Europa no evolucionaron de un modo «perfectamente uniforme y homogéneo» de una época a otra, según Breuil. Tampoco vivían en aislamiento: «La evolución de los pueblos occidentales no es tan simple como se ha pensado; ciertas influencias externas deben, sin duda, haber modificado su curso en multitud de ocasiones». Breuil estaba sugiriendo un cambio radical en la concepción de los primeros seres humanos, que implicaba una cronología más compleja, con influencias que oscilaban hacia delante y hacia atrás, con fuerzas del exterior que irrumpían una y otra vez. Rechazaba de plano la visión ortodoxa del progreso continuo en el tiempo, y contaba con la ventaja de adecuarse los hechos.

En los años que siguieron a este encarnizado ataque inicial, el sistema de De Mortillet se desmoronó y Breuil tuvo la oportunidad de afinar su pensamiento mientras continuaba investigando, describiendo y clasificando artefactos prehistóricos. Postuló que la Europa occidental de la Edad de Piedra asistió a una serie de migraciones, procedentes del

este y el sur, de pueblos que trajeron consigo la industria aurignaciense. De manera análoga, la industria solutrense no
evolucionó de forma independiente, sino que llegó con otra
migración procedente del este, en tanto que el magdaleniense
apareció después de otros flujos migratorios procedentes del
noreste. A grandes rasgos, esta teoría es la que aceptan actualmente la mayoría de prehistoriadores, y Breuil fue su creador.

Breuil contaba con amigos leales y acólitos devotos, pero
con mucha gente se mostraba irascible, impaciente y no muy
afable[11]. Vivió durante muchos años en un apartamento ubi-
cado en el tercer piso de una casa parisiense de la avenida
de la Motte-Picquet, justo encima de una parada de metro.
El suelo estaba sembrado de colillas de cigarrillos a medio
consumir que fumaba compulsivamente. La gente del barrio
se refería a él como «le vieux prêtre rogue», el anciano sacerdote arrogante. Cuando un amigo se lo hizo saber, Breuil
se rio con socarronería, complacido. Solía comer con un ex-
patriado inglés que se había convertido en su mejor amigo.
Nunca aprendió a conducir, si bien de joven había sido un
diestro jinete. Puesto que su trabajo le llevaba a veces a lugares peligrosos y a menudo lo desempeñaba en soledad,
llevaba consigo un revólver, y acabó por convertirse en un
tirador aceptable. Cuando estuvo en África, donde pasó muchos años, en lugar de la pistola llevaba una lanza. Asegura-
ba que con ella podía mantener a raya incluso a un león.

Durante toda su vida prefirió la soledad a la compañía.
Delicado de salud y de escasa estatura cuando niño, en la

---

11. Sobre la vida posterior de Breuil, Broderick (1973; publicado por primera vez en 1963), Boyle (1963).

escuela lo acosaban, y en realidad no destacó como estudiante. Uno de sus profesores comentó en una ocasión que en lugar de prestar atención en clase se pasaba el rato cavilando «igual que un pequeño anciano». Sin embargo, parece haber sabido instintivamente qué cualidades necesitaría en la vida; se entrenó deliberadamente para soportar el miedo y pasar tiempo a solas, como describe en este relato de sus viajes a casa desde el internado, cuando no contaba más de diez u once años.

La larga calle de la estación que transcurría entre interminables muros altos a la débil luz de unas pocas farolas hacía resonar mis pasos de un modo punto menos que inquietante. Sentía miedo, y me avergonzaba de sentirlo. Así que, para vencer mis temores, adquirí el hábito de tomar un atajo bastante oscuro y apenas transitado que llevaba al Chatelier, un paseo arbolado flanqueado de olmos cuyas largas ramas se destacaban contra el firmamento centelleante. De este modo aprendí por mí mismo a dominar mis terrores y me preparé para afrontar otras soledades mucho mayores que, más adelante, tuve que soportar durante prolongados periodos.

El padre de Breuil era el equivalente francés de un fiscal en Clermont-de-l'Oise, una ciudad a sesenta y cinco kilómetros al norte de París. Cuando Henri declaró su intención de ingresar en un seminario, aunque tal vez su familia se sintiera decepcionada, consideraron que era una opción tan buena como cualquier otra para aquel hijo extraño y solitario. Toda la vida se mantuvo tan seglar como le fue posible en su condición de sacerdote. No tuvo parroquia, nunca ofició una boda ni un funeral ni trató de convertir a nadie, y nunca ostentó un puesto en la Iglesia ni recibió dinero de ella. Si se le preguntaba por la relación entre ciencia y religión, su respuesta era insincera: «Ambas cosas son distintas y van por separado. Corren en paralelo, no se tocan». Durante muchos años fue amigo íntimo de Pierre Teilhard de Chardin. Trabajaron juntos en China estudiando homínidos primitivos y profundizando en la evolución humana, y pertenecían a un grupo sorprendentemente numeroso de clérigos católicos a los que se denominaba «evolucionistas sacerdotales». Aun así, Breuil siempre se cuidó mucho de no utilizar sus estudios científicos para enfrentarse a la Iglesia; prefería no llamar la atención en absoluto. De ese modo sorteó las dificultades y los desagradables enredos que acabaron por asediar a Teilhard.

Breuil era un hombre de aspecto peculiar, con una cabeza enorme y apepinada y una nariz prominente. Podía ser cordial, asequible y en ocasiones campechano. Sin embargo, era también vengativo y daba la impresión de estar convencido de su superioridad.

Mientras Breuil viajaba a lugares remotos por todo el mundo, lo acompañaba con frecuencia una mujer que siempre aparece citada como «Miss Mary E. Boyle». Era una mujer poco agraciada y robusta, que se vestía con ropa sencilla y resistente, a menudo realzada por un sombrero culi. Cuando entró en años empezó a utilizar bastón, al igual que Breuil, y el rostro ancho y cuadrado, la boca de labios finos y las cejas pobladas le otorgaban un sutil parecido con el cura. En total, dedicó treinta y siete años de su vida a servirlo. Tradujo al inglés muchos de sus libros y artículos, acampó con él en plena naturaleza en África, y permaneció sentada a su lado en las cuevas sosteniéndole las luces. Breuil decía de ella que era su «candelabro humano». Es poco probable que su relación encerrase algún contacto físico, a pesar de que pasaron juntos casi cuatro décadas, y al parecer incluso a nivel personal había bien poco entre ellos. En una entrevista tras la muerte de Breuil, miss Boyle dijo:

> En la oscuridad de las cuevas, en el campamento, donde pasábamos horas y horas, apenas hablábamos. Él movía mi brazo sin mediar palabra, para iluminarse [...] y decía que otros bostezaban, estornudaban, removían los pies o hablaban, y que yo era la única iluminadora con la que de veras podía trabajar[12].

Breuil trabajaba completamente absorto y miss Boyle aprendió a abstraerse también. Comentaba al respecto:

> En primer lugar, me gustaba la quietud, disfrutaba de la oscuridad y escuchaba las gotas de agua que caían desde diferentes alturas y tocaban notas distintas, preguntándome cuánto del orgullo del artista, cuántos de sus recuerdos permanecían aún ocultos en las galerías inexploradas bajo nuestros pies.

Al parecer fue la última virgen victoriana, sentada en absoluta inmovilidad mientras escuchaba el sonido del agua que destilaban las paredes rocosas mientras el hombre al que amaba, tal vez sin siquiera saber que lo amaba, la olvidaba casi por completo salvo para moverle el brazo de vez en cuando sin articular palabra. Por el bien de ella, espero (de hecho, estoy seguro de ello) que su presencia reconfortara a

12. Boyle (1963).

Breuil, tan frío y cascarrabias. Y supongo que quiero creer-lo también por el bien de él.

Con sus compañeros del mismo sexo era igual de exigen-te, pero más extravagante. Al entrar en una cueva francesa con un arqueólogo inglés, Breuil insistió en que se desvis-tiera y con rapidez se quedó solo con la boina y las botas puestas. Cuando su compañero hizo lo mismo, Breuil se aden-tró en la gruta, alumbrándose con una lámpara de acetile-no. Pronto toparon con un torrente subterráneo y se metie-ron en el agua gélida, que les llegaba a la cintura. Hubieron de luchar por mantenerse erguidos sin resbalar con las ro-cas del fondo, y de repente Breuil anunció: «Hemos de bu-cear. Este es el sifón».

Él se zambulló primero y su luz se apagó con un siseo. Cuando por fin salió a la superficie, con un sonoro bufido, le gritó a su amigo que le siguiera. El inglés se sumergió y descubrió que debía pasar bajo una cortina de estalactitas bajo la superficie del agua. Lo consiguió, aunque con difi-cultad, y reapareció junto a Breuil, que prendió de nuevo la lámpara y, sonriendo de oreja a oreja, le dijo: «No está mal el sifón, ¿eh?». Sin embargo, un poco más allá obtuvie-ron su recompensa por arriesgar la vida buceando sifón a través. Había una pequeña estatuilla de barro de un oso ca-vernario modelada por un artista de la Edad de Piedra.

El aluvión de artículos y libros firmados por Breuil no cesó prácticamente en toda su vida. Por lo general se trata de ma-terial farragoso, puesto que su tendencia es siempre volver a la descripción, como si tratara de recrear con palabras qué clase de copias llevaba a cabo con sus pinturas y sus paste-les. Por desgracia, mientras que como copista era brillante, a la pluma le ponía más empeño que talento. La culminación de su obra fue *Quatre cent siècles d'art pariétal* (Cuatrocientos siglos de arte parietal), publicado en 1952 y debidamente traducido al inglés por Mary E. Boyle. Esta obra contiene descripciones minuciosas de Breuil de las cuevas y los refugios rocosos más importantes en los que trabajó, incluidos Altamira y Font-de-Gaume. Estas precisas descripciones, desprovistas de emoción, se abstienen a propósito de cualquier especulación acerca de su significado. Su intención y su valor radican en que constituyen un inventario científico de las importantes cuevas que Breuil había estudiado. Hay también numerosas fotografías y reproducciones de las copias de Breuil, aunque todas en blanco y negro. En él se sintetiza la obra de toda su vida y, al parecer, con una excepción, es peculiarmente estéril cuando se compara con la radiante belleza de las copias que hizo en Altamira al comienzo de su carrera. Sin embargo, esa única excepción resulta maravillosa. Se trata de un breve capítulo cerca del final del libro titulado simplemente «Origen del arte».

Breuil creía que el arte empezó con un deseo de disfrazarse, en particular de disfrazarse con máscaras, una idea que Cartailhac ya había expresado en su libro conjunto sobre Altamira. Estos disfraces no eran frívolos, sino que nacían de la necesidad. Eran una ayuda en las cacerías, puesto que un hombre disfrazado de animal podía acercarse a su presa con mayor facilidad. Esto, según Breuil, «convenció al hombre de que la máscara o disfraz poseía en sí mismo una fuerza mágica sobrenatural; se empleaba también en usos ceremoniales, no solo cazando, sino en preparativos o ceremonias que supuestamente ejercían una influencia mágica en los animales». A pesar de que Breuil no lo dice de forma tan explícita, este pasaje deja claro que para él la religión en forma de rituales de caza apareció tan solo después de que el arte se instaurara en forma de máscaras y disfraces. Tal vez no lo formuló en tan explícitos términos porque no quería ofender a sus superiores de la Iglesia recalcando que creía que la religión debe su existencia al arte.

Aunque las máscaras fueron primero, no son una pintura, y no llevaron directamente a la pintura. Las máscaras, pensaba Breuil, «debieron de conducir muy pronto a la elaboración de muñecos». En cambio, la pintura surgió de advertir la similitud entre los animales o los seres humanos y las líneas que hacían los dedos al rozar el barro o las paredes húmedas de las cuevas. Esas similitudes eran al principio accidentales, pero después se hicieron a propósito. Ese, sostiene Breuil, es el origen del arte en las paredes de las cuevas. Sin embargo, se pregunta por qué «el arte mural durante esta época ocupó con tanta celeridad un lugar preeminente en la actividad humana de la Europa occidental, y quizá también en África, si bien incluso en estas regiones no ocurrió lo mismo en todas partes». La respuesta estriba en la caza. Fueron los cazadores, y nadie más que ellos, los que inventaron y refinaron el arte pictórico de las cavernas.

> En la base de esa creación artística debe de haber un profundo conocimiento de la apariencia de los animales, la cual tan solo puede adquirirse por medio de la experiencia diaria en la vida de un gran cazador; si no existe la caza mayor, no hay arte mural naturalista.

De hecho, Breuil siente poco más que desprecio por los pueblos no cazadores, incluso los de la Edad de Piedra.

Los cromañones que se alimentaban de marisco en las costas solían carecer de esa psicología y experiencia esencial: coger bígaros y caracolas no creaba ni nutría la imaginación artística, y ni siquiera eran trabajadores inteligentes.

Tras poner a esos pobres desgraciados en su lugar, se apresura a congraciarse con sus verdaderos héroes:

Por otra parte, los cazadores de rinocerontes, mamuts, de grandes venados, toros, caballos salvajes, por no mencionar a osos y leones, acumularon, a lo largo de sus vidas llenas de peligros, impresiones visuales potentes y dinámicas, y son ellos quienes crearon y desarrollaron el arte mural de nuestras cavernas. [...] En todas partes fueron los pueblos que practicaban la caza mayor quienes llevaron a cabo el bello arte naturalista.

Puede verse en estas líneas la pasión por las pinturas que toda una vida de estudio no había empezado ni siquiera a colmar. Incluso un observador casual del arte rupestre advierte una uniformidad en las pinturas que sorprende tanto como su fuerza. Esto cautiva a Breuil, que dice:

No se trata ya del trabajo de un individuo, sino de un asunto colectivo, social, que muestra una verdadera unidad espiritual, me inclino a decir, una ortodoxia, que sugiere cierta suerte de institución que registrara el desarrollo de este arte por medio de la selección y la instrucción de los miembros de más talento.

¡Academias de arte en la Edad de Piedra! Las teorías de Breuil llevan indefectiblemente a esta conclusión, y, como mencioné anteriormente, hay evidencias de que tales escuelas existieron.

A medida que Breuil sigue adelante, advertimos el anhelo de una sociedad ordenada por parte del hombre que, aunque nunca tuvo una parroquia, fue sacerdote toda la vida.

> No era un capricho individual lo que dio lugar a las cuevas decoradas, sino cierta institución que dirigió y, en cada periodo, creó una uniformidad de la expresión. Si en un principio se requirieron algunos individuos de talento para sentar las bases de la expresión artística, su desarrollo demuestra una autoridad que velaba de manera excepcional por un interés común.

Sin embargo, ¿cuál era el propósito del arte? ¿Acaso lo motivaba un mero afán de belleza o, por el contrario, no tenía en absoluto un fin estético, sino que formaba parte de un ritual mágico de cacería? Breuil piensa que probablemente aunara ambas cosas:

> Sin el temperamento artístico, con la adoración a la belleza que trae consigo, no existiría ni podría desarrollarse el arte como lo entendemos hoy. No obstante, sin una sociedad que considerase capital el trabajo del artista, este no podría vivir ni hallar una escuela donde sus descubrimientos técnicos y su pasión por la belleza tuviesen continuidad y se transmitieran a través del tiempo y el espacio.

De este modo, con la combinación de artistas de talento y una sociedad que valorase sus creaciones, «todo el oeste de Europa fue conquistado por esta primera iluminación de la belleza».

En este arranque visionario, Breuil por fin se permitió revelar el mundo que había imaginado mientras yacía pacientemente durante horas sobre rocas puntiagudas, realizando minuciosas copias de las pinturas de las cuevas. Era un mundo de unos pocos individuos verdaderamente dotados que recibían el apoyo, incluso la veneración, de una sociedad cuyos miembros entraban con reverencia en las cuevas para llevar a cabo rituales de caza.

Breuil nunca se licenció en la universidad, pero recibió muchos honores. Aunque sus publicaciones lo identificaban solo como «miembro del Instituto, profesor *honoris causa* del Collège de France», cabe recordar que ser miembro del Instituto en Francia constituye el máximo honor para un académico. Durante la primera parte del siglo XX el «papa de la Prehistoria» no conoció rival; dictaminaba la autenticidad de cada nuevo descubrimiento y dictaba cómo debía explorarse y estudiarse. Publicó casi un millar de artículos de investigación y multitud de libros y opúsculos.

La obra de Breuil adolece de algunos puntos débiles y en ella cometió errores, los cuales probablemente solo admitiría a regañadientes si hoy siguiera con vida. Sin embargo, se involucró muy pronto en una serie de grandes descubrimientos, de los cuales Les Combarelles y Font-de-Gaume son solo dos ejemplos, y, lo que es más importante, después de asimilar hasta el último detalle del conocimiento contemporáneo de la Prehistoria, y tras estudiar minuciosamente cada nuevo hallazgo que se llevaba a cabo, fue capaz de poner orden en la caótica información. Elaboró una cronología de las pinturas rupestres y de los acontecimientos prehistóricos anexos, y creó una interpretación lógica y generalista del arte prehistórico que, si bien ha perdido el favor de los eruditos de hoy, no puede rebatirse por completo. Breuil inició su andadura cuando el estudio de la Prehistoria estaba aún en mantillas y lo moldeó hasta convertirlo en una disciplina madura, lo dotó de forma y sustancia con la que poder dilucidarlo, en lugar de enturbiarlo, a través de los descubrimientos posteriores. Él fue el comienzo, y sin él tal vez estaríamos aún buscando por dónde empezar.

Por eso parecía el orden natural de las cosas, y no puro azar, que Breuil viviera en las inmediaciones cuando un chaval y un perro descubrieron casualmente la cueva con pinturas rupestres más espectacular jamás hallada.

III. El noble robot, un perro inquisitivo. El abate y sus sermones de la montaña

Un domingo por la tarde, a principios de septiembre[1], cuatro muchachos adolescentes se adentraron en un bosque en la ladera de una montaña. Iban en busca de un tesoro.

Corría el año de 1940. La montaña que subieron los cuatro muchachos estaba en las afueras de Montignac, un pueblo de la región del Périgord, en la Francia central, donde todos ellos vivían. Aunque los nazis habían ocupado París, la guerra no había alcanzado el Périgord; no obstante, Montignac y los pueblos aledaños estaban tan afectados como si lo hubiera hecho. La gente cumplía con las formalidades de la vida sin vivir realmente. El tiempo parecía en suspenso mientras esperaban, impotentes, a ver qué ocurriría a continuación. Para los jóvenes eso significaba que no había más que largos días de aburrimiento e inactividad. Los cuatro

1. El relato del descubrimiento de Lascaux procede de Arlette Leroi-Gourhan *et al.* (1979), Ruspoli (1987), B. Delluc y G. Delluc (1989, 2003a, 2003b), Russot (1990).

chicos habían decidido subir al bosque de la montaña porque ansiaban con desesperación algo que no fuera recorrer de arriba abajo las calles del pueblo.

Además, esta montaña siempre había estado envuelta por un halo de peligro, leyenda y posibilidades. La carretera serpenteaba al pie y pasaba por un castillo desierto en una pequeña propiedad de la condesa de la Rochefoucauld-Montbel y su esposo. Por parte de madre, la señora era una Labrousse de Lascaux y pertenecía a una familia de aristócratas terratenientes que había adquirido en el siglo XV la propiedad, donde luego había construido el castillo. Un grito dirigido al viejo edificio producía un sonido que no era exactamente un eco, sino una resonancia prolongada, estremecedora, que emanaba, según los habitantes de Montignac, de una caverna olvidada que había debajo de la casa. La entrada a la cueva había desaparecido bajo los escombros de una avalancha o un desprendimiento de tierra, o tal vez la habían ocultado a propósito. La casa desierta de una antigua familia terrateniente, la misteriosa gruta y la entrada perdida habían dado origen a la leyenda local de que la caverna contenía un tesoro.

Además de aquella especie de eco, había otras razones tentadoras para creer en la existencia de la cueva. De joven, la abuela del señor Dezon, un anciano residente de Montignac cuya familia había vivido durante generaciones en la zona, había conocido a personas que habían pasado la Revolución y la época de terror que siguió. Uno de aquellos supervivientes le había contado que un sacerdote llamado Labrousse había escapado del terror ocultándose en el monte, en una cueva llamada Lascaux, cuya existencia conocía porque su familia había poseído allí un castillo y fincas con ese mismo nombre.

En el siglo XIX se habían plantado vides en la ladera, pero el añublo acabó con ellas antes de que llegaran a producir. Después, el propietario sembró pinos, enebros, robles, abetos y álamos y dejó que la tierra se asilvestrara de nuevo. Con el tiempo, los únicos que iban por allí eran caminantes, cazadores y granjeros que dejaban sus rebaños paciendo entre los zarzales.

El aura de misterio de la montaña cobró intensidad a finales de la década de 1870. Un arqueólogo pionero, Reverdit, realizó varias perforaciones en la zona y halló buen número de piedras con grabados prehistóricos. En 1878 llegó incluso a publicar un artículo sobre sus hallazgos, «Stations et traces des temps préhistoriques dans le canton de Montignac-sur-Vézère».

La existencia de la caverna fue poco más que una leyenda local hasta que, alrededor de 1920, una intensa tormenta derribó un abeto, cuyo entramado de gruesas raíces levantó el suelo y dejó parcialmente al descubierto un profundo agujero. Los granjeros de la zona, necesariamente hombres prácticos y no tan amantes de la leyenda como los adolescentes, se dieron aviso unos a otros acerca de la cavidad, puesto que era un peligro para sus rebaños. Entonces lo llenaron de tierra, vertieron escombros en el agujero y ayudaron a que las zarzas enmarañaran el lugar. A pesar de estas precauciones, un burro cayó allí y nunca más fue visto.

Cuando los muchachos salieron a su excursión, los perros los siguieron. Uno, llamado Robot, estaba a punto de hacerse famoso. Su dueño era Marcel Ravidat, que a los diecisiete años era el mayor del grupo, con dos años de diferencia, y su líder natural, desenfadado y admirado por los otros. Fumaba cigarrillos sin cesar y ya no iba a la escuela: se había colocado como aprendiz de mecánico en el taller de Montignac. Era bueno en su oficio, hábil con las manos y con la maquinaria. Todos sus amigos le llamaban «le Bagnard», que puede traducirse por «el convicto», pero que en realidad hace referencia al preso de una colonia penitenciaria. Ravidat se granjeó ese apodo porque su constitución robusta, cuadrada, le hacía parecerse al actor francés Harry Baur, que hacía de Jean Valjean en una adaptación cinematográfica de 1934 de *Los Miserables*. «Le Bagnard» también se enorgullecía de su soltura para hablar el dialecto local. Incluso en otras épocas de la vida, cuando ocasionalmente lo entrevistaban en la radio o la televisión francesas, prefería contestar a las preguntas en dialecto, a menos que le pidieran específicamente que hablara francés.

Los muchachos husmearon por la ladera hasta bien entrada la tarde sin hallar tesoro o caverna de ninguna clase, ni siquiera el menor misterio que enardeciese su desbordante imaginación. Cuando al fin se disponían a regresar a casa, Robot se adentró de un salto entre los arbustos, haciendo caso omiso de las llamadas de Ravidat para que volviera. ¿Qué había encontrado el perro en aquellos matorrales? No parecía que hubiera más que zarzas y maleza alrededor de algunos enebros, pinos y robles de escasa envergadura, con algunos tocones carcomidos. Los muchachos se abrieron paso y descubrieron un gran agujero de un metro de ancho por uno y medio de profundidad. Robot estaba en el fondo, cavando frenéticamente. Ravidat se arrastró por el hueco para ver qué había hallado el perro: resultó ser un segundo agujero, aunque de apenas quince centímetros de diámetro. Entonces echó a Robot atrás y dejó caer varias piedras por esta abertura; para su sorpresa, las oyó rodar y rodar en la oscuridad. Los otros tres chicos fueron arrojando por turno más piedras por el pequeño orificio y las oyeron caer en profundidades que parecían infinitas. De repente se hallaban ante una aventura que no tenía nada de imaginaria. Lo habían conseguido: gracias a Robot, había descubierto la entrada de la misteriosa caverna.

Sin embargo, se había hecho tarde y, además, los chicos no disponían de cuerdas, luces ni demás equipamiento que necesitarían para entrar en una cueva. Descendieron la montaña y volvieron a casa, tras prometer solemnemente que seguirían explorando aquel agujero a la primera ocasión.

Esa ocasión no se presentaría hasta cuatro días después, el 12 de septiembre de 1940, cuando no hubo ningún trabajo para Ravidat en el taller. Entonces fue a buscar a sus compañeros, pero se enteró de que dos de ellos estaban ocupados y al tercero, que estaba libre, le daba pereza acompañarle ese día. Así que Ravidat se marchó solo, llevando consigo un largo cuchillo que él mismo se había fabricado y una tosca lámpara que había improvisado insertando una mecha de algodón en la bomba de aceite de un automóvil. Y al pobre Robot lo había dejado en casa.

Por el camino, «Le Bagnard» se encontró con otro grupo de amigos, y tres de ellos decidieron seguirle. Eran Jacques Marsal, de quince años y residente en Montignac; Georges Agnel, de dieciséis, un parisiense que estaba de visita en casa de su abuela, y Simon Coencas, de quince años y también residente en la capital francesa. Coencas era judío y su familia había huido a París para escapar de la ocupación nazi. Estos fueron los cuatro muchachos que salieron a la montaña.

Al llegar al lugar se hizo evidente que tendrían que agrandar mucho el agujero antes de poder traspasarlo. Se pusieron manos a la obra, turnándose para cavar con el único utensilio disponible, el cuchillo de fabricación casera de Ravidat. Tras más de una hora de ardua labor, Ravidat logró meterse de cabeza y arrastrarse sobre los codos unos seis metros. Entonces encendió su improvisada lámpara para ver dónde estaba y, con precaución, dio un paso, pero se resbaló con un montón de sílex. La lámpara se apagó y él cayó pozo abajo en la oscuridad.

Esos segundos debieron de ser terroríficos, porque Ravidat no podía saber hasta dónde bajaba el pozo. Por suerte, aterrizó enseguida en el suelo de la caverna y allí, magullado y dolorido, consiguió ponerse en pie. Volvió a encender la lámpara, que había tenido la presencia de ánimo de mantener agarrada, y miró a su alrededor. Estaba en una estancia de tamaño medio, dentro de una cueva; no parecía haber mucho peligro, en realidad. Entonces llamó a sus tres compañeros y les dijo que tuvieran cuidado al pisar, pero que bajaran con él. Los tres consiguieron realizar el descenso sin incidentes, aunque al bajar se fijaron en el esqueleto de un burro.

A la débil luz de la lámpara, que apenas conseguía disipar las tinieblas que los rodeaban, los chicos empezaron a avanzar centímetro a centímetro, manteniendo la luz a la altura de la rodillas, ya que se veían obligados a sortear una serie de formaciones de poca altura que punteaban el suelo. A lo largo de unos cuarenta metros, no vieron nada más que el suelo de la caverna y sus propios pies.

Recorrida esa distancia, el espacio se estrechaba hasta convertirse en un pasillo angosto. Entonces se detuvieron un momento y Ravidat levantó la lámpara. A Jacques Marsal se le ocurrió mirar hacia arriba y, asombradísimo, dejó escapar un grito, señalando al techo. Los otros tres chicos levantaron la vista. Unas pinturas de caballos y toros salpicaban las paredes del estrecho pasillo. A la luz incierta y débil de la lámpara, casi parecían moverse, como si estuvieron vivos y a punto de escaparse de la pared.

En aquella época, como ahora, los niños del Périgord estudiaban la prehistoria de su región en la escuela, así que Ravidat y Marsal supieron que, aunque no se trataba precisamente del tipo de tesoro que ellos habían esperado, esto era algo mucho más grande. Moviendo la luz de acá para allá, Ravidat y los otros fueron viendo una pintura tras otra; las paredes de la cueva que acababan de recorrer mirándose los pies estaban llenas de pinturas. Entonces empezaron a sentirse como borrachos, dando saltos de un lugar a otro, y viendo pinturas a su alrededor por todas partes. «Un horda de salvajes bailando la danza de la guerra», contaba luego Ravidat, «no lo hubiera hecho mejor». Marsal lo narraba con más simpleza: «Nos volvimos completamente locos».

Pero muy pronto la luz de la lámpara empezó a debilitarse y los cuatro chicos se dieron cuenta de que tenían que volver a la superficie. Todos juraron no decir nada a nadie sobre su «tesoro», la palabra clave con la que empezaron a referirse desde entonces a su descubrimiento. Hasta el día siguiente no volverían a la cueva para explorarla más a fondo.

Ese día siguiente era el viernes 13 de septiembre de 1940. Los chicos consiguieron hacerse con unas luces de mejor calidad y algo de cuerda. Salieron de Montignac cada uno por su lado, a intervalos de unos diez minutos, y por caminos diferentes. Pensaban que, con esta elaborada treta, evitarían que alguien del pueblo sospechara. Simon Coencas, rompiendo al parecer el voto de silencio, llevó con él a su hermano Maurice, de forma que fueron cinco los chicos que se encontraron a la entrada de la cueva.

Entonces agrandaron un poco más el agujero y se deslizaron hacia el interior. Ese día encontraron un segundo pasadizo que partía del pasillo que habían descubierto antes. También allí había pinturas, pero lo que cubría la mayor parte de las paredes eran grabados. Volvieron a sentir la borrachera del día anterior, hasta que se encontraron al borde de un hoyo que caía en picado, y del que no veían el fondo.

Los cuatro chicos más jóvenes no querían bajar por ese agujero porque tenían miedo de no poder subir después. La única cuerda que llevaban eran muy lisa, y difícil de agarrar. Nada de eso pareció preocuparle a Ravidat, que tenía confianza en sus fuerzas; lo único que temía era que los otros no pudieran sostener sus casi setenta kilos de peso durante la bajada. No había nada adonde sujetar la cuerda, ni contra lo que los chicos pudieran agarrarse. Pero la atracción de lo desconocido pudo más: mientras todos los demás chicos sujetaban un extremo de la cuerda, Ravidat se adentró en el precipicio. Ante los otros, había transmitido una apariencia de calma y valentía, pero al llegar al borde pudo sentir el corazón martillándole el pecho. Cuando finalmente tocó el suelo, había caído poco menos de cinco metros.

Ravidat les gritó a sus compañeros que estaba bien y se dispuso a explorar. El pasadizo se acababa al cabo de unos pocos metros. Decepcionado, se volvió y se encontró directamente frente a una pintura que le hizo dar un respingo. Una figura humana, la única de la cueva, parecía estar cayendo de espaldas. Era un hombre con cabeza de pájaro y manos de solo cuatro dedos; al parecer, un bisonte que permanecía en pie junto a él lo había derribado. Estas dos figuras se despliegan a lo largo de un metro ochenta de pared; Ravidat acababa de descubrir lo que actualmente se conoce como «la escena del pozo», una de las pinturas más impactantes y misteriosas de todo el arte prehistórico. Entonces, volvió a escalar por la cuerda hasta la salida y les contó a los demás lo que había visto. Tuvo que bajarlos uno a uno por el agujero y luego izarlos de nuevo. Advirtió que sus amigos salían con el rostro pálido, visiblemente afectados por esta extraña pintura.

Al día siguiente, sábado, todos volvieron al lugar, pero su tesoro era ya de una magnitud excesiva como para mantenerlo en secreto. Llevaron consigo a otros cuatro muchachos y los hicieron entrar en la cueva. El domingo, justo una semana después de que Robot diera comienzo a estos acontecimientos trascendentales adentrándose de un salto en la maleza, hicieron bajar a otros veinte muchachos. Para entonces la noticia se había propagado por todo el pueblo y la campiña de los alrededores.

Jacques Marsal, el primero que había mirado hacia arriba y había descubierto pinturas en el techo de la cueva, poseía un encanto pícaro, a lo Huckleberry Finn. Ravidat contaba con su sempiterno cigarrillo, pero Marsal, con solo quince años, ya fumaba en pipa. Vivía en Montignac, donde su madre regentaba un restaurante. En medio de sus rondas, a los gendarmes locales les gustaba recalar allí, y el muchacho había acabado por conocerlos. Uno de estos oficiales era aficionado a excavar por los alrededores, y en una ocasión había encontrado ciertos artefactos romanos que había llevado a Léon Laval, el maestro del pueblo. Cuando el oficial oyó al joven Marsal hablando con su familia del tesoro que había hallado, le dijo al muchacho: «No deberíais guardaros esto para vosotros. Sois demasiado jóvenes y no entendéis la importancia de la cueva. Deberíais contárselo al señor Laval».

Marsal discutió esta idea con Ravidat y los hermanos Coencas, y todos acordaron que eso era lo que había que hacer. Fueron a ver al señor Laval el lunes 16 de septiembre. Marsal y Ravidat habían sido alumnos de este profesor, que entonces era ya sexagenario y, aunque conservaba buena salud, era de baja estatura, corpulento, y había perdido agilidad. Además, era un hombre cauto al que no le gustaban las aventuras, y recordaba perfectamente a aquellos dos antiguos alumnos sabihondos. Cuando le hablaron de la cueva, pensó que querían tomarle el pelo. Tal vez querían vengarse por sus días escolares, engañándolo para que escalara la montaña y resbalara por algún agujero.

Laval trató de prevenirse contra los chicos diciéndoles que probablemente lo que habían visto eran formaciones naturales en la roca que semejaban animales. Cuando los muchachos insistieron, Laval le pidió a Georges Estreguil, otro ex alumno, que visitara la cueva y le trajera bocetos de lo que allí viera, pues este tenía diecinueve años y era más digno de su confianza. Esos bocetos sirvieron para vencer la prudencia y el escepticismo de Laval. Al día siguiente, miércoles 18 de septiembre, subió con dificultad la ladera y se armó de valor para descender por el agujero.

Cuando llegó, no le gustó lo que vio. Era un orificio sumamente pequeño y, por si fuera poco, cubierto de zarzales. Aunque ya mucha gente había entrado en la cueva y había vuelto a salir por aquel mismo agujero, los muchachos cogieron palas y hachas a fin de agrandarlo y esculpir unos toscos escalones para su antiguo profesor. Laval empezó a bajar con cautela, pero unas zarzas le arañaron la cara. Cuando se tocó los rasguños y vio que sangraban, su valor se disipó y dio media vuelta.

Una rústica granjera de más de setenta años andaba por allí. «Bien —dijo—, si usted no quiere bajar, déjeme pasar a mí. Iré a echar un vistazo». Y acto seguido desapareció por el agujero. Su despreocupación hizo reunir fuerzas a Laval, que más tarde confesaría que no deseaba «parecer más cobarde que una mujer». La siguió por el mismo camino, acompañado de Ravidat, Marsal y otros chicos del pueblo.

Laval tuvo que reptar entre estalactitas húmedas y, remilgado como era, las halló sumamente desagradables al tacto. Al fin pudo ponerse en pie en la primera cámara. Los chicos, que habían bajado tras él, se arracimaron a su alrededor. Cuando Laval alzó la vista y vio las pinturas, quedó tan impresionado que solo alcanzó a articular dos palabras: «¡Oh, mierda!».

Le asombró que las pinturas mantuvieran tanta frescura y que a la trémula luz de sus linternas los animales parecieran danzar en un círculo desenfrenado a su alrededor. Recorrió una galería tras otra y el esplendor de lo que veía por doquier intensificaba su entusiasmo. Más adelante diría que la experiencia lo volvió «literalmente loco».

Una vez en el exterior de la cueva, Laval insistió en que los muchachos le contaran cómo habían hallado tan soberbia maravilla. Ravidat condensó las dos primeras visitas en una y adornó un poco la historia. Dijo que se había limitado a seguir a Robot, que había caído en la cueva. Estas insignificantes alteraciones hacían que la historia fuera mejor, tanto que con el tiempo la caída de Robot se aceptó como la verdad tras el descubrimiento.

Para entonces Ravidat y Marsal habían montado tiendas de campaña cerca de la entrada, donde pasaban día y noche. Ellos mismos se habían erigido en guardianes y guías de la cueva. Y a todos los visitantes de aquella primera época, los dos muchachos les repetían la misma historia acerca del perro. Puesto que Robot vivía en la tienda con Ravidat, los chicos podían presentar al ahora famoso perro a sus admiradores. De hecho, Ravidat siguió siendo el guía de la cueva hasta que esta se cerró al público en abril de 1963 y, año tras año, repitió la misma historia.

Al vivir en sus tiendas de campaña y proteger la entrada, los dos muchachos llevaban a cabo un servicio ciertamente necesario. Al cabo de una semana del descubrimiento, hasta doscientas personas ascendían por la ladera a diario con el propósito de ver la cueva. Los mandatarios municipales de Montignac habían colocado un indicador en el pueblo que decía: «Cueva de Lascaux, dos kilómetros». Se puso otro indicador en un árbol escuálido a un lado de la carretera. Los visitantes causaron bastantes perjuicios solo con pisotear el suelo de la cueva y destruir cualquier huella u otros indicios que hubieran podido dejar los artistas que la habían pintado tanto tiempo atrás. Sin embargo, la presencia y la vigilante mirada de Ravidat y Marsal impidieron cualquier acto de pillaje o vandalismo manifiestos.

Entretanto, el profesor Laval llevó a cabo unos pocos intentos infructuosos de emprender una excavación arqueológica en el yacimiento. Halló tres piedras que habían sido vaciadas para hacer lámparas. Los muchachos también habían recogido algunos sílex tallados y carbón vegetal del suelo de la cueva a modo de recuerdos de sus primeras visitas.

Esta dilapidación de lo que tal vez pudieran ser restos valiosos, así como el continuo agolpamiento de las multitudes, dejaron claro que alguien debía hacerse cargo, alguien que supiera cómo proteger la cueva y a la vez empezara a investigarla de forma científica. Por fortuna, la persona idónea, el abate Breuil, se había refugiado no mucho tiempo atrás en Brive, apenas a veinticinco kilómetros de Montignac.

Breuil había huido de la ocupación nazi de París y en Brive se instaló en casa de un antiguo amigo del seminario, Jean Bouyssonie, que para entonces también se había convertido en un respetado prehistoriador. Breuil tuvo noticia del descubrimiento de Lascaux cuando su joven primo llegó a Brive con unos bocetos que había hecho en la cueva, y partió para Montignac casi de inmediato. Llegó el 21 de septiembre, solo nueve días después de que Ravidat y sus amigos entraran reptando por la estrecha abertura y descendieran hasta la cueva.

Laval, el maestro, se citó con el ilustre personaje y, junto con Ravidat y Marsal, le condujo por el pasaje hasta el interior de la cueva. Breuil contaba entonces sesenta y tres años. Era de corta estatura, calvo, y su enorme torso se expandía encima de las piernas larguiruchas. No podía permanecer erguido —a resultas, según decía, de una caída por las escaleras cuando era niño— y caminaba notoriamente encorvado, además de necesitar un báculo. A pesar de eso, seguía activo y sorprendentemente ágil, incluso aunque en aquel momento no veía con nitidez. Unas semanas antes una espina le había arañado el ojo y la herida todavía no se había curado del todo. No obstante, estaba resuelto a ver la cueva. La fotografía de la página contigua lo muestra en la entrada, apoyado en su bastón. Como era su costumbre cuando trabajaba bajo tierra, lleva una boina rellena de papeles de periódico, a fin de protegerse la cabeza.

Por suerte, los muchachos habían agrandado la entrada de nuevo para él, aunque todavía no era mucho mayor que una trinchera individual de las que cava un soldado en caso de emergencia. Breuil halló la empinada pendiente «resbaladiza y viscosa», pero en el suelo de la cueva percibió de inmediato artefactos de tiempos prehistóricos que Laval, los muchachos y todos los lugareños habían pasado por alto. Breuil vio «escamas de sílex tallado, de calidad inferior, pero paleolíticas, algunos fragmentos de astas de reno y muchas piezas de carbón de conífera [que eran] los restos del sistema de iluminación de la gruta».

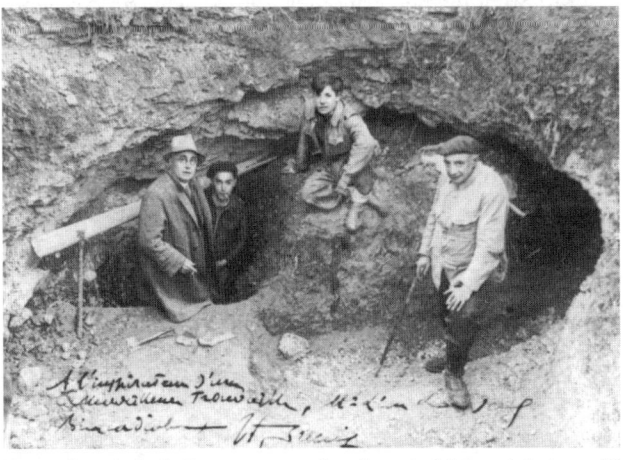

Esta es la entrada de Lascaux, nueve días después del descubrimiento. El maestro de escuela, Léon Laval (extremo izquierda) está a punto de conducir a Henri Breuil (extremo derecha) al interior de la cueva por primera vez. Los dos hombres flanquean a dos de los cuatro muchachos que descubrieron la cueva: Marcel Ravidat es el segundo por la izquierda y Jacques Marsal el tercero.

Durante los tres meses que siguieron, Breuil pasó en la cueva horas de intenso estudio. Había dominado la Prehistoria francesa durante tanto tiempo que las noticias de su presencia en Lascaux se propagaron por todos los alrededores de Montignac. La gente se reunía en la montaña a la entrada de la cueva y esperaban a verlo salir. Con la ayuda del valiente Robot, los dos muchachos, Ravidat y Marsal, los mantenían a raya. Periodistas de la prensa y la radio nacionales acudieron también a entrevistar a Breuil, a los chicos y a gente del pueblo que quisiera hablar. Este descubrimiento fue un buen filón para los franceses en plena ocupación alemana. «Fue un periodo encantador y pintoresco —recordaba Laval—. El abate Breuil daba auténticas conferencias al aire libre a los peregrinos, que lo escuchaban con atención y comprendían la importancia de su labor». Laval se refería a las conferencias improvisadas del abate como «los sermones de la montaña». La gente subía la ladera hasta la cueva y se quedaba escuchando a Breuil a pesar de las tardes de otoño, cada vez más cortas.

IV. La gran vaca negra. Cómo se pinta un caballo

Marcel Ravidat fue el ayudante de Breuil mientras este trabajó en la cueva. «Lo poco que he aprendido[1] —diría más tarde— me lo enseñó él. Era infatigable. Cuesta describirle, porque era un hombre sencillo, pero a la vez sumamente sabio. Y sabía ponerte en tu sitio. Recuerdo haber estado sosteniéndole un papel de calcar durante una hora. Ni una palabra. Y luego, de repente, decía: "Eh, Ravidat, toma un cigarrillo". Él fumaba. Era un hombre maravilloso. En cualquier caso, en estas pinturas y grabados vio un culto».

Y eso es lo que ve también todo el que entra en la cueva. Lascaux fue el lugar idóneo, detenidamente elegido para estas elaboradas pinturas. Algunos trozos de carbón de antorchas quemadas sugieren que los antiguos pobladores debieron de entrar en la cueva y explorarla tiempo antes de que se llevaran a cabo las pinturas. Aquellos primeros explora-

---

1. B. Delluc y G. Delluc (2003b).

dores habrían tenido que trepar por los montones de escombros y abrirse paso entre los arbustos y zarzas que allí crecieran. En el interior de la cueva, no les quedó más remedio que mantener el equilibrio como mejor pudieron sobre la capa resbaladiza de fango y tierra que cubría el suelo. Sus visitas fueron de escasa duración, puesto que no llevaban consigo alimentos. Los restos de carbón fueron lo único que dejaron tras de sí. Sin embargo, reconocieron la cueva y la recorrieron hasta el punto distante donde los pasadizos se estrechan de repente y se hacen intransitables.

Cuando menos, esos restos de carbón de la primera visita diseminados en Lascaux demuestran que la gente de la región sabía de la existencia de la cueva y comprendía su trazado, y que después, sirviéndose de ese conocimiento, decidieron pintar allí. La cueva se adecuaba a la perfección a sus necesidades y propósitos. La montaña es el punto más elevado de la zona[2], y la cueva está próxima a la cumbre. Igual que si se tratara de una catedral construida en un risco dominando un pueblo, la cueva tiene vistas a toda la campiña de los alrededores. Ante la montaña se extiende en la distancia una llanura alargada, nítidamente dividida por un meandro del río Vézère. Aquí, en tiempos prehistóricos, manadas de caballos, bisontes, renos, reses y toda la exuberante vida silvestre de la época, atravesaban la planicie de parte a parte durante sus migraciones estacionales, perseguidos no solo por seres humanos, sino por lobos, leopardos, leones, glotones y el resto de la amplísima colección de depredadores. La cueva se alzaba por encima de este singular drama animal. Mientras los seres humanos cruzaban las llanuras,

2. Observación personal.

acampaban cerca de la orilla del río o acechaban a un joven reno que se había aventurado demasiado lejos de la manada, la cumbre y su cueva siempre estaban a la vista para recordarles el poder de protección, cualquiera que fuese, que emanaba de sus pinturas y de los rituales que tenían lugar entre sus paredes rocosas. Era una fuerza, una presencia constante en la vida de los habitantes de las montañas y los valles.

La entrada a Lascaux posee además cualidades especiales. El agujero que olfateó Robot no era el acceso original, sino el resultado del desmoronamiento de una porción del techo siglos después de que la cueva y sus pinturas cayeran en el olvido. La entrada original estaba cerca, a escasa distancia por debajo del agujero de Robot, y un deslizamiento de roca o un acontecimiento similar también la soterró. Daba al noroeste, lo que significa que tanto el sol poniente como el del solsticio de verano entraban en ella de forma directa. El pasadizo de entrada discurría recto durante unos cuatro metros y medio, con apenas una ligera inclinación, antes de descender bruscamente unos veinte metros hasta el nivel inferior. Pero el pasadizo era tan recto incluso desde allí, en las entrañas de la gruta, se debía de ver un pedacito de cielo. Esto, junto con la orientación de la abertura, significaba que tanto a última hora de la tarde como durante el solsticio de verano la luz del sol penetraba en la cueva hasta lugares muy profundos, tal vez casi hasta el comienzo de la primera gran sala. Debía de iluminar débilmente el centro del pasadizo al tiempo que proyectaba sombras misteriosas y sugerentes por las paredes, hasta que finalmente el saliente de la roca impedía el paso del sol y daba comienzo la oscuridad.

La primera sala al traspasar la entrada es la que ahora denominamos sala de los toros[3]. Mide diecinueve metros de largo y casi siete de ancho. Las paredes describen una suave concavidad, se encuentran en una cúpula natural de casi cinco metros de altura y son admirablemente lisas y uniformes. Desde el nivel del suelo hasta una altura de unos tres metros están coloreadas de un tono terracota. A partir de ahí, se hallan cubiertas de calcita veteada, de un blanco tan vivo que es casi traslúcido.

En general, las paredes y el techo están secos y no hay estalactitas que interrumpan la visión. Esto se debe a la existencia de una capa de roca no porosa por encima de la cueva. El agua podría llegar por una grieta próxima a la entrada y correr en hilillos hasta la sala de los toros, donde se acumulaba en grandes cuencas dispersas por el suelo. Un orificio con forma de embudo que se abre en el suelo al fondo de la sala permitía que el agua que desbordaba estas cuencas se drenara a niveles inferiores e inaccesibles de la cueva. Poco después del descubrimiento, Breuil hizo horadar las cuencas de la sala de los toros y miles de litros de agua corrieron por la cámara y se desaguaron por el embudo. Sin embargo, para ver una cueva, Lascaux podía catalogarse de seca.

Así pues, he aquí una cueva en lo alto de una montaña que dominaba la campiña circundante. Se abría en una dirección por la que entraba el sol poniente, y la primera sala que quedaba fuera del alcance de la luz del sol era alargada y espaciosa. La calcita blanca que recubre las paredes suaves, secas, relucía con tanto fulgor como cualquier lienzo desnudo tendido en el marco de un artista.

3. A menos que se indique lo contrario, la discusión sobre Lascaux en estas páginas está basada en Geneste (2003) y Aujoulat (2004).

Lascaux no es solamente la cueva pintada más famosa, sino también la más relevante en cuanto a arqueología y arte. Muchas cuevas encierran ciertas pinturas de gran belleza, y otras, como Font-de-Gaume, Altamira, Niaux y Chauvet, contienen obras maestras en abundancia. Sin embargo, en ninguna de ellas se ven las enormes figuras en colores vivos recorriendo el techo con gran estruendo que atesora Lascaux, ni la enorme variedad, ni la profusión, ni la amplísima visión artística que conllevan y que hacen que estas pinturas no conozcan rival en ninguna otra manifestación artística. Se ha repetido a menudo que Picasso, tras llevar a cabo un recorrido privado en la cueva después de la Segunda Guerra Mundial, aseguró al salir: «No hemos aprendido nada en doce mil años». Al parecer, esta visita nunca tuvo lugar, pero la cita, quienquiera que la dijo, conserva su fuerza, en especial desde que las técnicas de datación modernas han demostrado que Lascaux es muy anterior a lo que se creía en un principio. Resulta que no hemos aprendido nada en dieciocho mil seiscientos años.

Por añadidura a las magníficas pinturas, en Lascaux hay cientos de grabados, que abundan cuanto más nos adentramos en la cueva, donde las paredes son más estrechas y la falta de espacio entorpece el trabajo. Está también la enigmática escena oculta en el profundo pozo por el que Ravidat y sus amigos descendieron por una cuerda. Otras cuevas no contienen ni pinturas tan espléndidas ni tal abundancia de grabados en pasajes de difícil acceso, pero Lascaux es una de las raras excepciones donde hallamos ambas cosas.

Lascaux no es grande, al menos no en la parte de la cueva a la que un ser humano puede acceder. Desde la entrada a las pinturas más alejadas median poco más de ochenta metros,

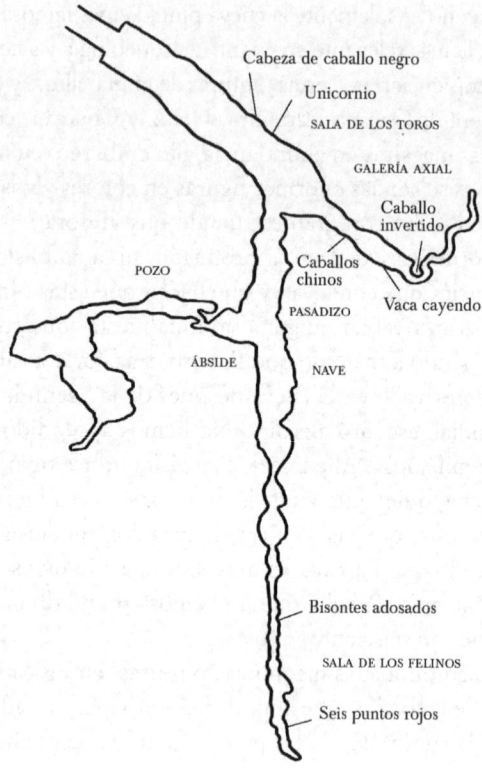

Mapa de Lascaux, donde se muestran las diferentes secciones de la cueva y la localización de algunas figuras importantes.

y el área disponible para pintar o grabar no llega a los 243 metros cuadrados. En ese espacio, los artistas primitivos lograron que cupieran 1963 figuras. De ellas, 613 son apenas visibles y es tal su deterioro que resulta imposible determinar qué son. Del resto que puede identificarse, solamente una representa a un ser humano, y está situada al fondo del pozo. Algo menos de la mitad de las figuras —915— son alguna clase de animal, aunque solamente 605 han sido identificadas con precisión. Las demás han sido borradas por el paso del tiempo, están dibujadas con un trazo sumamente débil o bien aparecen ocultas confusamente en el interior o detrás de otras figuras.

No es extraño que las paredes de una cueva muestren a un animal mucho más a menudo que a otros, y en Lascaux ese animal es el caballo. Hay 364 imágenes de caballos, algo más del sesenta por ciento de la totalidad de animales identificados de la cueva. El siguiente animal por orden de frecuencia es el ciervo, con noventa representaciones.

Los cuatro inmensos toros negros de la sala de los toros se cuentan entre las imágenes más famosas de Lascaux, si bien las reses suman un 4,6 % de los animales, mientras que los bisontes alcanzan solo un 4,3 %. Hay también siete felinos, un pájaro, un oso y un rinoceronte; en cambio, el mamut no aparece. Y tampoco hay ni un solo reno. Esta omisión es sumamente curiosa y desconcertante, puesto que el reno era, con diferencia, la principal fuente de carne para los pobladores que vivían en las proximidades de la caverna. De hecho sabemos, por los huesos hallados en la cueva, que los artistas comían reno mientras trabajaban.

Una quinta parte de las figuras individuales no representan animales ni seres humanos, sino que se trata de signos geométricos. Aparecen por toda la cueva: junto a los animales, dentro de estos, y en lugares de las paredes que parecen aleatorios. Los signos se ajustan a una diversidad de formas. Pueden ser puntos rojos y negros de entre cinco y nueve centímetros de diámetro, aislados a veces, pero con mayor frecuencia dispuestos en línea. Otros signos se componen de líneas rectas que conforman una diversidad de dibujos afines. A menudo hay una o dos líneas de menor longitud trazadas oblicuamente respecto a una más larga, sin que ninguna de ellas llegue a tocarse. Estos símbolos y otros similares se repiten a lo largo de la cueva. Ciertas salas contienen cuadrículas rectangulares, algunas en blanco y otras coloreadas, que recuerdan una parte de un tablero de ajedrez o una carta cromática. Hay hileras de líneas rectas con lengüetas en un extremo, semejantes a flechas y, sobre todo cerca de las pinturas de reses, retículas rectangulares de solo tres lados, que parecen el dentado de una horca. En algunas otras cuevas, el símbolo más frecuente es la marca del dorso o la palma de una mano humana, pero en Lascaux este no aparece en absoluto.

Resulta imposible determinar cuántos artistas distintos trabajaron en Lascaux. Ciertas pinturas de animales parecen obra de la misma mano, pero conviene ser prudente al extraer conclusiones de estas similitudes. A lo largo de la cueva, las pinturas obedecen a convenciones estilísticas en el modo de trazar los patas, los cuernos y el cuerpo de los animales; algunas pinturas que guardan semejanzas podrían ser obra de artistas distintos, que seguían con minuciosidad las convenciones. Tal vez, al contrario de lo que dicta la estética actual, estos artistas no deseaban que su trabajo pareciese individualista o único.

Con frecuencia, las formas aceptadas requieren una técnica que el abate Breuil fue el primero en describir. Lo denominó «perspectiva torcida»[4], y aparece en prácticamente todas las pinturas de reses o ciervos. Las patas están de per-

4. Breuil (1952).

fil, pero los cascos se muestran completamente de cara desde abajo. Pareciera que el animal hubiera dejado huellas en la pared de la caverna. Los cuernos y las astas también se ven a menudo bajo una perspectiva torcida. Con una perspectiva realista, un cuerno ocultaría parcialmente el que tiene detrás. Eso no ocurre nunca en Lascaux, donde la cornamenta aparece completa y en paralelo. Por norma, las astas describen una curvatura sensual que recuerda a la de una lira. Sabemos que esta perspectiva torcida es una convención porque los pintores emplearon la perspectiva realista cuando preferían crear mayor efecto.

Las orejas de las reses y los renos también se ajustan a una convención. No están tratadas con perspectiva alguna, ni realista ni torcida. Por el contrario, son un único trazo negro, como la hoja de un cuchillo que sobresale detrás de la cornamenta. Se trata de una convención tan torpe que al principio estos trazos ni siquiera se reconocen como orejas. Los artistas que pintaron Lascaux poseían destreza de sobra para haber hallado un modo mejor de representar estos apéndices de haberlo querido, lo cual obviamente no fue el caso. Más bien optaron por seguir la tradición.

Los caballos, por su parte, tienden también a ceñirse a una misma apariencia: cabeza pequeña, cuello grueso, cuerpo redondeado y patas cortas y finas. Norbert Aujoulat, un arqueólogo francés que ha pasado veinte años estudiando pacientemente Lascaux, ha descubierto que los artistas seguían la misma secuencia siempre que pintaban un caballo. Empezaban trazando una gruesa línea negra que se convertía en la crin y la cara. Luego esbozaban un perfil más tenue del lomo y la panza, en un ocre rojizo o mediante grabado. A continuación daban color al cuerpo, el cuello y la cola, con negro, ocre amarillo, marrones o tonos rojizos. Por último, esbozaban en negro los cascos, las patas, la panza y la grupa, así como el lomo y la cola, y sombreaban el interior. Todos los caballos guardan un enorme parecido, al margen de cuál sea su tamaño, porque los artistas dibujaban siguiendo fielmente esta secuencia.

Los investigadores contemporáneos creen que la actividad de Lascaux se prolongó durante menos de mil años, quizá mucho menos. Ciertamente, la coherencia en el estilo de las pinturas denotaría que todos los trabajos artísticos se crearon en líneas generales en la misma época. Sin embargo, unos acontecimientos tan remotos pueden parecernos poco menos que simultáneos aun cuando hubieran transcurrido quinientos años entre unos y otros. No podemos discernir si las pinturas se llevaron a cabo en su totalidad en cuestión de meses, lo cual es posible, o a lo largo de varios años o varios siglos. Las pinturas y los restos arqueológicos permiten suponer que fue un lapso breve: semanas, meses, o unos pocos años. Sin embargo, una suposición, por poderosa que sea, no es un hecho. Cuando las pinturas se superponen, lo cual ocurre a menudo, está claro que la de debajo es más antigua. En cambio, si es un minuto o un siglo más antigua resulta imposible precisar.

Es evidente que estas pinturas no fueron obra de un genio solitario. Requirieron el esfuerzo organizado de un equipo que asumiera el encargo y recibiera el apoyo del resto de la comunidad a medida que el trabajo progresaba. Es probable que una única persona dirigiera o llevara a cabo un conjunto de pinturas en una sala de la cueva, y que otros individuos trabajasen en otros conjuntos de otras salas. Y, en tanto que es posible que un solo maestro fuera el único creador de ciertas figuras, ese maestro necesitó sin duda de ayudantes que trabajaran simultáneamente con él. Alguien debía mantener encendidas las pequeñas lámparas e ir ajustándolas, de modo que arrojaran suficiente luz a la porción de pared que se estaba pintando. Los artistas se mantenían en un precario equilibrio en las cornisas de la pared, o tal vez sobre escaleras de escasa altura, o puede que incluso en andamios. Antes de construir las escaleras o los andamios, habían de acarrearse las ramas hasta la cueva. Y mientras hicieran equilibrios en una cornisa o incluso sobre una escalera, los artistas tuvieron que precisar a alguien que los sujetara y evitara una caída. Alguien tenía que mezclar las pinturas y repartir la comida, y alguien debía ir en busca de cualquier cosa que hubieran olvidado o a reponer los pertrechos que se agotaran: más ocre rojizo para pigmentar, por ejemplo. Es irresistible pensar en un maestro trabajando con uno o dos jóvenes aprendices, de manera muy similar a la que siempre han aplicado los artistas a los que se les han encargado pinturas monumentales. Y, además de los pintores asistentes, el maestro habría necesitado varios ayudantes dotados de paciencia y espaldas anchas para transportar las ramas, las lámparas y los alimentos.

La entrada de Lascaux lleva a la sala de los toros: es la primera y, con sus dieciocho metros de largo y sus seis de ancho, la cámara más amplia de la cueva. La primera pintura de la gruta es un adorno, vago y sombrío, antes de que se inicie la gran sinfonía de la sala de los toros. Se trata de una cabeza de caballo. El artista ha completado tan solo los dos primeros pasos en el proceso de representar al animal. Dos hileras curvas de manchurrones negruzcos forman el grueso cuello y el minúsculo hocico. Una línea fina de color rojo, desvaída, apunta apenas la columna vertebral y la forma de la roca sugiere el resto del cuerpo del animal. El caballo mira a la entrada y permanece apartado, separado un buen trecho del siguiente animal que aparece sobre la calcita blanca. Todos los demás caballos de la sala están en grupos y miran hacia el interior de la cueva.

Esta figura sugiere —o por lo menos, esa es la impresión que a mí me da— un semental que permanece distanciado de la manada, escudriñando el peligro por la única dirección por la que podría aparecer. Sin embargo, su posición privilegiada en la cueva implica algo más, en especial si tenemos en cuenta que en Lascaux hay pintados muchos más caballos que ningún otro animal. ¿Se trataba de mostrar quién ostentaba el dominio de la cueva? ¿Era una señal de consagración, como una cruz sobre la puerta de una catedral? ¿O acaso una advertencia para mantener a raya a los intrusos profanos? Y hay otra cuestión igual de desconcertante y enigmática: ¿cuál es la relación entre este caballo y otro igual de impreciso e inacabado, apenas el cuello y el hocico pintado en negro, con una línea que sugiere el lomo, que se halla en la pared de las profundidades del pozo?

La siguiente figura, a la derecha del caballo, es significativamente mayor, y por añadidura más desconcertante, puesto que se trata de una fantasía. Breuil lo denominó el unicornio, aunque el nombre no le encaja si tenemos en cuenta que no tiene una, sino dos largas varillas negras y rectas que le salen del cráneo a modo de cuernos. El unicornio está inclinado hacia adelante, tiene la panza flácida y está caprichosamente salpicado por manchas y círculos negros y un borrón rojizo. Carece de un sentido evidente y en toda la cueva no hay nada parecido. Quizá fuera una criatura de una leyenda local. Otra teoría sostiene que representaba una especie extinguida de leopardo cuyos rasgos, que solamente se conocían por tradición oral, habían quedado distorsionados con el paso del tiempo. Es posible, no obstante, ver el perfil de un hombre barbado en la cabeza del unicornio, y el resto de la figura se parece a uno de esos disfraces cómicos circenses que ocultan a dos hombres haciendo de caballo o de toro.

Las restantes figuras de la sala de los toros están pintadas con tal realismo que de inmediato se hacen reconocibles. Además del caballo de la entrada y del unicornio, hay treinta y cuatro animales: diecisiete caballos, once toros, seis ciervos, y un oso solitario pintado en el interior del cuerpo de un toro. A pesar de esta diversidad, los cuatros toros negros lo dominan todo. Son inmensos. Uno, a la derecha de la pared, mide cinco metros de largo: mayor que un ejemplar natural, y con diferencia el animal más grande de todo el arte rupestre que se conoce. Los toros tienen una bella cornamenta dibujada con perspectiva torcida. Uno de los cuernos se curva en un arco delicado, mientras que el otro se retuerce como una ese alargada y sensual. Los toros tienen hocicos expresivos y difuminados. Sus ojos de mirada profunda, pero plácida, son meros puntos negros bajo un arco del mismo color. Las líneas del lomo y el vientre se curvan seductoramente por la roca, creando una poderosa impresión de volumen y peso que sin embargo se sostiene delicadamente en sus patas finas, casi de palillo.

Los toros están en movimiento. Tres de los cuatro miran al interior de la cueva, y al igual que la manada de caballos parecen sorprendidos en una vorágine que los arrastra hacia el interior de la estrecha grieta del fondo de la cámara, donde dan la impresión de encontrarse las dos paredes. Uno de los toros de la pared de la izquierda mira en cambio en dirección opuesta, como si quisiera ralentizar la frenética precipitación de los demás. Sin embargo, su sombría presencia solo consigue acrecentar el trajín. Los ciervos, que son los animales de menor tamaño de la sala, se vuelven en esa dirección en desorden, como arrastrados por una estampida.

Hay noventa y cuatro signos además de los animales. Aunque manifiestamente estén más despojados de dramatismo, aumentan la sensación de confuso arremolinamiento. Algunos son simples puntos rojos o negros, o líneas de puntos. Y hay líneas: trazos curvos encima de puntos, líneas rectas, líneas discontinuas, algunas finas y otras gruesas y enérgicas, aparentemente dispuestas al azar. Hay una larga línea discontinua en el interior de uno de los toros y varias líneas rojas apenas visibles dentro de otro. Breuil, entre otros, pensó que indicaban lanzas o heridas, en consonancia con su teoría de los rituales mágicos de caza. Sin embargo, unos signos parecidos aparecen también aislados en un área en blanco de la pared, independientes de cualquier animal. Cabe la posibilidad que fueran lanzas que no alcanzaban su objetivo, pero los animales, en especial los toros bravos y colosales, parecen completamente incólumes e inmutables.

El artista o artistas que crearon estas pinturas eternas pretendían que su obra se contemplara desde el centro de la sala de los toros. Varias figuras se ven extrañamente alargadas cuando se miran directamente de frente, pero las proporciones parecen correctas al colocarse en el centro. Y el mero tamaño de los toros permite suponer que los artistas tuvieron que situar las localizaciones en la pared y marcar las dimensiones de cada animal, cuando menos en un tosco boceto. Estas pinturas no fueron una emanación espontánea, sino una composición deliberada que siguió un minucioso plan.

Igual que las salas de una iglesia están dedicadas a distintos propósitos —algunas para grandes concentraciones, otras para rituales íntimos, y aun otras para el culto y la meditación privados—, da la impresión de que en Lascaux cada sala responde a un fin especial con entidad propia. La sala de los toros era sin duda el mayor espacio público de la cueva. Situada justo después de la entrada, accesible incluso para los ancianos y los enfermos, era lo bastante amplia como para albergar al menos a cincuenta personas. En aquellos tiempos en que no había mucha población, eso podía constituir toda una comunidad. La gente permanecía en el centro de la estancia, tal vez escuchando cánticos o el son de los tambores, observando, mientras la luz trémula de las lámparas y las antorchas creaba la ilusión de que las pinturas se movían. Escenas de alguna gran epopeya nacional en la que aparecían toros, caballos, ciervos, y un único oso solitario los habrían arropado. Los animales eran los personajes de esa epopeya, y los signos de algún modo señalaban los acontecimientos y aclaraban su sentido.

A izquierda y derecha, las paredes de la sala de los toros se encuentran por encima de un pasadizo que es poco más que una hendidura. A ras del suelo apenas alcanza un metro de anchura, pero cerca de la parte más alta se expande en un semicírculo, de modo que parece el ojo de una cerradura. El segundo toro de la pared izquierda y el segundo de la derecha coinciden exactamente por encima de este pasadizo: una prueba más de que las pinturas de la sala de

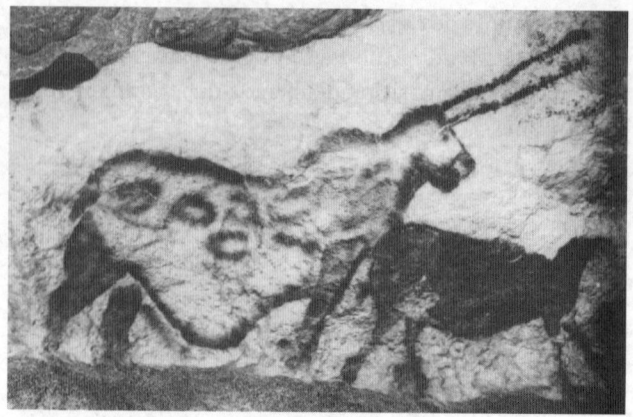

El unicornio: esta es la segunda pintura que hallamos al entrar en Lascaux. Pero, ¿qué es? Guarda un extraño parecido con un disfraz de circo en el que dos hombres pasan por ser un caballo o un toro. Y también, si tapamos la parte superior del hocico, la cabeza parece la de un hombre con barba.

los toros responden a una minuciosa planificación. El corredor da paso a una segunda sala, llamada la galería axial. Esta es ligeramente más larga que la sala de los toros, aunque tiene menos de dos metros de anchura y el techo algo más bajo. Continúa durante veintidós metros antes de estrecharse en un minúsculo agujero por el que es imposible pasar. Los pintores rupestres señalaron este callejón sin salida con dos signos. Uno es sencillamente un gran punto rojo; el otro semeja un anzuelo compuesto por cuatro líneas rojas desiguales.

Si la sala de los toros, con su firmamento rebosante de animales, parece una sinfonía triunfal interpretada bajo la batuta de un exaltado director de orquesta, la galería axial es más bien el diminuto club de jazz en un sótano con cuatro o cinco cuartetos virtuosos tocando sin tregua al mismo tiempo. Este espacio estrecho, molesto e incómodo, contiene obras cumbre del arte paleolítico. Incluso sus nombres son evocadores: las cuatro vacas rojas, la vaca de cuello negro, y, por descontado, la vaca cayendo, a la que se llamaba «la vaca saltando» hasta que un estudio pormenorizado de la torsión de los cuartos traseros reveló que no podía estar saltando; por el contrario, se contorsiona mientras cae. Esta vaca se halla suspendida encima de tres caballos negros, con las largas patas delanteras separadas, mientras que las traseras permanecen recogidas debajo del vientre y su cuerpo se contrae de pánico al tiempo que trata de recuperar el equilibrio en el aire. Es una pintura magnífica: cargada de dramatismo, dinámica, con las patas separadas desde una perspectiva perfecta, y la bestia, grande y pesada, representada convincentemente en plena caída.

Hay más, por supuesto: el gran toro negro, los íbices enfrentados, los caballos chinos, el friso de los caballitos y el espectacular caballo invertido. Este último fue pintado curvándose en torno a un saliente cónico, de modo que sus patas traseras quedan justo enfrente de las delanteras. Ha encogido las orejas aterrorizado y tiene las narinas dilatadas, mientras parece arrastrado al interior del cono, hacia un abismo desconocido, o arrojado hacia afuera. La representación de este caballo conserva exactamente las mismas dimensiones de los otros caballos próximos, pero, dado que envuelve el saliente cónico, no hay un punto desde el que sea posible ver la figura completa de una vez, y sin embargo no existe ni un solo error en la anatomía del équido.

En esta sala, una cornisa marrón que parte del suelo se eleva por la pared hasta una altura aproximada de un metro y medio. La calcita blanca solo comienza a partir de ahí, aunque luego cubre el resto de la pared y el techo. ¿Cómo consiguieron los artistas acercarse a la pared lo suficiente para pintarlas? Jacques Marsal, el amigo de Ravidat que entró con él en la cueva, declaró ser el primero en advertir agujeros en las paredes rellenos de barro prensado. Es de suponer que sirvieran para sostener ramas que sujetaran lo que debió de ser un elaborado andamiaje. Los huesos de reno se hallaron en el suelo a escasa distancia. El suelo estaba también cubierto de polen de paja fosilizado, lo que indica que los pintores tuvieron que hacer cojines de paja sobre los que sentarse. Eso implica que el andamio fue en efecto complicado, ya que la capa superior contaba con ramas capaces de soportar, probablemente, odres de piel rellenos de paja. Restos de carbón revelan que la madera de enebro, a buen seguro cepillada y retorcida, servía de mecha para las lámparas prehistóricas.

Las pinturas de la galería axial son las más intrincadas y delicadas de la cueva. La blancura de la calcita, sobre todo en el techo, permitía una paleta más amplia de lo habitual, que incluía rojos, tonos marrones y toques de amarillo. Hay 190 pinturas en total, contando animales y signos, y cada una de ellas, tanto si se trata del caballo chino como de la vaca cayendo, parece pertenecer a una composición mayor que domina su sección de la pared. El conjunto da la impresión de ser obra de varios artistas que, mientras permanecían sentados en el andamio, debieron de requerir ayudantes que les pasaran las pinturas o lo que necesitaran. La galería es sumamente estrecha, sobre todo a ras del suelo, por lo que habría sido imposible que más de dos o tres personas trabajaran simultáneamente en ella. Más adelante, una vez acabadas las pinturas, cualquier grupo de más de dos o tres habría debido entrar y salir en fila india. Tal vez la entrada a la galería axial estaba reservada para ciertas personas en determinadas ocasiones; o quizá todo el mundo entraba y salía en orden, como si siguieran una elaborada coreografía. Incluso hay un pequeño indicio en una de las pinturas de que una procesión de esas características pudo en efecto tener lugar. El caballo invertido está cerca del final de la sala. Si uno lo pasa de largo y recorre los últimos pasos hasta el fondo del pasadizo, el caballo cobra vida y parece girar alrededor de este segmento de columna a medida que quedan a la vista distintas partes de su cuerpo y luego desaparecen. ¿Por qué tomarse la molestia de acometer una pintura de esta dificultad a menos que los participantes vieran el movimiento del caballo al avanzar en fila?

Lascaux se cerró al público en 1963 porque la contaminación adherida en los zapatos de los visitantes produjo algas que suponían una amenaza para las pinturas. En 1984 se inauguró una réplica de la sala de los toros y la galería axial, a menos de doscientos metros ladera abajo de la entrada de la cueva original, que ahora permanece rodeada por una alambrada rematada con alambre de espino. La reproducción de las pinturas y de las paredes de la cueva es precisa, y hay guías capacitados que hablan varias lenguas conduciendo cada día a grupos de turistas por las reproducciones. Estos recorridos atraen a medio millón de personas al año y a menudo se agotan las entradas, especialmente en temporada estival. Tanto desde el punto de vista de logro artístico como popular, Lascaux II es un compromiso perfecto entre la demanda del público para ver las pinturas y la imperiosa necesidad de conservarlas.

Sin embargo, existen dos grandes defectos, ninguno de los cuales puede corregirse. Uno radica en que Lascaux II no es una cueva. No es evidente la importancia de esta distinción hasta que has visitado una cueva de verdad con pinturas genuinas. Las cuevas son por lo general sistemas vivos que no cesan de transformarse. El agua se filtra por las paredes o gotea del techo, muy lentamente, dando lugar a nuevas formaciones. El ambiente es húmedo y fresco, y el suelo resbaladizo si la base es rocosa, o fangoso si es arcillosa. En ambos casos cuesta no perder el equilibrio, sobre todo cuando el suelo desciende de forma brusca o vira de repente al estrecharse un pasadizo. Y es fácil tropezar con las protuberancias que presentan las estalactitas en fase de formación. Las cuevas contienen recovecos, grietas y pasadizos que quién sabe adónde conducen. Encierran cierta sensación de peligro y aventura. Una oscuridad total envuelve la luz que llevas, y en una cueva de cualquier tamaño perderse sería inevitable sin un guía. Por añadidura, las cuevas no son mudas. Oyes sonidos que ascienden de las profundidades de la tierra. A buen seguro no se trate más que del eco amplificado de las gotas de agua al caer, pero ¿cómo saberlo con seguridad? Aquí y allá un murciélago solitario cuelga de una grieta. Ver las pinturas en una cueva de verdad, aunque se tratara de una frecuentada por turistas, deja una impresión más vívida y emotiva —más osada, en realidad, y desde luego más próxima a la experiencia de los propios pintores de las cavernas— que verlas en la atmósfera inevitablemente estéril de una réplica.

El segundo problema de Lascaux II es que representa solamente una tercera parte de la cueva real. Se trata, cuando menos, del tercio oportuno; esto es, en el caso de poder duplicar solamente una parte de la cueva, la sala de los toros y la galería axial serían la elección tanto de los expertos como del público general. Aun así, puesto que se trata de una parte del conjunto, Lascaux II ofrece una impresión sesgada de la cueva real.

En la réplica parece que la sala de los toros conduce solo a la galería axial, pero de hecho existe una abertura secundaria, menos evidente. La entrada está en la pared derecha de la sala de los toros, justo antes de las patas traseras del gran toro negro. Esta abertura lleva a un túnel de un metro y medio de longitud llamado el pasaje lateral, que a su vez conduce a una bifurcación. Hacia la izquierda, otro largo pasadizo se adentra en las profundidades de la caverna. El desvío de la derecha es mucho más corto, pero lleva al pozo y a la enigmática pintura que alberga.

«Pasaje lateral» es un nombre poco afortunado, porque da a entender que se trata de una mera conexión entre dos espacios de mayor entidad. Y de hecho actualmente tiene un aspecto bastante funcional, puesto que una continua corriente de aire y un arroyo que corre a veces por él han borrado casi todas las pinturas que hubo antaño. Pero, cuando se hacía uso de la cueva, las paredes aquí estaban cubiertas con la misma profusión de pinturas que abunda en la sala de los toros o la galería axial. Además, hay entre trescientos y trescientos cincuenta grabados. (A menudo apenas visibles, y por añadidura superpuestos unos a otros, por lo que un cómputo exacto es imposible). Más de la mitad de los grabados corresponden a caballos, dieciocho a reses y diecisiete a bisontes. También hay algunas cruces, cuadrículas y otros signos, junto con un alce, un oso y, posiblemente, un lobo. Son muchos más grabados que la suma total de las pinturas de la sala de los toros y la galería axial, aun cuando estas salas disponen de un espacio mural considerablemente mayor que el pasaje lateral. Y eso sin contar las pinturas que el aire y el agua han deteriorado. En su momento de esplendor, el pasaje lateral era probablemente el área más profusamente decorada de toda la cueva.

En origen, este pasaje tuvo solo un metro o metro y medio de altura. Durante su primera visita, Marsal y Ravidat se arrastraron por él a gatas, del mismo modo que los pobladores prehistóricos. El suelo también descendía en una pronunciada pendiente hacia la derecha. Los pintores debieron de trabajar sentados en el suelo, tal vez apoyados en cojines de paja.

Muchas otras cuevas tienen túneles cuyas paredes están cubiertas de grabados. Los artistas hicieron dibujos, signos, líneas y arañazos, unos encima de otros. El resultado es una confusión de líneas cuyo desciframiento puede llevar horas y horas de minucioso análisis, caso que llegue a lograrse. Muchos de los grabados de Lascaux y otras cuevas son tan bellos y requieren tanta maestría técnica como las mejores pinturas; sin embargo, otros parecen más bien obra de aficionados inexpertos y sin talento, ni siquiera propios de artistas. Es de suponer que las pinturas de la sala de los toros y la galería axial fueron planificadas y ejecutadas por grandes artistas para formar parte de cierto acontecimiento público, aunque el auditorio de la sala de los toros hubiera superado con mucho el de la galería axial. Por el contrario, los grabados del pasaje lateral y túneles angostos similares de otras cuevas no parecen parte de ningún proyecto mayor. Eran rasguños privados pensados, al parecer, para algún rito personal que los individuos acudían allí a cumplir.

Después de la Segunda Guerra Mundial, alguien tomó la estúpida decisión de rebajar el suelo del pasaje lateral a fin de que los turistas lo vieran con más facilidad. El suelo se excavó y se sacaron con carretilla toneladas de escombros hasta el exterior, donde se descargaron sin hacer ni un mínimo esfuerzo por cribarlos en busca de restos arqueológicos. Quién sabe lo que llegó a perderse.

En el momento del descubrimiento, el pasaje lateral conducía a un gran montículo de arcilla. A la izquierda había una bajada traicionera que llevaba a una galería de techos altos y suelo en declive, que hoy en día se conoce como «la nave», y que alcanza dieciocho metros de longitud y cinco metros y medio de altura en algunos puntos. La nave contiene pinturas y grabados de unos cincuenta animales, así como veinticuatro signos. El trabajo artístico es aquí equiparable a las obras más selectas del resto de la cueva, e incluye composiciones lo bastante célebres e impresionantes como para merecer nombres propios: la gran vaca negra, los ciervos en el agua y los bisontes adosados, que son la última pintura al fondo de la galería. Esta última muestra dos bisontes que se dan la espalda; sus grupas se solapan y la intrincada perspectiva de los dos pares de cuartos traseros es uno de los grandes logros técnicos del arte paleolítico. Este dominio de la perspectiva no volvió a verse en el arte europeo hasta Paolo Uccello, en el siglo XV. Y los bisontes fueron dibujados a mano alzada. La mayoría de pinturas paleolíticas comenzaban con un boceto, que solía ser grabado. La gran vaca negra de esta misma galería, por ejemplo, tiene la silueta grabada. Se observan varios lugares en el cuello y el lomo donde la primera línea no fue satisfactoria y el artista grabó una segunda, incluso una tercera, hasta lograr corregirla. Los bisontes adosados, en cambio, se pintaron directamente a pincel, sin boceto ni comienzo en falso. Su perfección demuestra una convicción y una seguridad propias de un maestro.

La nave contiene cierto número de signos rectangulares que a su vez se dividen en rectángulos más pequeños. En primer lugar se realizaron grabados de las líneas bastante profundos; a continuación se pintó de distinto color el interior de cada rectángulo, haciendo que el conjunto de la composición se asemeje a un edredón de *patchwork*. Los colores se encuentran entre los más sutiles de todo el arte rupestre: tonos rojizos, marrones, amarillos, incluso púrpura. Uno de estos rectángulos multicolores se halla bajo las patas traseras de la gran vaca negra. Algunos estudiosos han propuesto que estos signos rectangulares y similares simbolicen trampas; sin embargo, de ser así, ¿cuál es la razón del complicado colorido? Además, la gran vaca negra parece apacible e indiferente, lo cual no es la actitud de un animal cuyas patas traseras se hallan atrapadas.

Al final de la nave hay un túnel estrecho que con frecuencia se llena del dióxido de carbono proveniente de las cámaras inaccesibles que subyacen bajo la cueva. Allí resulta imposible permanecer erguido en ningún lugar, y a menudo se estrecha a tal punto que el único modo de avanzar es apoyarse sobre manos y rodillas. Al cabo de diez o quince minutos, este difícil trecho concluye en la sala de los felinos, que es apenas un poco más amplia y alta que el túnel que conduce a ella. Este es el espacio más remoto de la cueva, y contiene unos grabados espectaculares de leones, pero incluso aquí más de la mitad de los cincuenta animales representados son caballos. Uno de ellos es famoso porque muestra al équido de frente, una excepción respecto al resto de animales de todas las cuevas conocidas, que casi siempre se representan de perfil. El último animal de la sala de los felinos es un bisonte, o más precisamente la cabeza de un bisonte. A continuación, dos hileras de tres puntos rojos, una justo debajo de la otra, marcan el final de la cámara, donde se hace imposible seguir penetrando en la caverna. Gráficamente, los puntos no tienen nada que ver con la pintura del busto del caballo en la entrada de la cueva, pero existe cierta conexión implícita entre ambos: el busto equino marca el comienzo de la cueva, y los seis puntos indican su término.

O tal vez sea más preciso decir que indican un punto terminal. Hay otro. Tal y como hemos visto, un desvío a la izquierda en el montículo de barro del final del pasaje lateral lleva a la sala de los felinos, pero otro desvío a la derecha conduce a una sala llamada el ábside, situada encima del lugar más misterioso y conmovedor de Lascaux: el pozo.

La cantidad de pinturas y grabados de Lascaux es tal que ella sola suma la décima parte de todo el arte paleolítico que se conoce en Francia. En el ábside, a pesar de que es más reducido que el resto de cámaras de la cueva, excepto la sala de los felinos, se hallan más de la mitad de las creaciones artísticas de Lascaux. Tal vez hubo aquí pinturas que han desaparecido, pero lo que hoy en día conservamos son más de un millar de grabados, unos encima de otros y cubiertos por doquier con una maraña de líneas y arañazos sin orden ni concierto. Desde el momento del descubrimiento, eruditos y legos se han admirado por igual ante el contraste de las magníficas pinturas del resto de la cueva y los pequeños grabados del ábside, todos apretados y mezclados en una embriagadora confusión que resulta imposible descifrar por completo.

Incluso en las obras más detalladas sobre Lascaux suele haber una línea en la que se admite que un análisis completo del ábside requeriría un libro para él solo. Por el momento ese libro no se ha escrito, porque se trata de una tarea de enormes proporciones y plagada de incertidumbres. No obstante, es evidente que los grabados del ábside no se realizaron como parte de una composición elaborada, que no se crearon como entorno donde llevar a cabo ceremonias y que no se hicieron para ser contemplados. Garabateados unos encima de otros, en realidad no podían contemplarse. El ábside parece uno de los lugares de Lascaux donde el acto de dibujar era de por sí parte de algún ritual o ceremonia, en el que hacerlo era más importante que el resultado.

Los grabados cubren el techo del ábside, que oscila entre el metro ochenta y los casi tres metros de altura. Los lugares más elevados se cuentan entre los más ricos en detalles, y los artistas debieron de necesitar andamios. Sin embargo, el ábside es un espacio bastante anchuroso, a diferencia de la galería axial, donde la base del andamiaje podía calzarse entre las paredes. En el ábside, el andamio debía de apoyarse sobre el suelo y tener por lo menos dos metros y medio de altura. Los artistas, o sus ayudantes, debieron de cortar y repelar ramas de pino con hachas de piedra, acarrearlas a través de la sala de los toros, y luego arrastrarse con ellas a lo largo de quince metros por el pasaje lateral, hasta el ábside. Allí construyeron el andamio, utilizando cuerdas de cuero o de fibra vegetal a fin de sujetar las ramas entre sí.

El ábside está justo encima del pozo, esa abertura en el suelo de cuatro metros y medio de profundidad por la que Ravidat descendió valientemente con una cuerda sujetado tan solo por tres de sus jóvenes amigos. Desde que tuvo lugar el descubrimiento, se ha dado por hecho que los hombres paleolíticos descendían por este agujero del mismo modo. Esta teoría se vio corroborada accidentalmente el día en que los investigadores rompieron sin querer un pedazo de arcilla de la sala de los felinos. El barro contenía la impresión de una cuerda de fibras retorcidas.

Si el descenso con cuerda era el único modo de acceder al pozo, probablemente las visitas en tiempos prehistóricos eran raras. Sin embargo, Norbert Aujoulat, el arqueólogo francés que identificó las fases de la pintura de los caballos en Lascaux, ha demostrado que una vez hubo una entrada distinta al pozo[5], la cual permitía un acceso directo al nivel del suelo. Estudió el modo en que las corrientes de aire habían borrado las pinturas del área por encima del pozo y llegó a la conclusión de que por allí debía de fluir una corriente, lo que solo era posible de haber existido una abertura al exterior. Y había más pruebas que lo corroboraban, insólitas pero decisivas. El pozo contenía huesos de varios animales pequeños, como ratones, puercoespines y ranas, bestezuelas que nunca se adentran a más de veinte o treinta metros en una cueva. Puesto que la salida del pozo supera considerablemente esta profundidad, los ratones, puercoespines y ranas no habrían caído al interior desde arriba, sino que habrían entrado por otro punto, más abajo. Esta entrada directa y supuestamente más accesible significaría que las visitas prehistóricas al pozo pudieron ser más frecuentes de lo que antes se creía.

Sin embargo, el pozo y la sala de los felinos se frecuentaban mucho menos que las otras salas de Lascaux. Se hallan

5. Aujoulat (2004).

en los extremos más distantes de la cueva, y ambas se llenan con regularidad de dióxido de carbono, que en concentraciones elevadas puede ser letal, y en niveles bajos causa desorientación. En los últimos años, los investigadores han entrado en el pozo y han tenido que marcharse en cuanto empezaban a sentir estos efectos del gas. Un hombre vio millares de puntos ante sus ojos[6]; otro, mientras descansaba en el ábside tras salir a toda prisa del pozo, creyó que lo visitaba una figura humana que le hablaba durante varios minutos. El dióxido de carbono es un gas inodoro y llega sin sonido alguno. Su presencia regular y cíclica y las alucinaciones que provocaba —así como el hecho de que una llama arda con menor intensidad en una atmósfera llena de dióxido de carbono— podrían haber desempeñado un papel en la mitología que rodeaba estas partes de la cueva y en las ceremonias o rituales privados que tenían lugar aquí.

Aunque el pozo no alcance grandes dimensiones, las paredes ofrecen un espacio desahogado para las pinturas. Sin embargo, en marcado contraste con el resto de la cueva, donde pinturas y grabados ocupan prácticamente todo el espacio disponible, el pozo alberga solamente cuatro figuras y tres signos, y tiene una pared dedicada por entero a una de las pocas escenas claramente narrativas de todo el arte paleolítico. Un bisonte permanece de pie con el hocico pegado contra el pecho. Ha bajado los cuernos como si se dispusiera a embestir o acabara de hacerlo. El animal está enfurecido. Ha alzado la cola y las crines de su melena están erizadas. Una larga lanza le atraviesa los cuartos traseros y los intestinos se desparraman en el suelo, es de suponer que por

6. Clottes (2003b).

la herida de lanza. La silueta del bisonte, incluidas la cabeza, la melena y la cola, está pintada de negro, pero el animal está sabiamente posicionado sobre una gran mancha ocre de la pared, de modo que el interior de la figura parece coloreado.

Una peculiar figura de palotes representa a un hombre en actitud de caer de espaldas enfrente del bisonte. Los pies son puntiagudos, las piernas de palillo y el pene, erecto, en forma de triángulo. Dos líneas largas forman un torso oblongo que termina en una cabeza de pájaro y un pico afilado, abierto, que señala en la misma dirección y en el mismo ángulo que el pene y los pies. Los finos brazos están rematados por un conjunto de cuatro líneas que representan los dedos, de modo que se parece más a la pata de un ave que a una mano. Un pájaro sobre una vara —el tótem del hombre, tal vez— se halla o bien caído a su lado o bien clavado en el suelo. A sus pies se halla otra vara con una lengüeta en cada extremo. Algunos han supuesto que es un lanzadardos. Podría ser, pero hay figuras similares por toda la cueva, de modo que lo más probable es que se trate de un signo relevante cuyo significado es imposible adivinar en el presente.

El hombre-pájaro es la única figura humana de la cueva, igual que el pájaro de la vara es la única ave. Inmediatamente a la izquierda de ellos, separado ligeramente por una grieta de la roca, se alza el rinoceronte. Está esbozado en negro, y con el lomo alargado intensamente sombreado; en cambio, las patas delanteras y el pecho faltan por completo. Al igual que el bisonte, tiene la cola levantada. Justo detrás de él hay dos líneas de tres puntos, una exactamente debajo de la otra. Estos puntos son idénticos a los seis de la sala de los felinos, salvo porque son negros en lugar de rojos. Puesto que los puntos empiezan justamente a la derecha de la cola levantada del rinoceronte, en ocasiones se ha interpretado que eran excrementos. Sin embargo, esta idea pasa por alto la relación con los puntos rojos de la sala de los felinos, donde nada sugiere que sean heces, e ignora además el hecho —¿cuál es el mejor modo de decir esto?— de que los excrementos de los animales simplemente caen al suelo, y no quedan suspendidos en formación.

En la pared opuesta se ven la cabeza, el cuello, la crin y el lomo de un caballo trazados en negro. Este caballo es la figura olvidada del pozo, y a menudo se la ignora por completo en las discusiones de la composición famosa del hombre-pájaro y el bisonte herido de la pared de enfrente. Esta figura, no obstante, recuerda al caballo, también inacabado, de la sala de los toros, en la entrada de la cueva. Además, es importante recordar que las pinturas y grabados de Lascaux contienen más caballos que todas las demás especies animales juntas. La presencia de un caballo solitario en el pozo tiene que ser relevante. Si, como cree Aujoulat, en tiempos prehistóricos hubo en efecto un acceso distinto al pozo, entonces este caballo podía marcar la entrada, del mismo modo que la imagen incompleta de un caballo similar marca la entrada a la cueva de encima, mucho más amplia. Sin embargo, el pozo es un espacio cerrado, que lo convierte no solo en el comienzo, sino también en el final de un pasadizo, como indican los seis puntos. El hecho de que tanto el signo del caballo como el de los seis puntos estén presentes en este pequeño habitáculo es un comienzo, por mínimo que sea, para penetrar en la mentalidad de los antiguos cazadores.

Algunas de las pinturas del pozo se hicieron a pincel. Entre ellas se cuentan el pájaro, los seis puntos, la parte superior del torso del hombre, la cabeza y la cornamenta del bisonte. El pintor o pintores hicieron el resto soplando los pigmentos en las paredes de roca. Y probablemente hubo por lo menos dos pintores. Norbert Aujoulat ha realizado un análisis pormenorizado de los pigmentos y las técnicas empleadas en cada una de las pinturas del pozo, y ha llegado a la conclusión de que el rinoceronte fue pintado en una época distinta al resto de las imágenes de este lugar. No se puede precisar el tiempo que transcurrió entre ambas fases, si bien posiblemente no fue mucho. Al parecer, el hombre, el bisonte, el pájaro y el caballo forman parte de una única narración. El rinoceronte, parcialmente separado del resto de la escena por la fisura de la roca, podría haber sido añadido con posterioridad al relato por un artista-poeta.

El abate Breuil, cuyo discernimiento y capacidad de observación eran lisa y llanamente impresionantes, llegó a esa misma conclusión tras el estudio de la cueva que llevó a cabo durante y después de la Segunda Guerra Mundial. Decretó que el estilo pictórico del rinoceronte evidenciaba que había sido creado por separado. Sin embargo, creía que era una parte integrante de la historia. En su obra maestra, *Quatre cents siècles d'art pariétal,* escribió que puesto que «ningún lanzadardos podía despanzurrar de ese modo a un bisonte, la presencia del rinoceronte, retirándose con parsimonia por la izquierda, ofrece la explicación. Parece marcharse pacíficamente después de haber destruido todo lo que le importunaba». Según Breuil, el rinoceronte había corneado al bisonte y este, enfurecido, a su vez había corneado al hombre.

Esta lectura, por desgracia inducida por la insistencia de Breuil en que todas las manifestaciones artísticas de la cueva se basaban en la caza, lo empujó a una interpretación final de la escena bastante mundana: «Una cosa falta por ser explicada, el poste con un extremo de púas y coronado por un pájaro convencional, sin patas y sin cola apenas. Me recuerda a los postes funerarios de los esquimales de Alaska, o a los de los indios de Vancouver. Sería interesante determinar si tal vez hubiera un yacimiento funerario al pie de esta imagen, quizás conmemorativo de un accidente fatal durante una expedición de caza».

En 1947, Breuil inició una excavación en la base del pozo con la esperanza de hallar la tumba de un hombre cuya muerte suponía conmemorada en la pintura. Lamentablemente, tanto para la lectura que hacía Breuil de la escena como para la arqueología, no halló tumba alguna. Sin embargo, encontró unos trescientos cincuenta útiles de piedra y otras reliquias. Las excavaciones que se llevaron a cabo doce años más tarde también resultaron de sumo interés.

Había dos razones para que el pozo contuviera tal cantidad de reliquias. En primer lugar, el suelo nunca fue rebajado para que transitaran los turistas, como ocurrió con buena parte de la cueva, de modo que el pozo ha sido la parte más fructífera en artefactos. En segundo lugar, los hombres del paleolítico arrojaban objetos al pozo, algunos tal vez por accidente, pero la mayor parte de ellos a propósito, según parece, como ofrendas votivas. Las excavaciones desenterraron trece puntas de lanza, a menudo decoradas con líneas de puntas, similares a la representada a los pies del hombre, y un número similar de conchas utilizadas en joyas. Estas habían sido pintadas hace miles de años y conservaban aún restos de ocre rojizo; además, tenían agujeros para poder colgarlas de un collar o de los flecos de la ropa. Junto a ellas apareció cierta cantidad de herramientas y hojas cortantes, así como decenas de sencillas lámparas que son poco más que piedras con un pequeño hueco horadado, y una lámpara de exquisita factura tallada en arenisca rosada, que tiene la forma de una cuchara ancha y está decorada con las mismas líneas que las puntas de lanza y la pintura. La presencia de tantas lámparas en el pozo añade peso a la teoría de que las cosas ocurrieron en épocas en que el nivel de dióxido de carbono era elevado. Cada una de ellas habría arrojado un resplandor más débil en una atmósfera rica en dióxido de carbono, por lo que habrían sido necesarias más luces de lo habitual.

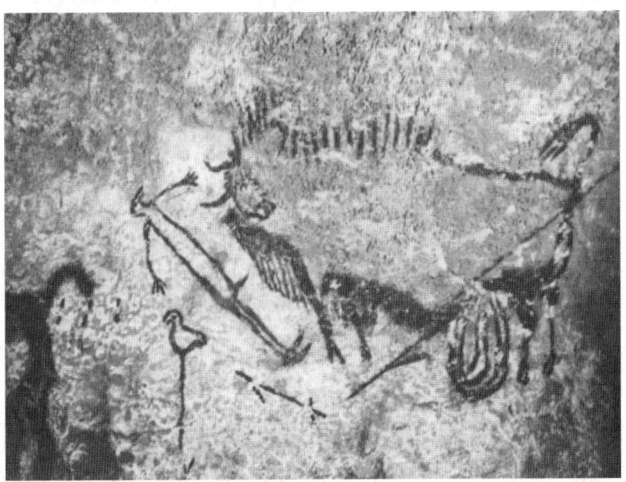

La escena del pozo de Lascaux. Se trata de una de las pocas escenas narrativas del arte rupestre. En apariencia, el hombre ha herido al bisonte, cuyos intestinos se desparraman, y el bisonte ha derribado al hombre. La cabeza de pájaro del hombre y sus manos han llevado a conjeturar que se trataba de un chamán.

La historia entre un hombre y un bisonte debió de estar extendida en tiempos paleolíticos; puede que se tratara incluso de un mito universal, puesto que la escena del pozo de Lascaux no es la única confrontación entre el ser humano y el bisonte del arte rupestre. En Villars, una cueva de la misma región, a tan solo ochenta kilómetros de Lascaux, hay una pintura de un bisonte a punto de arremeter contra un hombre delgado. El hombre permanece en pie y agita las manos por encima de la cabeza, como si deseara provocar al animal, y bajo la escena se ve un caballo pintado. Las pinturas de Villars son aproximadamente de la misma época de Lascaux. Rouffignac, una cueva a unos veinticinco kilómetros de Lascaux, tiene una gran sala de techo plano cubierto de pinturas. En el rincón hay un pozo no muy distinto al de Lascaux, y en él se halla una pintura del rostro de un hombre y dos bisontes, aunque esta vez el ser humano y el bisonte no se enfrenten. En Roc-de-Sers, un yacimiento ligeramente más al noroeste, un bajorrelieve muestra una figura humana casi cómica amenazada por un bisonte. Para que este tema aparezca con tanta frecuencia, incluso con sus ligeras variaciones, la historia de un hombre y un bisonte debía de ser universal, una parte de la cultura compartida por todos.

Hacia el final de su vida, Breuil se aferró a su teoría de que las pinturas de Lascaux, así como todas las de las demás cuevas, formaban parte de rituales mágicos de caza. Era consciente de que los pobladores paleolíticos se alimentaban básicamente de reno, y en cambio no había renos representados en las paredes de Lascaux. En su *Quatre cents siècles d'art pariétal* se pregunta por qué. Y ofrece esta explicación sagaz:

Sin duda porque estos animales, que atravesaban la región durante el otoño en enormes manadas procedentes del norte, pasaban el invierno en Aquitania y se marchaban en primavera, siguiendo durante miles y miles de años las mismas sendas (igual que ocurre en Canadá), a pesar de los cazadores emboscados que los mataban a cientos. Dar muerte a estas presas, a ojos de los hombres paleolíticos, no requería magia alguna. Los renos eran estúpidos de remate, no muy ágiles y fáciles de obtener a su paso, así que ningún ritual era necesario para su captura; no se requería más magia que para la captura del salmón u otros peces de río, los cuales rara vez aparecen en las pinturas murales.

No obstante, ¿por qué razón predominan animales diferentes en cuevas distintas? Los caballos son más abundantes en Lascaux, pero en Rouffignac, la cueva que alberga también un pozo con pinturas, el que predomina es el mamut. Y aun así, la dieta de los pobladores que vivían cerca de estas cuevas era más o menos la misma.

La teoría del ritual mágico de cacería iba perdiendo terreno cuando se descubrió Lascaux, a pesar de la insistencia de Breuil en ella, pero la aparición de una caverna de estas dimensiones la desautorizó para siempre. Lascaux cambió prácticamente todo lo que se había dado por supuesto hasta entonces acerca de las cuevas y de quienes las pintaron. Y no se trataba solo de la belleza de las pinturas; también Altamira y Font-de-Gaume albergaban bellas creaciones. Sin embargo, la amplitud de Lascaux era de tal magnitud y las pinturas alcanzaban tal intensidad que evidenciaba que las personas que habían plasmado aquel arte estaban dotados de una inteligencia mucho mayor, una cultura mucho más rica, tanto desde un punto de vista material como espiritual, y una sociedad más enérgica de lo que nadie había alcanzado a imaginar jamás. Breuil, dicho sea en su honor, lo reconoció exactamente así, y escribió en *Quatre cents siècles d'art pariétal:*

> La variedad y la cantidad de técnicas sucesivas, que se siguen una a otra en un tiempo relativamente breve, indica una especie de fiebre artística, rica en inspiración y experimentación. Nada hacía predecir que, en esta remota época de la cual, hasta el descubrimiento de Lascaux, habíamos conocido apenas unos pocos fragmentos artísticos, se produciría semejante eclosión del Arte sublime, perfecto en su categoría.

Sin embargo, si no se trataba de rituales de caza, ¿cuál era el sentido de este arte perfecto? Cuando concluyó la Segunda Guerra Mundial, habían transcurrido sesenta años desde que Marcelino Sanz de Sautuola levantara la mirada y viera al bisonte del techo de Altamira. A pesar de todos los artículos y conferencias, de todas las excavaciones y los hallazgos arqueológicos, los que admiraban las pinturas de las cuevas, fueran eruditos o profanos, seguían formulándose aún la misma pregunta que Félix Garrigou había anotado en 1864 en su cuaderno, tras visitar la cueva de Niaux: «Hay pinturas en las paredes, ¿de qué puede tratarse?».

V. El turbulento drama de los bisontes. La sección áurea

En 1935, un hombre llamado Max Raphael[1] dejó París y se embarcó en una excursión para visitar las cuevas de los alrededores de Les Eyzies. Él mismo resultaba una anomalía entre los estudiosos de las cuevas: era alemán, judío y marxista hasta el tuétano. Además, había cumplido ya cuarenta y seis años y carecía de formación o experiencia tanto en arqueología como en Prehistoria.

Hasta ese viaje, Raphael había dedicado su vida a elaborar sesudos estudios de arte y filosofía contemporáneos. Entre sus publicaciones había obras como *Proudhon, Marx, Picasso: Three Studies in the Sociology of Art* [Proudhon, Marx, Picasso: tres estudios en sociología del arte] y *The Marxist Theory of Knowledge* [La teoría marxista del conocimiento]. Estos libros y el resto de su obra, a pesar de ser brillantes,

---

1. Los detalles acerca de la vida de Raphael proceden de la introducción a su obra de 1986.

permanecieron en la oscuridad mientras vivió. En parte se debió a su patética vida: desertó del ejército alemán en la Primera Guerra Mundial, vivió en Suiza, luego en Berlín y más tarde en Francia, y se vio obligado a huir de Europa para escapar a los campos de concentración nazis durante la Segunda Guerra Mundial. De Portugal partió a Nueva York, donde pasó el resto de su vida. Su espinosa personalidad contribuyó también a socavar su carrera. Era obsesivo, sombrío y propenso a rachas de depresión. Se caracterizaba por unos ojos oscuros, hundidos en las cuencas, y una inmensa frente pelada. Su boca rígida, con los labios siempre apretados, le daba un aire de concentración casi diabólica.

Sin embargo, Max Raphael contaba con la rara y valiosa capacidad de ver lo que tenía directamente ante los ojos. Al observar las pinturas de la región de Les Eyzies, vio lo que nadie había advertido hasta entonces: las pinturas eran composiciones enteras en las cuales la posición que guardaban los animales entre sí las dotaba de significado. Como escribió en una carta al abate Breuil poco después de su viaje: «Enfrente de los originales, concebí la hipótesis de que, cuando existe una proximidad espacial entre varios animales, hay un sentido deliberado que debemos descubrir»[2].

Esta fue una percepción deslumbrante y radical que al parecer no se le había ocurrido a nadie más y que cambió por completo la concepción sobre las cuevas decoradas, aunque solo al final. Hicieron falta veinte años para que las ideas de Raphael calaran en el pensamiento dominante. Dados los altibajos que salpicaron su vida, no llegó a publicar ningún estudio sobre las cuevas hasta 1945, cuando apareció su *Pre-*

2. Raphael (1986).

historic Cave Paintings [Pinturas rupestres prehistóricas], en la bella y cara edición que publicó la Fundación Bollingen a través de Pantheon. Con apenas cincuenta y una páginas, se trata de un texto denso y difícil, porque es una traducción rebuscada vertida al inglés del manuscrito en alemán de Raphael. Esto, sin duda, limitó su efecto, pero aun cuando la traducción hubiera dado una prosa aterciopelada, el hecho de que apareciera en inglés lo hizo parecer tangencial. En aquella época, los investigadores que se dedicaban a la Prehistoria eran casi todos franceses o españoles, y las obras más relevantes se publicaban en una de esas lenguas, sobre todo en francés. Los trabajos procedentes de Estados Unidos parecían provenir de una periferia distante; de hecho, *Prehistoric Cave Paintings* no se tradujo al francés hasta 1986, cuarenta y un años después de su aparición.

Aunque su trabajo parecía alcanzar escasa repercusión, en adelante Raphael siguió trabajando en Nueva York, desde donde mantenía una extensa correspondencia con los prehistoriadores más destacados del momento, especialmente Breuil. En esa época, fotografiar las cuevas requería de una técnica difícil y excepcional, de modo que Raphael dependía de las pinturas, los esbozos y los calcos del arte rupestre realizados por Breuil y otros investigadores. Con ellos a mano, preparó notas exhaustivas para elaborar una segunda obra sobre las cuevas, y en 1952 empezó a planear un viaje a Francia y España, con el propósito de volver a ver las pinturas originales.

Raphael conservó durante toda la vida una asombrosa capacidad para el aprendizaje y el trabajo arduo, pero en aquel momento no tuvo más remedio que enfrentarse a la triste realidad de que no podía costearse el viaje que estaba preparando. Se sumió en una profunda depresión: su situación económica era desesperada, y aquel verano fue particularmente caluroso en Nueva York. Max Raphael se suicidó el 14 de julio, el día de la fiesta nacional en que Francia conmemora la caída de la Bastilla y el triunfo de la Revolución. Buena parte de su trabajo estaba manuscrito, así que tras su muerte apareció progresivamente gracias a los esfuerzos de su viuda en colaboración con la Universidad de Boston.

Además de sus azarosas peripecias vitales y del efecto negativo de que publicara en inglés, hubo aún otra circunstancia que empañó el reconocimiento y la aceptación de la brillante originalidad de *Prehistoric Cave Paintings*. Raphael no era un «arqueólogo del polvo», como con orgullo se llaman a sí mismos los que se hincan de rodillas en el suelo y ciernen la tierra con sus propias manos en un yacimiento. Estos arqueólogos del polvo, como Cartailhac, Breuil y algunos otros que encontraremos más adelante, han dominado siempre el campo de la Prehistoria. Raphael, por el contrario, era un intelectual e historiador del arte, lo que entrañaba que sus ideas levantaran de inmediato la sospecha de los arqueólogos. (En una ocasión, conversando con un «arqueólogo del polvo» le mencioné el nombre de una académica experta en Prehistoria. «Ah, ella —dijo—. Lo que ocurre con ella es que no es más que una intelectual»). Los arqueólogos creen, no sin cierta razón, que los historiadores del arte no saben nada de la Prehistoria. Peor aún, que no son conscientes de su ignorancia porque estudian las pinturas en tanto que objeto artístico, en lugar de verlas como parte de los vestigios que nos quedan sobre el mundo paleolítico. Los historiadores del arte piensan también que pueden entender las pinturas rupestres solo con mirarlas, en lugar de estudiarlas en el contexto de todo lo que se conoce del mundo paleolítico. Y esta soberbia les lleva a cometer errores ridículos.

Es cierto que el trabajo de Raphael se ve ensombrecido por ciertos errores factuales menores. En algunos casos, como cuando Raphael afirma que los artistas paleolíticos pintaron mamuts todavía tiempo después de que se extinguieran de Francia, hay investigaciones nuevas que le desmienten. Ahora parece que los mamuts sobrevivieron en Francia mucho más tiempo del que se creía. En cambio, en otros casos, Raphael simplemente se equivoca al identificar ciertas figuras de una pintura. En una ocasión denomina ternero a un toro adulto con los cuernos bien desarrollados. Sin embargo, la percepción esencial y esclarecedora que hace de las pinturas rupestres —que son composiciones y no meras representaciones de animales individuales— se les escapó a los «arqueólogos del polvo» durante toda una generación, y se le ocurrió por primera vez a un historiador del arte, Max Raphael.

Raphael, por su parte, se irritaba profundamente ante este prejuicio contra la historia del arte. En *Prehistoric Cave Paintings* pasó al contraataque: «La arqueología paleolítica, desdeñando, por así decir, los magníficos descubrimientos de la propia disciplina, ha considerado su propio material como una colección de fragmentos sueltos, sin relación entre sí, y así ha pasado por alto completamente las formas e incluso el contenido que esas formas expresan». La arqueología paleolítica había cometido ese desastroso error porque consideraba que el arte prehistórico era primitivo. Esta petulante asunción enfurecía a Raphael, puesto que a su entender el arte prehistórico no era en absoluto primitivo:

Se ha dicho que los artistas paleolíticos eran incapaces de dominar las superficies o reproducir el espacio: que podían representar solo animales individuales, pero no grupos, y menos aún composiciones. Pero la verdad es exactamente la contraria: no solo hallamos grupos, sino composiciones que ocupan toda la longitud de la pared de una cueva o la superficie de un techo; hallamos representación del espacio, pinturas históricas, ¡e incluso la sección áurea! Lo que no encontramos es arte primitivo.

Actualmente la mayoría de los historiadores, sean especialistas en arte o arqueólogos, negaría que exista siquiera tal cosa como un arte primitivo. Por el contrario, el conocimiento presente sostiene que cada cultura crea el arte que necesita según sus propias creencias, historia y convenciones. Sea acertada o no esta corriente de pensamiento, no es en absoluto a lo que Raphael se refería.

Las ideas de Max Raphael sobre las cuevas se basaban en dos pilares fundamentales. El primero es su creencia de que las pinturas rupestres no podían entenderse por comparación con el arte y las sociedades de «los denominados pueblos primitivos de la actualidad». Según Raphael, los pueblos paleolíticos que pintaron las cuevas estaban «sumidos en un continuo proceso de transformación», porque eran unos pueblos heroicos que «hacían frente de cara a los obstáculos y peligros de su entorno y trataban de vencerlos». Esto los colocaba en «oposición fundamental» a los pueblos no desarrollados de hoy en día, hacia los que Raphael se mostraba impaciente y por los que no sentía un ápice de simpatía; en su opinión habían adoptado ciertos hábitos y creencias que jamás modificaban, lo cual no les permitía asumir desafíos.

A resultas de ello, su existencia quedaba «estancada», porque se aferraban tercamente a sus supersticiones, las cuales se caracterizaban por su rigidez y dogmatismo, y eludían las dificultades que pueden generar el cambio. El contraste que Raphael percibía entre la sociedad dinámica y en continua transformación de la cultura paleolítica y la sociedad estancada de las culturas sin desarrollar atrapadas aún en la Edad de Piedra, le llevaba a la conclusión de que «la Prehistoria no puede reconstruirse con la ayuda de la etnografía».

Éste es un ataque directo a Breuil, aunque Raphael no lo formula de ese modo. Breuil utilizó la etnografía —comparando el mundo paleolítico con las sociedades no desarrolladas del presente— a fin de explicar el sentido de las pinturas rupestres, excluyendo cualquier otro método. La mayoría de los demás estudiosos de su generación siguieron el ejemplo de Breuil. Sin embargo, ¿son realmente válidas esa clase de comparaciones? ¿Es legítimo estudiar pueblos actuales, como los aborígenes australianos o los bosquimanos de África —los cuales llevan a cabo elaboradas pinturas sobre roca— y servirse de su ejemplo para extraer conclusiones acerca de la vida y la sociedad de los artistas paleolíticos? Para Breuil, así como para muchos prehistoriadores incluso de hoy, la tentación es demasiado irresistible, en especial cuando una comparación etnográfica sirve para avalar la teoría predilecta de uno.

Raphael rechaza este enfoque de plano y de un modo sumamente dogmático. Creía en el «continuo proceso de transformación» de los tiempos paleolíticos. No respalda esta creencia con ningún elemento, ni mucho menos ofrece pruebas que la corroboren, e incluso resulta difícil saber a qué

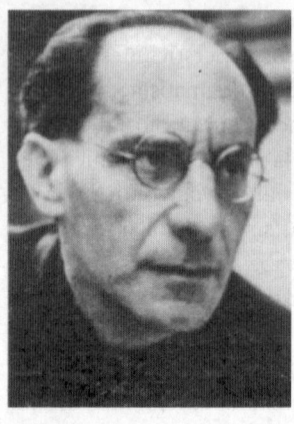

Max Raphael. Trabajando en la sombra y aislado, fue el primero en reconocer que las pinturas de las cuevas no eran aleatorias, sino que respetaban una estructura coherente. Pensó que el análisis de esa estructura llevaría a desentrañar el sentido de las pinturas.

transformaciones se está refiriendo. Sus ideas acerca de la vida «estancada» de las sociedades no desarrolladas en el presente tampoco están fundamentadas, y sospecho que llevarían a un etnógrafo moderno a la apoplejía. No obstante, a pesar de todo esto, su instinto le guió a una conclusión de gran calado acerca de una cuestión central. Utilizar la etnografía para explicar hasta los menores detalles acerca del mundo de los pintores rupestres no solo es arriesgado, sino muy contraproducente.

A fin de imaginar las vidas de los habitantes de la era paleolítica, debemos mirar atrás a través de cuarenta mil años de descubrimientos, invenciones y avances en ciencia, tecnología, medicina, agricultura y demás. En esta larga historia podemos apreciar las diferencias que los avances fundamentales, como la escritura o la electricidad, han dejado en las vidas individuales y las civilizaciones. Eso hace que nos resulte punto menos que inevitable concebir a quienes viven al margen de esa larga historia —esto es, los que viven aún en culturas no desarrolladas— esencialmente del mismo modo que los pobladores de la era paleolítica de Europa y Asia, que vivieron antes de que se creara cualquiera de esos avances. Sin embargo, eso es un error.

En aquellos tiempos, la civilización que cubría el vasto territorio que va desde la Europa occidental hasta Siberia estaba mucho más avanzada que las culturas limitadas que la habían precedido. Según lo entendía Max Raphael, aquella civilización tiene poco o nada en común con las sociedades no desarrolladas de la actualidad. Por el contrario, así como es más apropiado comparar entre sí grandes civilizaciones —la Grecia clásica con la Italia renacentista, o el Egipto de los faraones con la civilización del valle del Indo—, la civilización paleolítica de Europa y Asia debería compararse con las civilizaciones más adelantadas del pasado y el presente. La culminación de aquella civilización fueron las pinturas rupestres. Deberíamos estudiarlas, por tanto, no en tanto que etnografía, sino del mismo modo que abordamos la tragedia griega o los templos de Angkor Wat, esperando hallar en las paredes de las cavernas la historia y las creencias de un gran pueblo, junto con la más honda filosofía y el discernimiento más profundo de los que la humanidad es capaz.

El segundo pilar del pensamiento de Raphael es que las pinturas no son obras individuales realizadas una a una en el transcurso del tiempo, como Breuil y sus contemporáneos habían supuesto. Por el contrario, formaban parte de una composición única, deliberada. Primero tenemos que reconocer «el material existente por lo que es, y con mucha frecuencia no tratamos con animales individuales, sino con grupos». A continuación es necesario «interpretar las partes en relación con el conjunto, y no aislarlas». Y por último, tomando en consideración la forma de tales composiciones, podríamos extraer su significado, porque «en el arte, contenido y forma tienden a ser una misma cosa».

Esta idea de que las pinturas individuales forman parte de una composición planificada es el equivalente a un axioma en matemáticas. A partir de él, Raphael extrae varias teorías que hacen reflexionar; puede que incluso sean ciertas. Observa, al igual que todo el mundo, que los mismos animales están pintados una y otra vez, cueva tras cueva, pero después da un paso más allá: «El carácter de cada animal parece tan limitado como el propio tema; en todas partes el reno vive un radiante idilio de alegría, del mismo modo que el bisonte vive un tormentoso drama; los caballos ponen de manifiesto una sensibilidad juguetona, mientras que los mamuts demuestran dignidad y gravedad inquebrantables». ¿Qué pretendían dar a entender los artistas con esta coherencia? Raphael creía que los animales representaban clanes. Las escenas de las paredes, con todas sus superposiciones, representan conflictos, alianzas, bodas, u otros acontecimientos históricos entre los clanes: «Un animal plasmado en el interior de otro podía representar [...] alianza en la lucha, mientras que la superposición de animales tal vez significara dominación, mediación o una promesa de apoyo. Probablemente este último sea el caso de las muchas pinturas que muestran a un mamut superpuesto sobre otros grupos de animales». Insiste en que el techo de Altamira es la historia entre el clan del ciervo y el clan del bisonte, y ve este conflicto repetido en las paredes de otras cuevas. Los caballos heridos de la nave de Lascaux representan al clan del caballo, que fue derrotado por el clan de los toros y las vacas. Se trata de un planteamiento sumamente atractivo, y más si le agregamos la calma y seguridad con que Raphael lo expone. Sin embargo, no existe prueba alguna de que los pueblos paleolíticos tuvieran clanes o, caso de que así fuera, de que esos clanes se identificaran con animales tótem.

Raphael creía también que los artistas paleolíticos representaban el espacio por medios que ahora nos son ajenos. Por ejemplo, los animales están pintados comúnmente uno dentro de otro, lo cual a nosotros nos resulta confuso y arbitrario. Según Raphael, esto podría significar la unidad de dos clanes y el dominio de un clan sobre otro, pero también podría tratarse de una convención para mostrar que un animal está detrás del otro. El tamaño del animal de dentro indica su lejanía: cuanto más pequeño, mayor distancia.

De manera análoga, la diferencia de tamaño entre dos animales que están próximos es, de acuerdo con Raphael, «igual a la distancia que guardan entre sí; en otras palabras, si fueran de igual tamaño, se tocarían». Otro modo de explicar su punto de vista es decir que, cuanto más pequeño es el animal, más lejos del primer plano representado por la pared de la cueva se supone que estará. En una pared donde un gran bisonte se halla junto a un pequeño mamut, el espectador contemporáneo, acostumbrado a las convenciones artísticas propias de nuestra época, ve dos animales de proporciones terriblemente desiguales en un mismo plano. El artista paleolítico, en cambio, veía a un mamut a gran distancia de un bisonte.

Raphael creía también que los artistas prehistóricos conocían y acostumbraban a emplear —incluso de manera ritual— la proporción que miles de años más tarde Leonardo denominaría «la sección áurea». Se trata de proporciones que, basadas en el cuerpo humano, en teoría dan lugar a las formas que resultan más agradables a la vista. Para una forma como la del cuerpo de un animal (sin contar las patas) esas proporciones son 2:3 y 3:5, de manera que el cuerpo de un caballo que midiera, pongamos por caso, sesenta centímetros de alto, debería tener una anchura de noventa. Y Raphael insiste en que los animales de las cuevas se ajustan a esas proporciones con «enorme frecuencia»; tanta, de hecho, que es un fenómeno que requiere explicación. Él consideró la siguiente: los pintores hallaron estas proporciones contemplándose las manos.

De promedio, la longitud de una mano masculina multiplicada por dos es igual a su anchura multiplicada por tres. Además, cuando los dedos están separados de la manera más natural —esto es, dejando un espacio entre el corazón y el anular— ambas proporciones, 2:3 y 3:5, se cumplen. En un caso, tres dedos (pulgar, índice y corazón) se oponen a dos dedos (anular y meñique). Al mismo tiempo, tres dedos (de nuevo pulgar, índice y corazón) se oponen a cinco (toda la mano). La afirmación: «no cabe duda ninguna de que la sección áurea [...] se desarrolló a partir de la mano» entraña una enorme importancia para Raphael, no solo en cuanto a su interpretación del arte sino en toda su visión de las ideas y creencias de la sociedad del Paleolítico. Y eso es porque la «mano era el órgano por el cual el hombre que caminaba erguido podía traducir a la práctica la superioridad de su conciencia sobre la capacidad pensante de los animales». En otras palabras, la inteligencia humana podía dominar el mundo animal por la mera razón de que la mano era capaz de fabricar útiles, hojas cortantes, lanzas y otras armas. Y después la mano podía arrojarlas y lanzarlas para herir y así dominar a los animales, o a otros seres humanos.

Raphael creía que puesto que, la mano era la parte del cuerpo que se convirtió en el instrumento de dominación, siempre gozó de enorme importancia en los rituales mágicos de los seres humanos primitivos. «Parecería —escribió— que el hombre paleolítico daba por hecho la analogía formal entre el animal y la mano, lo cual para nosotros sigue siendo una paradoja». No obstante, en palabras de Raphael, esta analogía entre ambos queda bastante clara:

> La mano no es una estructura centrada en un eje; es asimétrica en su forma, posee una dirección desigual, como un animal en movimiento, y sus movimientos son libres e independientes entre sí porque, a diferencia del cuerpo humano en su conjunto, las manos no constituyen un sistema único de equilibrio.

La mano, por otra parte, desempeñó un papel en la formación del lenguaje, ya que este tuvo que desarrollarse para articular la comunicación que previamente solo era posible a través de signos u otros gestos manuales. Afirma Raphael que «el hecho de que los cazadores emplearan la mano como medio de comunicación, a fin de no espantar a sus presas con gritos, basta para respaldar mi afirmación de que la mano es la base de la composición formal de toda la pintura paleolítica (franco-cántabra)». Extraer la sección áurea a partir de la mano fue «el primer ejemplo concreto de que la trascendencia estética de la mano deriva de su trascendencia mágica».

Esta trascendencia mágica, o cuando menos espiritual, de la mano se encuentra por doquier. La vemos en la mano de Dios en la Capilla Sixtina alargándose para tocar la mano del hombre, en el dedo que señala en las pinturas de Leonardo y otros artistas del Renacimiento, en el acto de tomarse de las manos en ceremonias religiosas, en las posturas de manos y dedos en el arte budista de India y China. Sin embargo, «durante la era paleolítica el animal era la medida de todas las cosas, aunque solamente a través de la intermediación de la mano humana». Por eso las pinturas representaban animales, aunque animales creados a mano y basados en las proporciones de la mano. (Raphael no traza la conexión obvia entre este hecho y las numerosas manos en negativo, sea en color rojo o negro, sobre las paredes de las cuevas decoradas. Quizá se deba a que no hay manos pintadas en Lascaux, y son pocas las que se encuentran en las cuevas próximas a Les Eyzies que él visitó).

Por último, Raphael se enfrasca en uno de los grandes interrogantes del arte rupestre, que los arqueólogos tienden a pasar por alto, pues se trata de un asunto más emocional que científico. Las pinturas parecen modernas, nos resultan familiares. Sin embargo, ¿cómo es posible que eso ocurra, se pregunta Raphael, cuando «en realidad no existe un arte más distante y ajeno para nosotros»? Es distante porque es antiquísimo, y nos es ajeno, en primer lugar, porque parte de una premisa distinta. El arte en Occidente está centrado en los seres humanos, o en las relaciones entre los seres humanos y los dioses. El arte paleolítico está centrado en los animales. Este motivo central significa que «[en el arte paleolítico] no hay lugar para el eje medio, para la simetría y el equilibrio inspirados por la estructura del cuerpo humano. Por el contrario, todo es asimétrico y la focalización está cambiada». Y el punto de vista es distinto en el arte paleolítico:

Los objetos no están representados tal como se ven desde cierta distancia, de la forma en que suelen aparecer en las pinturas desde los tiempos de la antigüedad clásica, sino de cerca, desde la proximidad. Y esto es así porque el cazador paleolítico luchaba con el animal de cerca, cuerpo a cuerpo; solamente la invención del arco [...] hizo posible el punto de vista distante.

Y por último, las pinturas deberían extrañarnos porque «el objeto del arte paleolítico no es representar la existencia individual de los animales y los hombres, sino plasmar su existencia de grupo, la manada y la horda». Así pues, ¿cómo puede este arte, a pesar de que conserva su misterio, parecernos tan cercano y hablarnos tan directamente?

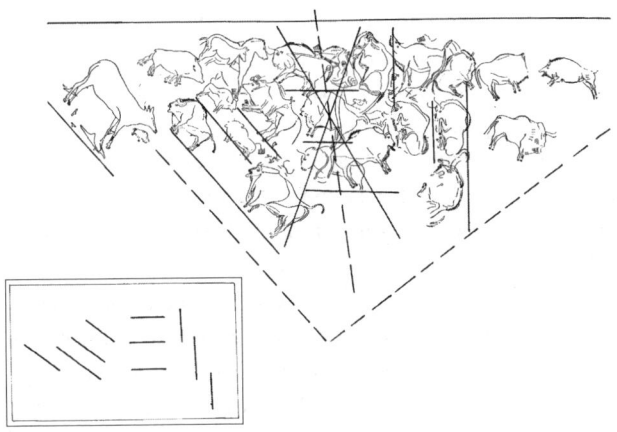

El techo de Altamira, analizado por Max Raphael. Estas pinturas aparentemente aleatorias forman en realidad una única composición agrupada alrededor de una línea central. Los animales del medio están dispuestos en horizontal, los de la derecha en vertical y los de la izquierda en diagonal.

La solución que ofrece Raphael a este misterio da testimonio de su genialidad. Cree que la razón es que los pintores «fueron fruto de una situación histórica única y son un gran símbolo espiritual: porque datan de un periodo en el que el hombre acababa de emerger de una existencia puramente zoológica, cuando, en lugar de estar dominado por los animales, el ser humano empezó a dominar a estos. Esta emancipación del estado animal halló una expresión artística de tal grandeza y tan universalmente humana como la que con posterioridad hallaron los griegos».

Esta afirmación —este hallazgo inspirado— jamás podrá probarse, pero se aproxima a lo esencial. Es otra versión del pecado original de la Biblia. Porque, milenio tras milenio, los miembros del género homínido no se veían distintos del resto de los animales. Entonces, por alguna razón, el *Homo sapiens* adquirió el conocimiento prohibido y acabó por creer que de algún modo se diferenciaba de los otros animales. Las pinturas expresan la culpa, el arrepentimiento y el triunfo que acompañaron a la conciencia de esa separación.

Raphael, en tanto que ateo y marxista, evitó relacionar esa nueva toma de conciencia con el pecado original, y por el contrario lo describió como el resultado de una lucha social:

Las pinturas paleolíticas nos recuerdan que nuestro sometimiento actual a fuerzas ajenas a la naturaleza es puramente transitorio; estas obras son un símbolo de nuestra libertad futura. Actualmente, la humanidad [...] se esfuerza por alcanzar un futuro ante el cual toda nuestra historia se hundirá en el nivel de la 'Prehistoria'. El hombre paleolítico acometía una lucha similar. Por eso el arte que más dista de nosotros nos parece el más cercano; el arte más ajeno nos resulta el más próximo.

Hoy en día, cuando está claro que el futuro marxista que preveía Raphael en 1945 ha fracasado, estas líneas parecen desentonadas y fuera de lugar. Sin embargo, si dejamos el marxismo a un lado, lo que permanece es la aguda percepción de Raphael de que la dinámica —la lucha contra la dominación de la naturaleza— de la civilización paleolítica que dio pie a este arte es similar a una dinámica —la lucha contra la dominación de las fuerzas ajenas a la naturaleza, esto es, de las fuerzas de la ideología— de nuestro tiempo. Es una razón por la que este arte de tiempos primitivos cobra pleno sentido para nosotros, y no se queda en una bonita curiosidad del pasado remoto.

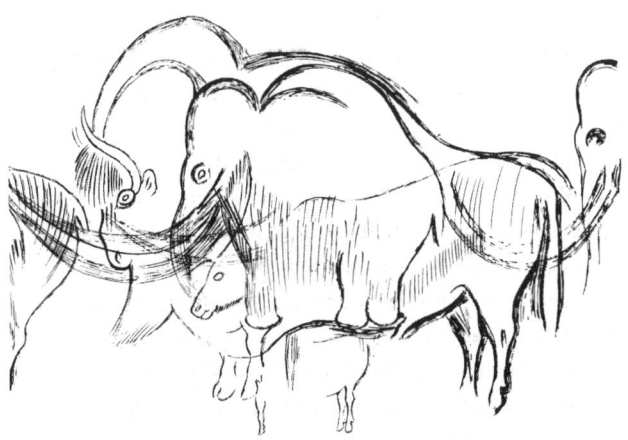

Un calco de un mamut dentro de un bisonte en Font-de-Gaume. Los mamuts eran mucho más grandes que los bisontes, y durante años los arqueólogos se han preguntado sobre la aparente indiferencia de los pintores de las cavernas hacia la escala correcta. Sin embargo, Max Raphael pensó que las diferencias de escala eran un modo de representar el espacio. Cuanto menor es el animal, más lejos está.

VI. Una recreación vívida, pero poco fidedigna. Flechas curiosas y simbólicas

En 1951, apenas unos meses antes de su muerte, Max Raphael envió un manuscrito mecanografiado de treinta y una páginas a una parisiense llamada Annette Laming-Emperaire[1]. Lo había titulado «Sobre el método de interpretar el arte paleolítico». Constaba de notas introductorias a la primera parte de una extensa obra que Raphael había pensado titular «Iconografía del arte cuaternario: métodos y sistemas», concebida para ampliar, y en ciertos sentidos reemplazar, el trabajo que había iniciado con *Prehistoric Cave Paintings*. El segundo libro de Raphael habría incluido no solamente sus métodos de interpretación, sino también su cronología revisada de las cuevas decoradas, un capítulo sobre pinturas aisladas de dos o tres animales, y un tratado acerca del concepto de progreso histórico, el cual Raphael consideraba en cierto modo la clave para comprender cabalmente el arte

---

1. Laming-Emperaire (1962).

prehistórico. En el momento de su muerte, «Iconografía del arte cuaternario» consistía solo en las notas que envió a Laming-Emperaire, unos bocetos anteriores o posteriores sobre esas mismas notas y algunas otras observaciones y notas sueltas. La traducción al francés de 1986 de estos papeles, que es la única versión publicada en cualquier lengua, no llega a las sesenta páginas.

Annette Laming-Emperaire tenía treinta y cuatro años cuando, en 1951, halló el paquete del manuscrito de Raphael en su buzón. Como le había sucedido a todo el mundo por aquella época, la guerra había interrumpido y retrasado el curso normal de su vida, pero ahora el futuro se acercaba a toda velocidad. En sentido estricto no era más que una licenciada de la Sorbona que había empezado a estudiar las cuevas decoradas solo cinco años antes. Sin embargo, su talento ya se dejaba ver, y había empezado a correr la voz sobre ella entre la pequeña y apasionada comunidad de los prehistoriadores franceses.

En 1948 elaboró el texto para *Lascaux: Chapelle Sixtine de la préhistoire* [Lascaux: Capilla Sixtina de la Prehistoria], un libro de fotografías de Fernand Windels, que había empezado a tomar instantáneas de la cueva poco después de su descubrimiento. La traducción al inglés de esta obra apareció en Estados Unidos en 1950. Raphael debió de pasar horas enfrascado en él, puesto que eran las fotografías más completas de Lascaux que podían encontrarse por entonces. De hecho, era la colección más amplia de fotografías de cualquier cueva. El hecho de que Laming-Emperaire escribiera el texto que las acompañaba era un debut digno de nota y probablemente lo que movió a Raphael a enviarle sus apuntes.

Laming-Emperaire, por su parte, quedó intrigada, si bien no seducida, por las notas de «Iconografía del arte cuaternario», o así lo manifestó por escrito al hablar sobre Raphael en la obra que le granjeó su lugar en la historia, *La signification de l'art rupestre paléolithique* [El significado del arte rupestre paleolítico]. La palabra relevante del título es *signification,* «significado». Es un testimonio del deseo de Laming-Emperaire de hacer frente a las cuestiones más importantes, así como de su propio coraje. Los entendidos modernos han abandonado en su mayoría la indagación en el significado de las pinturas porque creen que es imposible que lleguemos a conocerlo. Eso es correcto en un sentido, pero para Laming-Emperaire estudiar el arte rupestre sin indagar su significado hacía que ese estudio, a fin de cuentas, perdiese sentido.

Ella encarnaba la imagen precisa[2] de una intelectual francesa de posguerra. Era bonita y atractiva, sin llegar a ser sexy. Vestía con sencillez y sobriedad ropa favorecedora. Su abundante y hermosa melena en ocasiones resultaba difícil de controlar, a pesar de que la llevaba recogida en una coleta baja. Era seria, constante y amante del trabajo. En las fotografías aparece a menudo con la mirada perdida en la distancia, aunque en una tomada en Sudamérica en algún momento de la década de 1970 revela una sonrisa radiante y completamente natural. Sus alumnos la admiraban. El carácter de Annette Laming-Emperaire atesoraba también algo enternecedor, romántico y apasionado, tal vez porque su vida parecía empañada por la tragedia.

2. Los detalles acerca de la vida de Laming-Emperaire proceden de Lavallée (1978), André Leroi-Gourhan (1981) y correspondencia y conversaciones con su hija, Laure Emperaire.

Hija de padres franceses, había nacido en San Petesburgo en 1917, en vísperas de la Revolución Rusa. Poco después de su nacimiento, la familia tuvo que huir con Annette, un bebé de pecho, y su hermano, poco mayor que ella, a través de Finlandia y Gran Bretaña de regreso a Francia. Diez años después murió su padre, dejando a la viuda y sus cuatro hijos ante un futuro difícil e incierto. Annette vivió un tiempo en Turquía con su abuelo, al que adoraba. Durante años conservó una alfombra turca, aunque cada vez más deshilachada, porque fue un legado que este le dejó.

Con veinticinco años vivía en Toulouse y estudiaba filosofía, química y biología, cuando empezó a colaborar con la Resistencia contra la ocupación alemana. Su hija recuerda que de vez en cuando explicaba cómo llevaba documentos en bicicleta entre las células de resistentes, cómo arrancaba clandestinamente comunicados alemanes y cómo procuraba entrar en calor cuando escaseaban el combustible y los víveres bebiendo té con mantequilla. Después de la guerra, Annette trabajó en Alemania ayudando a repatriar a niños franceses enviados a campos de concentración. Hasta 1946 no pudo regresar a París y retomar sus estudios.

Para entonces se había centrado en la Prehistoria, y en 1948 emprendió en la Sorbona la larga y farragosa labor que llevaría a *La signification*. Se mantenía gracias a su trabajo para el Musée de l'Homme de París, y a sus servicios como miembro de los equipos arqueológicos que el Centre National de la Recherche Scientifique enviaba a yacimientos de Francia, Inglaterra y Suiza. En una de esas excavaciones conoció a un joven etnógrafo y antropólogo, José Emperaire, con quien contrajo matrimonio en 1953, aunque su relación había empezado varios años antes.

José acababa de regresar a Francia tras pasar veintidós meses entre los alakalufes, una tribu que vivía aún según sus costumbres tradicionales en la remota isla Wellington, en el Estrecho de Magallanes. Estaba planeando llevar a cabo una larga expedición arqueológica a la Patagonia chilena, así como embarcarse en un libro sobre su temporada con los alakalufes. Partió a Sudamérica en agosto de 1951. Annette lo siguió unos meses más tarde; tuvo que ser poco después de recibir el manuscrito de «Iconografía del arte cuaternario» de Max Raphael. José y Annette no volvieron a París hasta octubre de 1953. A partir de entonces, Annette pasaba cerca de la mitad del año en Sudamérica, a veces en la Patagonia, pero a menudo en Brasil, y el resto del año daba clases en París, en lo que hoy es la École des Hautes Études en Sciences Sociales, durante este periodo de excepcional fertilidad en el ámbito de la antropología y la arqueología francesas. Su hija Laure Emperaire, botánica, trabaja en otra institución, pero ha heredado el patrón de vida de Annette y divide su tiempo entre París y Brasil.

En junio de 1957, Laming-Emperaire defendió con éxito su tesis en la Sorbona y empezó a prepararla para su publicación en forma de *La signification*. Sin embargo, la tragedia entró entonces en su vida. En diciembre de 1958, Annete y José Emperaire estaban en la Patagonia emprendiendo una importante excavación cuando José murió asfixiado al hundirse la zanja en la que estaba trabajando y quedar sepultado bajo los escombros.

Annette acababa de cumplir cuarenta y un años, y después de la muerte de su esposo se sumergió aún más fervientemente en su trabajo. Nunca volvió a casarse. La mayor parte de su trabajo posterior se desarrolló en Brasil, mientras trataba de descubrir y comprender las series de migraciones procedentes del norte que poblaron Sudamérica. En comparación, su interés en el arte paleolítico parece que decayó. Más adelante publicó solamente algunos artículos menores y breves reseñas bibliográficas en este terreno. Quizá su trabajo en Sudamérica le resultaba tan absorbente porque le permitía, en cierto sentido, compartir todavía una vida con su esposo. Sin embargo, el trabajo sobre las cuevas que hizo en la década de 1950, que culminó con la publicación de *La signification de l'art rupestre paléolithique* en 1962, la convirtió en la figura central de la historia del estudio de este arte. Todo lo que la precedió lleva directamente hasta ella; lo que vino después procede directamente de ella. Por desgracia, también murió en un accidente, a causa de un escape de gas mientras dormía en casa de unos amigos en Brasil, en el año 1977.

Aunque durante su vida su talento siempre resultó evidente, su extraordinaria originalidad da la impresión de haber surgido de repente, como una llamarada. *La signification* resultó ser esa *rara avis*, una tesis doctoral que cambia toda una disciplina, que es exactamente lo que ella pretendía. Dedica las primeras sesenta páginas a la historia del descubrimiento del arte paleolítico y a los métodos para datarlo. Las noventa páginas siguientes son una historia de las teorías acerca del sentido del arte. En los capítulos sucesivos, echa por tierra las explicaciones comúnmente aceptadas de los rituales mágicos de cacería, de fertilidad y el totemismo. Después, ofrece una descripción detallada y crítica del trabajo de Henri Breuil. Este trabajo pasa por alto el corpus completo dedicado a explicar el arte rupestre; sesenta años de esfuerzos constantes por parte de muchas mentes brillantes.

Para Laming-Emperaire toda la investigación anterior —sin excepción— adolecía de un gravísimo problema, pues dependía de la etnografía. Max Raphael pensaba que utilizar la etnografía para explicar las pinturas rupestres era un error, porque las sociedades paleolíticas estaban sometidas a un «proceso de transformación continuo», en tanto que las sociedades de la Edad de Piedra contemporáneas se hallaban «estancadas». El razonamiento de Laming-Emperaire es menos romántico, pero más convincente. Incluso llega a admitir que existen dos circunstancias en las que las comparaciones etnográficas son legítimas. La primera es el comienzo de la investigación, a fin de orientar las ideas o crear hipótesis. La segunda es cuando nos hallamos ante una característica universal, común a todas las sociedades «primitivas» que se conocen. En ese caso, «todo el mundo reconoce que es legítimo atribuirla por igual a los tiempos prehistóricos». Sin embargo, existen pocas características universales. La práctica de rituales mágicos favorecedores es una de ellas. También lo es la creencia en hombres-bestias o animales fantásticos, y la existencia de una mitología elaborada. Por consiguiente, se puede suponer sin temor a equivocarse que todas ellas estaban presentes también durante el Paleolítico. Existen otras características universalmente compartidas, pero la lista se acota enseguida.

Laming-Emperaire pensaba que, salvo en estos escasos ejemplos, las comparaciones con los actuales pueblos de la «Edad de Piedra» llevan a engañosas confusiones. Afirmaba que los investigadores «atribuyen hechos indiscriminadamente a algunas sociedades que, por su estructura social, religiosa o económica, pueden ser del todo distintas de las sociedades prehistóricas —sobre las cuales apenas sabemos nada, en cualquier caso— y que con frecuencia varían mucho entre sí». Uno de los mayores infractores era Breuil: «A fin de explicar la presencia de individuos con máscaras en el arte paleolítico, el abate Breuil invoca cuando corresponde a los paleo-siberianos, los esquimales, los indios de América del Norte y del Sur, los bosquimanos de Sudáfrica y a las tribus australianas». Sin embargo, las figuras enmascaradas que existen en esas sociedades no en todos los casos representan lo mismo. Las máscaras son de caza entre los bosquimanos; se empleaban en danzas sagradas entre los indios americanos, y en representación de dioses y ancestros míticos entre las tribus australianas. Los pueblos paleolíticos tal vez utilizaran máscaras para cualquiera de estos propósitos o por razones del todo distintas. La comparación no demuestra nada en absoluto.

Y, por añadidura, estas comparaciones tienden a ser completamente arbitrarias. Un investigador encuentra un artefacto, un signo o un símbolo que sale a la luz durante la excavación. Crea una hipótesis para explicarlo y entonces hojea monografías de etnografía. «Y —escribe Laming-Emperaire— la riqueza de la invención humana es tal que por lo general uno halla el modo de respaldar sus ideas». O a veces el proceso opera a la inversa. El investigador encuentra una hipótesis en la etnografía y después vuelve a las excavaciones en busca de restos que la corroboren. De una u otra manera, un símbolo o una figura prehistórica pueden significar cualquier cosa que uno desee.

A pesar de la certeza férrea de su razonamiento, Laming-Emperaire debió de llegar a esa conclusión con cierta reticencia. Sabía que sin las comparaciones que se extraen de la etnología, el estado de la investigación en el campo de la

Prehistoria empezaría a parecer inhóspito. Consideraba que se dividía este en dos escuelas. Una consistía en recopilar artefactos y luego dividirlos y subdividirlos en una enumeración exacta y objetiva de lugares, fechas, tamaños y formas. Este trabajo establecía una plantilla donde poder colocar en orden los artefactos en el futuro. «Para algunos —afirmaba—, en la práctica, por no decir también en la teoría, el ámbito de la Prehistoria acaba ahí».

Los investigadores que emplean la segunda metodología empiezan con este orden cronológico y geográfico, pero tratan de arrancarle un pasado fértil, lleno de vida. Pretenden crear una «imagen compleja del hombre prehistórico, incluyendo su apariencia física, del mundo en el que vivía, su hábitat, sus habilidades y sus creencias». Este método llevado al extremo va más allá de la ciencia y en cambio crea una ficción situada en la Prehistoria.

Laming-Emperaire consideraba que la investigación de la Prehistoria oscilaba entre ambos polos: «El rigor esclerótico por un lado, una recreación vívida pero poco fiable en el otro». Su propósito durante lo que resta de *La signification* radicaba en mostrar un camino audaz que evitara ambos extremos.

Para empezar, ella creía que los estudiosos de las pinturas habían ambicionado en exceso buscar explicaciones fuera del ámbito de la arqueología —esto es, en la etnografía— antes de haber agotado todas las posibilidades que ofrecía esta disciplina. El estudio arqueológico de un objeto, por ejemplo una hoja de sílex, se centra en tres características: la forma en que se hizo, los indicios de uso que exhibe, y la localización en la que fue encontrado. ¿Por qué, se pregunta, no se estudian las pinturas y los grabados del mismo modo? A fin de cuentas, se trata también de artefactos arqueológicos.

Sin embargo, advierte, solamente una de las tres características arqueológicas resulta de veras útil para arrojar luz al significado del arte rupestre. El modo en que se hicieron las pinturas —o sea, qué herramientas se utilizaron, qué minerales componen los pigmentos, etcétera— puede ser interesante, pero dice poco acerca del sentido que encierran, pues este es independiente de los útiles y materiales que los artistas emplearon. Buscar indicios de uso tampoco resulta especialmente útil, puesto que las pinturas casi nunca dejan ver señales de ese tipo; lo cual en sí mismo es ya significativo, añade. Si el arte realmente hubiera servido para fines rituales relacionados con la caza, probablemente habría indicios de haber sido punzados con lanzas, o algo similar. Por otro lado, además, la escasez generalizada de restos en las cuevas demuestra que no se utilizaban con mucha frecuencia y que cualesquiera ceremonias o acontecimientos que tuvieran lugar en ellas eran excepcionales.

En cambio, el tercer centro de atención de la arqueología —el lugar en el que se hallan los trabajos artísticos— es de suprema importancia para tratar de columbrar lo que el arte rupestre significaba. Un hombre prehistórico podría haber dejado caer por accidente una hoja de sílex lejos del lugar en el que fue fabricada o utilizada. O el agua o incluso los roedores podrían haberla llevado por azar a una localización que no guardara relación alguna con ella. Esa clase de desplazamientos ocurre con frecuencia y hace que la identificación y la datación sean engañosas o imposibles. En cambio, podemos estar seguros de que el arte de las cuevas permanece exactamente donde los artistas paleolíticos decidieron ubicarlo. Y, dice Annette Laming-Emperaire, es la posición de las pinturas en partes remotas de la cueva, más que lo que muestran normalmente las propias pinturas, lo que sugiere su importancia mágica o religiosa. Además —y es aquí cuando advertimos el eco con Max Raphael—, para tratar de comprender el significado de este arte no solo es importante su situación en la cueva: lo es también la disposición de las figuras unas respecto a otras. El modo en que está compuesto el grupo, las superposiciones, la manera en que un tipo de animal está situado cerca o encima de otro, la frecuencia en la que esto ocurre, y el modo en que los signos están colocados cerca de los animales: todo esto puede llevar hacia la verdadera comprensión.

A continuación muestra cómo este método de análisis arqueológico, sin recurrir a la etnología, podría aplicarse a Lascaux. En la práctica, lo que hizo fue trazar diagramas de las paredes de la cueva utilizando símbolos que inventó y que parecen flechas con una diversidad de puntas diferentes. Los símbolos indicaban tanto las especies representadas como la dirección a la que miraban. Estudiando los diagramas, empezó a ver qué animales aparecían agrupados repetidamente y dónde se situaban los grupos en la cueva. Su aportación más espectacular fue la de advertir los diversos paralelismos que hay entre dos de las pinturas de Lascaux: la escena de la vaca cayendo en la galería axial y la gran vaca negra de la nave. «El motivo central —escribe— es el mismo: un gran bóvido negro que avanza hacia el fondo de la cueva. En uno de los paneles el animal parece saltar hacia un signo de celosía; en el otro, sus dos patas traseras y la cola están enredadas en tres signos similares. Un bóvido está rodeado por unos diecisiete caballos pintados, el otro por veinte aproximadamente, tanto pintados como grabados, y algunos de ellos por completo ocultos tras la figura». La comparación sigue adelante. El inventario minucioso de cada escena ha abierto la posibilidad no solo de que estas dos pinturas sean composiciones deliberadas de muchos animales, sino que también podrían ser composiciones deliberadas de la misma escena. Si aparecen escenas similares en otras cuevas, prosigue, con estereotipos que siempre guardan la misma relación unos respecto de otros, «estaríamos al parecer ante las historias más antiguas relatadas por seres humanos que han llegado hasta nosotros». Y esta fascinante conclusión sería válida porque se derivaría completamente de la arqueología, no de la etnografía. La escena de Lascaux y otras cuevas en la que un hombre es amenazado por un bisonte representaría otra de esas historias de tiempos remotos.

También percibió que ciertos animales iban frecuentemente en pareja, y que estos emparejamientos eran de enorme trascendencia para llegar a un profundo entendimiento del arte rupestre que se basara en procedimientos científicos legítimos. Incluso su inspección de Lascaux, escueta e insuficiente, nos había permitido «avanzar a partir de la noción de un arte paleolítico con fines mágicos a la de un arte más complejo y rico, preñado de un nuevo significado». Aunque no lo menciona en este caso, esto constituye un ataque directo a Breuil y al mundo en el que unos cazadores simples confiaban en que sus pinturas obraran magia sobre sus presas, tal como él y sus coetáneos habían imaginado. Esta audaz recién licenciada está diciendo que ha llegado la hora de abandonar las ideas y los métodos del pasado y avanzar con la actitud que ella misma prescribe hacia el futuro.

Y, en términos generales, eso es exactamente lo que ocurrió. Los objetivos y las expectativas son muy distintos, y las técnicas, sobre todo las que emplean los gráficos informáticos, más sofisticadas; pero el tipo de inventarios minuciosos y comparaciones como las que ella propuso por vez primera están todavía en el centro del estudio del arte paleolítico. Incluso sus mapas llenos de flechas curiosas, simbólicas de cada animal, han perdurado en forma de dibujos computerizados fáciles de manipular.

Más importante aún es el hecho de que fue ella quien convenció al mundo académico posterior de que el arte paleolítico no era «primitivo», ni tampoco había sido creado por gente «primitiva». Al igual que Max Raphael, Laming-Emperaire pensaba que los pintores de las cavernas vivieron en una civilización desarrollada, con una larga historia y una rica mitología, que prosperó a partir de sus indagaciones y sus reflexiones acerca del significado del mundo que los rodeaba:

Aún es demasiado pronto para determinar el significado de estos motivos [de las pinturas y los grabados]. Podría ser mítico y recrear por ejemplo el origen y la historia de cierto grupo humano a partir de una correspondencia con las especies animales; podrían ser la materialización de una metafísica antiquísima y expresar un sistema de existencia en el que cada especie, animal o humana, tuviera su papel, y donde la división sexual entre los seres desempeñara un rol primordial; podría ser religioso y llevar a escena seres sobrenaturales. Podría ser todo eso al mismo tiempo —mítico, metafísico y religioso—, sin que las distinciones que nosotros introducimos entre estos distintos modos de pensar posean gran relevancia, y todos sean aplicables a los albores del pensamiento humano.

Así pues, este fue el legado que nos dejó y el gran desafío que planteó a la arqueología. «Merecerá cualquier esfuerzo que sea necesario —es la última frase de *La signification*— desentrañar los secretos de este primer Tratado sobre la Naturaleza».

No podemos dejar a Laming-Emperaire sin comentar ciertas páginas de *La signification* que solo pueden tildarse de peculiares. Contienen su respuesta a las treinta y una páginas mecanografiadas que recibió de Max Raphael. En ellas, Raphael ampliaba su teoría de que los animales de las pinturas representan los tótems de varios clanes. Laming-Emperaire dedica un capítulo entero a desacreditar la explicación del totemismo, considerándolo, al igual que los rituales mágicos de caza, una teoría superficial con escaso fundamento. Sin embargo, no puede evitar sentirse impresionada por la observación de Raphael de que en muchas cuevas se da el predominio de una especie. Algunas de esas cuevas contienen pinturas de animales de ambos sexos, mientras que en otras hay uno solo. Y, por exasperante que resulte, el totemismo ofrece una explicación práctica de este fenómeno.

Según las notas que Raphael le envió, la especie dominante de una cueva sería el tótem de un clan. Las cuevas que representaban un solo sexo de una especie dominante eran lugares que el clan utilizaba para la iniciación. En las cuevas con ambos sexos para una especie, o varias, las pinturas reflejan la historia simbólica de los clanes. Las superposiciones de un animal encima de otro, que previamente se suponían accidentales, mostrarían por el contrario la victoria de un clan sobre otro. El clan conquistador, tras asegurarse la posesión de la cueva, con toda intención dibujaba su animal tótem sobre las pinturas existentes del clan derrotado.

En Lascaux, por ejemplo, la superposición de grandes toros y vacas sobre una serie de caballos más pequeños en la sala de los toros, justo al adentrarse en la cueva, significa la victoria del ganado salvaje sobre el clan del caballo. La vaca que cae o la gran vaca negra, que en ambos casos ocultan algunos de los caballos que las rodean, podrían conmemorar esa misma victoria. Siempre fue un problema para la tesis de los rituales mágicos de caza el hecho de que tan solo un cinco o un diez por ciento de las figuras mostraran heridas, lanzas o flechas clavadas. En cambio, la teoría de los tótems permite que las heridas y las armas se expliquen a modo de representación de las batallas entre clanes.

Laming-Emperaire, en un primer momento, responde con frases como: «Es difícil seguir a Raphael hasta estas conclusiones»; «se adopta la tesis del totemismo sin verdaderas evidencias»; «de manera parecida, la hipótesis del significado histórico de las representaciones se adopta sin discusión previa». Sin embargo, continúa, hay algo más a tomar en consideración. En el manuscrito de Raphael pueden hallarse «algunas críticas pertinentes a las interpretaciones clásicas del arte rupestre». ¿Qué hay del hecho, que «nadie hasta ahora parece haber advertido», de que en muchas cuevas haya una especie dominante? «He aquí un hecho en contradicción con las teorías de la magia y que exige ser explicado. ¿Por qué hay unas cuevas con mamuts, algunas con caballos u otras con bisontes? La cuestión sigue abierta». La explicación de Raphael es, por supuesto, que se tratan de tótems que se corresponden con distintos clanes. Sin embargo ella insiste en que «esta interpretación es probablemente dudosa».

¿Por qué se muestra tan prudente e incómoda? En parte debe de ser porque corría el año 1962. Raphael había publicado su obra en 1945, ella había estado en posesión de sus notas desde 1951 —más de diez años— y ahora la idea fundamental de su libro, es decir, entender el arte rupestre en composiciones completas, resultaba embarazosamente próxima a la idea central de la obra de Raphael. No obstante, su incomodidad podría nacer también del hecho de que la teoría del totemismo no puede desecharse con la misma facilidad o certeza que la de los rituales mágicos de caza. Cerca del final de *La signification,* mientras Laming-Emperaire sopesa distintas direcciones posibles de la investigación en el futuro, vuelve de nuevo sobre las percepciones de Raphael, aunque en esta ocasión sin atribuírselas:

> ¿Había acaso una cueva de los toros y una cueva de los mamuts, además de una cueva de las hembras de gamo y otra de las yeguas? No es imposible. En ese caso, será necesario estudiar la correspondencia que pone en relación al animal dominante con las otras figuras. También habrá que advertir, y quizá interpretar, la ausencia total de ciertos animales en ciertas cuevas. Por ejemplo, ¿por qué no hay mamuts ni renos en Lascaux?

El totemismo, claro está, explicaría estos hechos sin problemas; sin problemas, sí, pero no de manera científica, puesto que Raphael no ofreció pruebas que respaldaran su creencia en el totemismo o la existencia de clanes. Y el gran objetivo y logro de *La signification* consistió en promover un método para descubrir el significado del arte rupestre que fuera científicamente legítimo en los términos más estrictos. Laming-Emperaire se quedó preocupada, intrigada y perpleja ante las observaciones de Max Raphael, pero sus explicaciones no tenían cabida en el sistema que ella había creado. De hecho, las ideas del pensador alemán eran la antítesis de ese sistema. Raphael era, a fin de cuentas, un historiador del arte. Ni su hija ni su hermana recuerdan haber oído a Annette mencionar siquiera su nombre.

VII. La cueva en forma de tridente. Emparejamiento, no apareamiento

El director de tesis de Annette Laming-Emperaire, la persona que asoma por detrás de *La signification* de principio a fin, fue un hombre llamado André Leroi-Gourhan, solo seis años mayor que ella. Indiscutiblemente se trataba de un genio, y su trabajo lo convirtió en una figura de la Prehistoria de la talla de Breuil, que sentía una profunda animadversión hacia él. Leroi-Gourhan dominó la arqueología y la antropología francesa de posguerra del mismo modo que Jean-Paul Sartre fue la figura predominante de la filosofía.

Sin embargo, dado que Laming-Emperaire fue alumna suya y puesto que las teorías que Leroi-Gourhan desarrolló en sus voluminosas publicaciones guardan similitudes con las de esta —algunos dirían que son idénticas—, siempre ha existido un trasfondo de oscuros rumores académicos sobre si Leroi-Gourhan saqueó las ideas de su alumna para reivindicarlas como propias.

Esta es la clase de enfrentamiento furibundo, divisivo, que encuentran irresistible los académicos franceses[1]. Las acusaciones se han repetido con tanta frecuencia que el supuesto latrocinio de Leroi-Gourhan acabó por considerarse hasta hace poco una verdad incontrovertible en ciertos círculos. Sin embargo, para saber qué ocurrió realmente basta con observar lo que las dos partes implicadas, Leroi-Gourhan y Laming-Emperaire, dijeron en su momento. El momento decisivo para Leroi-Gourhan tuvo lugar en 1957, cuando entró en la cueva de Le Portel[2], en las estribaciones de los Pirineos, justo al noroeste de Foix. Durante diez años había estado pensando en escribir un libro sobre arte prehistórico. Había visitado varias cuevas de tanto en tanto, pero ahora, «tras haber asimilado la literatura disponible» —como con

1. Françoise Audouze trabajó con Leroi-Gourhan, colaboró con él en diversos artículos y editó un libro en su honor. Aun así, en 2002 escribió en el *Journal of Archaeological Research:* «Hacer mención de las innovaciones o el mérito de las ideas de otros prehistoriadores no era una de las cualidades de Leroi-Gourhan. Las referencias bibliográficas son mínimas y nunca admitió su deuda con [...] Laming-Emperaire o Raphael». Debería de haber sabido que no era así. No expresó su agradecimiento hacia Raphael, es cierto, pero sí lo expresó sobradamente hacia Laming-Emperaire. En el transcurso de mi investigación, oí como si de una verdad solemne se tratara que Laming-Emperaire concentró su trabajo en Brasil porque Leroi-Gourhan había utilizado sus ideas con el propósito de ser una figura tan predominante en el campo de la Prehistoria que no quedara espacio alguno para ella. Esto pasa por alto el hecho de que lo que la llevó a Brasil mucho antes de que se publicara *La signification* fue trabajar al lado de su esposo. Además, una fotografía de principios de la década de 1970 la muestra trabajando diligentemente en cuevas junto a Leroi-Gourhan, de manera que mantuvieron algún tipo de relación incluso cerca del final de su vida. Aun así, había algo entre ellos, cierto resentimiento que perduró en su familia y que el tiempo no ha logrado aliviar. Cuando le pregunté a Laure Emperaire qué pensaba su madre de Leroi-Gourhan, rehusó hablar del asunto.
2. A. Leroi-Gourhan (1967).

toda calma describía lo que para muchos representaría años de esfuerzo— había empezado a trabajar de firme. Su propósito original consistía simplemente en elaborar el texto para un libro de fotografías que ilustrara la historia del arte prehistórico europeo, aunque pretendía que sus escritos abrieran nuevos horizontes. Creía que el trabajo de Breuil, sin duda brillante, había dejado una laguna. El abate, al describir una cueva, solía construir una cronología de las obras de esa cueva en concreto, pero no había logrado crear una síntesis sistemática que incluyera todo el arte conocido. Eso es lo que Leroi-Gourhan pretendía hacer en un principio.

En Lascaux y Altamira, así como en otras cuevas que visitó, había esperado ver el caos, con obras desperdigadas aquí y allá según las generaciones sucesivas de cazadores habían ido llegando, realizando sus pinturas y marchándose. Pensaba que tendría que calcular la datación de las sucesivas oleadas de pobladores. Por el contrario, le sorprendió la unidad en el interior de las cuevas. Su interés en los problemas de datación se desvaneció rápidamente, sustituido por una fascinación por la cueva como un todo.

Ese era su estado de ánimo cuando entró en Le Portel. Esta cueva está situada cerca de un paso de montaña. Tiene forma de tridente, con la entrada actual al final de un túnel largo y estrecho que formaría el mango. En el punto en que los tres dientes se encuentran con el mango, hay una amplia sala en la cual probablemente se localizaba la entrada prehistórica, aunque ahora está condenada por un desprendimiento de rocas. Las pinturas de Le Portel se hallan bien conservadas en líneas generales, pero fue su disposición lo que dejó en Leroi-Gourhan una impresión más honda. Una y otra vez, dos especies distintas aparecían agrupadas, en particular bisontes y caballos. En la entrada original había un bisonte y un caballo. Había un bisonte y un caballo en la amplia sala de la base de los tres dientes. Uno de los dientes contenía ocho bisontes y un caballo; el segundo, prácticamente la imagen especular de esta distribución: nueve caballos y un bisonte. Breuil había elaborado un estudio pormenorizado de Le Portel, y Leroi-Gourhan llevó a cabo su propio diagrama exacto mientras estaba en la cueva. Al estudiar ambos análisis, sus impresiones empezaron a cristalizar en que había cierta clase de orden en la disposición de las figuras.

En la misma época en que Leroi-Gourhan estaba visitando Le Portel y cavilando sobre ella, en calidad de profesor de etnología de la Sorbona, dirigía también a Annette Laming-Emperaire y su trabajo en *La signification*. Y, como hemos visto, su tesis era que la disposición de las figuras en una cueva es la clave del significado del arte prehistórico. Laming-Emperaire defendió su trabajo en 1957, el mismo año que Leroi-Gourhan visitó Le Portel. Puesto que era su director de tesis, habría estado al corriente de sus ideas hasta el último detalle. Apenas unos meses después, en 1958, Leroi-Gourhan publicó tres artículos en un único número del *Bulletin de la Société Préhistorique Française*. Se titulaban «La función de los signos en los santuarios paleolíticos», «El simbolismo de los signos grandes en el arte mural paleolítico» y «La distribución y agrupación de animales en el arte mural paleolítico». Estos trabajos contenían los elementos esenciales de sus teorías, que eran muy próximos a las ideas que Laming-Emperaire acababa de expresar al defender su tesis. La obra de ella, *La signification,* apareció en 1962. La de Leroi-Gourhan, *Préhistoire de l'art occidental* [Prehistoria del arte occidental], que contenía la elaboración completa de sus ideas, le siguió en 1965. En cada uno de los casos, el trabajo de la alumna antecedió al del profesor, y el pernicioso rumor antes mencionado se fundamenta en la afirmación de que Leroi-Gourhan nunca reconoció este hecho indisputable.

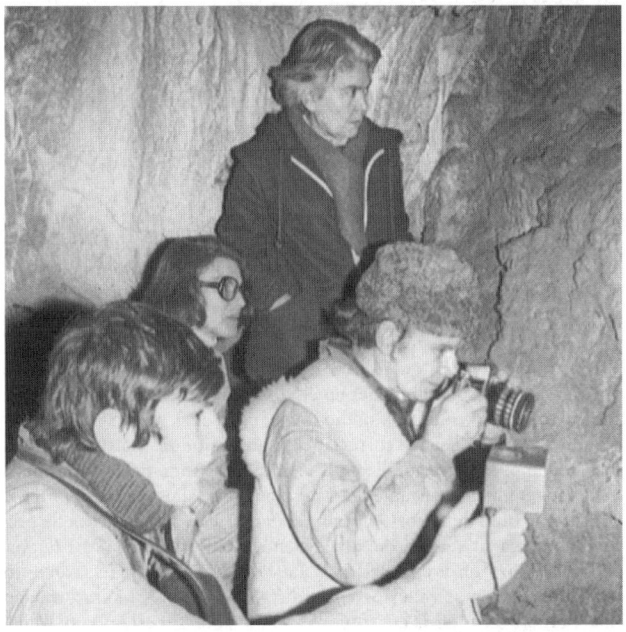

Annette Laming-Emperaire (de pie) trabajando con André Leroi-Gourhan (de rodillas, con la cámara) en 1975. La teoría que hoy en día prevalece es que estaban enemistados, pero aquí parecen trabajar juntos de buen grado.

Sin embargo, lo hizo[3]. He aquí un solo ejemplo. En *Treasures of Prehistoric Art* [Tesoros del arte prehistórico] comienza

3. Y ambos reconocieron los méritos del otro una y otra vez. Ella había iniciado su tesis con otro director. Según el prefacio de *La significa-*

un capítulo titulado «Agrupaciones de especies animales» haciendo hincapié en la deuda que tenía para con Laming-Emperaire: «Las agrupaciones de figuras animales de distintas especies es sin duda uno de los rasgos más característicos del arte paleolítico; un rasgo que pasó completamente desapercibido hasta que la señorita Laming-Emperaire publicó su obra». Difícilmente podría hacerse un reconocimiento más directo que este a su aportación. (En las notas se trata con más detalle la relación entre ambos).

tion, cuando empezó a orientarla Leroi-Gourhan, este estaba ya «trabajando en esa época en una obra monumental sobre la evolución del arte paleolítico». Y no da muestras de resentimiento alguno por la influencia que ejerció sobre ella o por el papel que desempeñó en su carrera y el desarrollo de sus ideas. Por el contrario, no tiene más que elogiosas alabanzas para él. Asegura que fue un periodo productivo, «una época de colaboración en la que André Leroi-Gourhan, con la simplicidad y cordialidad que son habituales en él, discutía punto por punto los diferentes aspectos de nuestro estudio [o sea, el de ella], aportando a la discusión sus sugerencias y correcciones, un periodo constructivo en el que teníamos la sensación de estar viendo un mundo paleolítico nuevo y más coherente renacer ante nuestros ojos». Tres años después, en 1965, apareció la obra de Leroi-Gourhan, *Préhistoire de l'art occidental.* Su prólogo contenía su versión de los encuentros entre ambos: «Mis nuevas ideas cristalizaron y en relación a Le Portel [...] Me parecía que un verdadero orden se reflejaba en la disposición de las figuras, si bien cuál pudiera ser todavía era confuso en mi mente. En este punto, Mme. Laming-Emperaire y yo nos dimos cuenta de que nos hallábamos en gran medida en la misma senda. Tras un intercambio de ideas, decidimos no influenciarnos uno al otro, sino llevar a cabo nuestras investigaciones por separado para mejor comparar nuestros hallazgos finales, cuando menos hasta que ella completara *La signification de l'art rupestre paléolithique,* el libro que por entonces estaba todavía escribiendo. Cuando finalmente comparamos las notas, advertimos que, si bien ambos nos habíamos «apartado del camino», por lo menos lo habíamos hecho en la misma dirección». Estas dos versiones son del todo compatibles y en ambos casos hablan de una relación especialmente afectuosa y productiva.

«Toda teoría —dijo André Leroi-Gourhan— es un fragmento de un autorretrato»[4]. Esta declaración es más reveladora de lo que pudiera parecer a primera vista, puesto que Leroi-Gourhan se opuso durante toda su vida a las teorías. Tal vez este rechazo naciera en parte de su renuencia, célebre entre sus devotos estudiantes, a dejarse ver exponiendo siquiera un pequeño fragmento de sí mismo. Un estudiante recuerda que «era extremadamente reservado, deliberadamente silencioso. Y cuando hablaba, era casi siempre acerca de asuntos sin gran importancia, más que de las cosas que de veras guardaba en su corazón». Con frecuencia comentaba rarezas de zoología o botánica, materias que le gustaban especialmente. Era sumamente entretenido, aunque también se trataba de una cortina de humo verbal.

Hablaba con parsimonia y en voz baja, y era tan tímido que solía esquivar a sus colegas. A pesar de ello, como profesor resultaba tan carismático que los alumnos lo adoraban. «Escuchándolo —recordaba uno— quedabas atrapado en una estimulante aventura intelectual». «Arqueólogo del polvo» orgulloso de serlo, pasaba varios meses al año en yacimientos. Por la mañana proponía ideas e hipótesis nuevas acerca del trabajo y de lo que iban encontrando, que cualquiera podía comentar o intentar refutar. Por la noche, los estudiantes podían sentarse a cenar con él, en una muestra de igualitarismo raro en la vida académica francesa del momento. Una vez que los estudiantes lo descubrían, permanecían con él. En 1964, una operación en una cantera sacó a la luz

---

4. Los detalles de la vida de Leroi-Gourhan proceden de A. Leroi-Gourhan (1982), Cohen (1984), Delport (1987), Coudart (1999a), Bahn y Vertut (1999) y Audouze (2002).

un yacimiento de la Edad de Piedra al aire libre, que más tarde se denominó Pincevent, no lejos de París. El yacimiento hubiera sido destruido sin dilación de no haber sido porque Leroi-Gourhan, venciendo por una vez su timidez, congregó a sus alumnos. Más de cincuenta de ellos dejaron lo que estaban haciendo para unirse a él en Pincevent y emprender la excavación del yacimiento. Esto creó tal sensación que al cabo de cuatro meses el ministro de Cultura, André Malraux, compró los terrenos para el Estado.

Tanto los orígenes de Leroi-Gourhan como su personalidad hicieron de él un inconformista desde la cuna, y a medida que transcurría su vida al parecer decidió seguir siendo un inconformista. Esta decisión perjudicó su carrera, a pesar de que no se notara mucho en Francia, donde alcanzó todos los puestos de prestigio y los honores con los que cualquiera podría soñar. Sus obras relevantes están ampliamente traducidas a varias lenguas europeas, y también al japonés. Sin embargo, salvo *Treasures of Prehistoric Art,* muy poco se tradujo al inglés, que cada vez se imponía más como la lengua común en el terreno de la arqueología y la antropología. En consecuencia, es poco menos que desconocido en el mundo angloparlante, incluso ahora, y su influencia en la arqueología norteamericana, inglesa y australiana ha sido insignificante hasta hace muy poco.

Nació en 1911 en París y perdió a sus padres en la Primera Guerra Mundial. Sus abuelos maternos criaron a André y a su hermano menor. Muy pronto adoptó su apellido, Gourhan, como parte del suyo propio. Adoraba las excursiones al Museo de Historia Natural en compañía de su abuela; en cambio, la escuela le dejaba indiferente, y la abandonó a los catorce años, cuado su abuelo decidió que había llegado la hora de ganarse la vida. Primero vendió sombreros y medias de señora, y después trabajó en una librería. Leía por su cuenta, asistía a conferencias sobre antropología en la Sorbona y por alguna razón atrajo la atención de una afable bibliotecaria, que lo tomó como su protegido y lo orientó sobre los libros que debía leer, en especial *Les hommes fossiles* [Los hombres fosilizados], de Marcellin Boule, una obra de enorme influencia en su día, firmada por quien entonces era el arqueólogo más eminente de Francia. En 1928, cuando Leroi-Gourhan contaba solo diecisiete años, esta bibliotecaria, cuyo nombre por desgracia se ha perdido, le presentó también al director de la Escuela de Lenguas Orientales. Aquel adolescente precoz se convirtió en su secretario y empezó a hacer algunos cursos en el centro. Cuando cumplió veinte años había obtenido ya un título en ruso. Tres años después recibió un segundo título en chino, y empezó a trabajar en una tesis doctoral sobre mitología de Siberia.

En 1936, con veinticinco años, se casó con Arlette Royer, que se convertiría también en una arqueóloga de renombre. Inmediatamente después partieron para Japón, donde pasaron tres años, estudiando en Kioto parte del tiempo y el resto viviendo entre tribus autóctonas remotas. Viajó también por Asia, en especial por China.

Cuando la guerra obligó a la pareja a regresar a Francia, Leroi-Gourhan se retiró al sur, a los Pirineos, donde contempló la idea de comprar una granja y dedicarse a la cría de caballos. La granja se convirtió en un sueño olvidado, pero nunca perdió su afinidad con los caballos. Era de corta estatura y complexión delgada y, aunque por lo general llevaba una vida apacible, poseía una intensidad que se hacía visible incluso a distancia. De cabello negro, grueso y abundante, ya lo llevaba rematado en el tupé peinado hacia atrás que mantendría el resto de su vida. A medida que la guerra avanzaba, se implicó en la Resistencia. Años después restaría importancia a sus hazañas, tratando sus encuentros con tropas alemanas como meras anécdotas cómicas. Sin embargo su inteligencia, su desconfianza innata y su porte discreto debieron de ser grandes aliados para la Resistencia. Su trabajo arriesgado y valioso mereció la Croix de Guerre y la insignia de la Legión de Honor.

Su temporada en Asia le sirvió para dar pábulo a su estudiada excentricidad. Tocaba una variedad de instrumentos musicales exóticos y los acompañaba cantando en ruso, chino o japonés. Llevaba sombreros curiosos de aldeas remotas de Oriente, que contrastaban con las camisas a cuadros y los pantalones de montar que solía enfundarse. En una excavación, podía llegar de buena mañana en medio de un gran estruendo a galope tendido sobre un caballo, mientras desde la silla tocaba una gaita. Como *hobby,* reparaba espinetas.

Sus obras publicadas son tan numerosas y diversas, y tan larga su carrera —murió en 1986, a la edad de setenta y cinco años— que no es fácil relatarlas con detalle. Los descubrimientos y las innovaciones tecnológicas aparecidos tras su muerte han dejado obsoleto parte de su trabajo. Parte del resto está, a lo sumo, anticuado. Creía, por ejemplo, que la evolución implicaba una mejora progresiva y que con el paso de los siglos se ascendía en la escala hacia el género humano, una creencia que mantiene las ideas que se solían aceptar en el siglo XIX. Sin embargo, además de su trabajo en las cuevas decoradas, dejó un legado significativo. Dos de sus ideas en particular merecen ser mencionadas sucintamente. Una es la *chaîne opératoire,* la menos melodiosa «cadena operativa»[5] en castellano. En cualquier lengua, no obstante, la idea detrás del nombre es de una simplicidad que desarma, si bien ha devenido una poderosa herramienta analítica. Leroi-Gourhan concibió la cadena operativa en la década de 1950, mientras observaba los experimentos de los prehistoriadores que trataban de recrear los métodos por los que los pobladores de la Edad de Piedra habían llevado a cabo sus diversos útiles a partir de pedazos de sílex sin pulir. Esta operación, en la cual pedazos cada vez más pequeños y finos se van desprendiendo de una piedra de gran tamaño, se denominó en un principio «cadena de reducción». Sin embargo, la idea de manufacturar por reducción, que servía para explicar la producción de útiles de piedra, no era aplicable a los demás tipos de fabricación en los que, como ocurre en cestería, cada paso del proceso implicaba añadir algo.

Leroi-Gourhan se dio cuenta de que ni la noción de reducción ni la de adición eran el aspecto central. Ambas eran un paso diferenciado en un proceso que se iniciaba con los materiales sin pulir y la inteligencia humana, y avanzaba a través de pasos cortos pero distintos hasta los resultados finales. Recrear la *chaîne opératoire,* que en la práctica no es más que introducir cada paso en una plantilla analítica, es un proceso tedioso que, al igual que elaborar el farragoso inventario de las pinturas de una cueva, puede dar lugar a grandes descubrimientos y revelaciones.

Las leyes de la naturaleza imponen los pasos previos de la secuencia. Una punta de flecha no puede pesar cinco ki-

5. Audouze (2002), A. Leroi-Gourhan (1993).

logramos, de modo que un pedazo de roca próximo al tamaño apropiado debe ser cortado de uno más grande. Este paso, indicado por las propias leyes de la naturaleza, es el comienzo de toda punta de flecha de piedra. Pero a medida que las operaciones se suceden, cada una pasa a estar menos determinada por las leyes universales de la naturaleza y depende más de la elección de quien la fabrica. Estas elecciones vienen determinadas por la cultura, en primer lugar, y por último por el gusto personal. Esa es la razón de que puntas de flecha de tribus diferentes parezcan completamente distintas, aun cuando fueron fabricadas para desempeñar la misma función, y también es el motivo de que las puntas de flecha elaboradas por individuos distintos de la misma tribu puedan diferenciarse en detalles concretos.

Seguir la cadena desde el material sin pulir hacia afuera muestra exactamente el momento en el que las diferencias culturales empiezan a aparecer. Seguirla de fuera hacia adentro, sobre todo junto a un ingente número de gráficos de una diversidad de culturas, puede mostrar qué tienen en común en realidad herramientas y otros objetos manufacturados que parecen muy distintos. La cadena operativa ha sido una noción fundamental de la antropología y la arqueología francesas desde la década de 1960, y finalmente se extendió a Gran Bretaña y Estados Unidos en la década de 1990.

Leroi-Gourhan realizó otra contribución para la posteridad al rotar noventa grados el eje de una excavación arqueológica[6]. Hacía años que había advertido que esta rotación era necesaria, pero no pudo llevarla a cabo hasta su excava-

6. A. Leroi-Gourhan (1983, 1984), Michelson (1986).

ción en Pincevent, el yacimiento al aire libre próximo a París adonde lo siguieron más de cincuenta alumnos[7].

Breuil y sus contemporáneos cavaban hacia abajo en línea recta hoyos pequeños, aunque en ocasiones profundos, y anotaban los hallazgos de cada capa. Leroi-Gourhan pensó que estas excavaciones eran poco menos que inútiles. Creía, en cambio, que la excavación debería avanzar en horizontal, haciendo una serie de finos cortes por toda el área. Explicó su intención por analogía con un pastel que llevara varias capas de glaseado y un «Feliz cumpleaños» escrito con nata enterrado en alguna parte entre las capas. Lo ilustraba así:

> Si hacías un corte vertical, como todavía era la práctica extendida en aquella época, no podías leer nada en absoluto. Todo lo que veías eran trocitos de nata en la rebanada de pastel, nada más. Tienes que cortarlo en horizontal si quieres ver la inscripción. El terreno prehistórico es exactamente igual. Si quieres encontrar lo que los hombres tenían que decir, debes proceder capa a capa.

Del mismo modo que ocurrió con la cadena operativa, esta idea simple dio resultados profundos. Sacó a la luz todas las características de un yacimiento paleolítico: hogueras, los agujeros para los postes de las viviendas, huesos desechados, herramientas rotas. Estos elementos no están ahí por azar, sino por las innumerables decisiones que fueron tomando aquellas personas. Así pues, como dijo Leroi-Gourhan, «el mero hecho de tirar un objeto usado encierra un significado».

7. El análisis de los hallazgos en Pincevent procede de A. Leroi-Gourhan (1984).

Su trabajo en Pincevent se convirtió en el modelo europeo para excavar un yacimiento al aire libre. El equipo arqueológico realizaba su labor sobre tablones de madera aguantados por bloques de cemento, que creaban una cuadrícula colocada a unos treinta centímetros por encima del nivel arqueológico. A veces un solo metro cuadrado requería el trabajo de toda una semana de tres o cuatro estudiantes resistentes que yacían bocabajo sobre los tablones durante horas, retirando poco a poco la tierra de los restos hallados.

La excavación comenzó en 1964, pero transcurrirían veinte años antes de que Leroi-Gourhan publicara un informe completo de los descubrimientos de Pincevent. Tuvo la precaución de trazar la distinción entre los hechos arqueológicos y las conclusiones que extraía de ellos, pero su relato plasma la imagen más clara posible sobre la vida cotidiana de los pueblos que realizaron las pinturas rupestres.

Varias decenas de familias, tal vez un centenar de personas aproximadamente, llegaban año tras año a Pincevent como parte de un ciclo nómada, entre once y doce mil años atrás, justo antes de que desapareciese la práctica de pintar en las cuevas. Llegaban a finales de julio o principios de agosto, y se quedaban hasta que empezaba el invierno, viviendo en tiendas de diferentes clases. Algunas eran circulares, como los tipis, y contaban con un hogar circular en la entrada, orientada al noreste, de modo que la parte trasera de la tienda protegía de los vientos más fuertes. Unas cuantas tiendas tenían tres aberturas y tres hogueras. Las dos aberturas de los extremos daban al este, mientras que la única abertura del medio miraba al oeste. Esta distribución facilitaba la creación de un mayor espacio comunitario en el interior de la tienda. La gente comía alrededor del hogar y arrojaba los huesos al exterior. Estos huesos formaban un dibujo disperso en forma de abanico que comenzaba en la entrada y permanecieron allí en el suelo durante miles de años, hasta que los jóvenes arqueólogos que trabajaban con Leroi-Gourhan los hallaron.

Casi todos los huesos eran de reno, prácticamente el cien por cien. Los demás, muy pocos, pertenecían a liebres, caballos, mamuts y lobos. No hay huesos de bisonte, ganado salvaje, ciervo, corzo ni antílope, aunque estos animales se hallan en todas las excavaciones paleolíticas. ¿Por qué los pobladores de Pincevent no se alimentaban de ellos? Sigue siendo un misterio desconcertante.

Además del reno y los demás animales, los cazadores comían huevos (aparecieron cáscaras en un habitáculo), aves, pescado y diversas hojas, raíces, cereales, frutas, bulbos y setas. Probablemente también comían insectos. Arrastraban al reno vivo hasta el campamento, donde le daban muerte. A los caballos, en cambio, los mataban en el campo y solo llevaban al campamento la carne. A pesar de que abundaba la caza, los pobladores de Pincevent rompían todos los huesos para extraer los tuétanos, que seguramente comían casi crudos, igual que se hace hoy con una pierna de cordero asada. Es muy probable también que usaran otros huesos rotos para enriquecer el caldo que hacían calentando el agua con piedras que ponían al fuego.

Los hogares consistían en un hoyo circular o en forma de óvalo cavado en el suelo y bordeado de lajas de piedra, que el calor a veces rompía. Los trozos más grandes se empleaban para cubrir el hoyo, en tanto que los más pequeños se dejaban aparte. Los pobladores de Pincevent utilizaban omóplatos de reno para amontonar la ceniza.

Algunos de los hogares contenían tan solo restos de carbón de leña quemada. No había huesos ni otros despojos de cocina o comida, de modo que esas hogueras debían de haber pertenecido a un ahumadero o, por qué no, a un baño de vapor. Las tribus nativas de climas fríos, desde Finlandia a Canadá, vierten agua sobre piedras calientes en lugares cerrados a fin de crear vapor. Esta es una analogía etnológica, pero la universalidad de la práctica en regiones nórdicas hace que resulte convincente.

Los cazadores hacían también hogueras al aire libre, lejos de cualquier vivienda, formando un círculo de rocas sin hoyo alguno. Uno de esos hogares en llano era de tamaño considerable. Es de suponer que se empleara para calentar sílex, hueso, madera o corteza, a fin de poder trabajar los materiales con mayor facilidad. Otro hogar similar, de menor tamaño, estaba manchado de ocre rojizo. Esto sugiere que podía ser escenario de ciertos rituales, o, como Leroi-Gourhan escribe con mayor precisión: «Uno de estos hogares planos revela acciones que requerían esparcir ocre por el suelo». Sin embargo, a pesar de todas las claves que ofrecen los hogares acerca de la vida paleolítica, aún desconocemos cómo hacían fuego los cazadores.

Los cazadores llegaban a Pincevent con una serie de útiles de sílex pulido hechos con un pedernal foráneo. Esto significa que debían de detenerse en alguna parte para reponer sus útiles inmediatamente antes de llegar a Pincevent, como parte de su migración anual. Sin embargo, también hacían herramientas en Pincevent con el pedernal de la región. Elaboraban cuchillos, hojas que ajustaban en mangos de madera o asta con los que hacían mazas, ralladores, rasquetas, punzones lo bastante finos como para agujerear una perla, y una variedad de delicadas agujas. Las agujas, idénticas en forma a las de hoy en día, implican que eran capaces de crear vestimentas elaboradas, que por otra parte habrían necesitado puesto que vivían en un clima frío. Por desgracia, cualquier cosa hecha de pieles o cuero se desintegró hace mucho. Trabajaban sentados en torno al fuego y arrojaban los pedazos sobrantes, los objetos fallidos y las herramientas rotas afuera, entre los huesos.

Aquí y allá los investigadores hallaron varias conchas que habían sido perforadas para ensartarlas en collares o colgarlas de las ropas. Las conchas eran fósiles que los cazadores hallaron en el curso de sus migraciones, o que habían intercambiado con otras comunidades. A lo largo de veinte mil años —entre treinta mil y diez mil años atrás—, estas conchas fascinaron a los pueblos prehistóricos. Su valor decorativo, pensaba Leroi-Gourhan, «debió de redoblarse por su valor simbólico». En Pincevent los investigadores a menudo las hallaron con fragmentos de pirita, otros fósiles y curiosas esferas de sílex talladas en forma de manzana y cereza. Carecen de significado aparente, pero a buen seguro eran simples curiosidades, postes o indicadores en juegos o apuestas, o tal vez instrumentos de magia.

Por último, hay un residuo de ocre alrededor de la periferia de los hogares domésticos. Los cazadores daban a este mineral —óxido de hierro— una multiplicidad de usos, entre ellos, por descontado, la elaboración del pigmento rojizo que usaban para decorar las cuevas. El color rojo puede representar simbólicamente la sangre, el fuego o, en el sentido más amplio, la propia vida. Algunos han sugerido que los cazadores esparcían ocre en el suelo de sus viviendas a fin de santificarlas. En Pincevent, sin embargo, el ocre aparece con mayor densidad en lugares donde más abundan también los restos del trabajo del sílex. El depósito de ocre se acumulaba progresivamente con el tiempo a medida que la elaboración de útiles avanzaba. Esto significa que, aunque utilizaran el ocre para santificar el suelo, también lo empleaban con regularidad en tareas rutinarias, como teñir el mango de una lanza o cubrirse la piel. También pudo usarse como conservante.

A pesar de que los restos de Pincevent aguardaban para ofrecernos esta imagen de la vida prehistórica, ninguno de estos resultados que tan evocadores resultan —la dispersión de huesos y sílex, la disposición de los hogares, el ocre esparcido— habrían revelado sus secretos si Leroi-Gourhan no hubiera inclinado el eje de la excavación. Al cavar en línea recta hacia abajo se habrían hallado algunos artefactos, pero independientes de todo lo que había cerca, de todo lo que pudiera dotarlos de significado.

Cuando estuvo en las cuevas decoradas, Leroi-Gourhan llevó a cabo una profusión de dibujos y notas que después transfirió a fichas alargadas[8] con etiquetas y agujeros perforados en lugares estratégicos. Así creó un índice de fichas perforadas para cada cueva, sector por sector, que le permitía, en aquellos días previos a los ordenadores, introducir una aguja metálica por un fajo de fichas y extraer, pongamos por caso, todos los ejemplos de un caballo y un bisonte pintados conjuntamente, o una figura femenina hallada junto a

8. Brigitte y Gilles Delluc, alumnos de Leroi-Gourhan, me mostraron varias series de estas fichas. Brigitte Delluc es la mujer morena de la fotografía de la página 201.

un bisonte, y así sucesivamente. También podía hallar la localización de las pinturas —esto es, ejemplos de caballos en la entrada de las cuevas, o en lo más profundo de estas—. Sus fichas se conservan todavía en varios archivos y colecciones privadas. Son ingeniosas, pero aun cuando daten apenas de la década de 1950, tienen ya un aire casi paleolítico. De hecho, si un artista de la Edad de Piedra obtuviera por algún medio fichas alargadas y deseara llevar a cabo por su cuenta un estudio de las cuevas —un supuesto a todas luces improbable—, habría ideado un sistema similar. En muchas cosas, estamos menos alejados de aquellas épocas de lo que pensamos.

Actualmente nadie emplearía un taco de fichas perforadas para realizar un trabajo que un ordenador hace con mayor celeridad y precisión. No obstante, el método iniciado por Leroi-Gourhan, recurriendo al trabajo que Max Raphael y Annette Laming-Emperaire habían desempeñado antes que él, es fundamental en cuanto al modo en que los arqueólogos estudian las cuevas hoy en día. Es una disciplina en la que predominan elaborados análisis estadísticos, recreaciones trazo a trazo del modo en que pintaban los artistas, y consideraciones acerca de la posición de las pinturas en relación al resto y a su localización en las cuevas. Este es su legado, más relevante, vigoroso y esclarecedor incluso que el de Breuil. Nada puede sustituir las reproducciones pictóricas de Breuil. Nada puede reemplazar tampoco sus millares de calcos y bocetos. Y nada puede sustituir el ejemplo de dedicación y arduo trabajo que dio. Sin embargo, nadie concibe hoy las cuevas del modo en que lo hizo Breuil. Un científico moderno explora una cueva pensando como Leroi-Gourhan.

La estadística fue un elemento fundamental para el trabajo de Leroi-Gourhan[9]. A fin de prepararse para escribir *Treasures of Prehistoric Art,* visitó sesenta y seis de los ciento diez yacimientos que se conocían en el momento, en los que registró 2188 figuras de animales distintas. Las contó, primero por especies —610 caballos, 510 bisontes, 205 mamuts, etcétera—, y luego según los lugares de las cuevas donde aparecían; los resultados quedaban, según sus propias palabras, «extremadamente claros». Descubrió que el noventa y uno por ciento de los bisontes, el noventa y dos por ciento de los bueyes, el ochenta y seis por ciento de los caballos y el cincuenta y ocho por ciento de los mamuts se encontraban en las partes centrales de las cuevas. Los íbices y los ciervos eran lo que él denominó «animales de encuadre». El íbice tendía a estar en la periferia de las composiciones centrales, mientras que los ciervos aparecían cerca de la entrada y en el fondo de las cuevas. Sin embargo, curiosamente, el doce por ciento de los caballos se encuentra en la entrada o el fondo de la cueva, en lugar de ciervos. Leroi-Gourhan hacía cábalas al aproximarse a la parte más remota de la cueva. «¿Habrá un caballo?», se preguntaba.

Después, siguiendo el ejemplo de Laming-Emperaire, elaboró una tabla estadística de todas las combinaciones posibles de animales, y descubrió que las pinturas se dividían en dos grupos, cada uno de los cuales constaba de una compleja red de relaciones entre animales, figuras humanas y signos. Y la clave para comprender el arte rupestre estribaba en observar cómo un animal de un grupo se emparejaba con un animal del otro grupo. El emparejamiento clásico y

9. A. Leroi-Gourhan (1967).

más frecuente era el que Laming-Emperaire había adverti-do en primer lugar: el bisonte asociado con el caballo. (Le-roi-Gourhan se refería a «emparejamiento», no a «aparea-miento», porque «no había escenas de copulación en el arte paleolítico». Esta afirmación se repite varias veces a lo lar-go de *Treasures of Prehistoric Art*. Su delicadeza en este as-pecto podría ser en reacción a Breuil, que no solo lo detes-taba, sino que también estaba en desacuerdo con sus con-clusiones y le acusó de tener una «obsesión sexomaníaca»[10]. Unos diez años después, el arqueólogo Jean Clottes le mos-tró a Leroi-Gourhan el grabado en una piedra plana de una pareja paleolítica copulando. Leroi-Gourhan lo observó lar-gamente y dijo: «Bueno, he escrito que no hay escenas de sexo en el arte paleolítico. Ahora por lo menos hay una, esta»[11]. «Así era él —me dijo Clottes en una ocasión—. La evidencia era la evidencia, y lo aceptaba»).

Además del emparejamiento bisonte-caballo, Leroi-Gour-han advirtió que las figuras femeninas y las vulvas aparecían con mayor frecuencia en compañía de bisontes, en tanto que las figuras masculinas se veían más a menudo cerca de los caballos. Estas asociaciones le hicieron sospechar que el em-parejamiento bisonte-caballo representaba también el empa-rejamiento del hombre y la mujer. Luego se dedicó al estu-dio de los signos hallados en las pinturas. Una vez más, el análisis estadístico fue central en su método. Descubrió que, del mismo modo que ocurría con las pinturas de animales, los signos también se dividían en dos conjuntos. Un con-junto estaba compuesto de «puntos aislados, hileras de pun-

10. Breuil y Lantier (1965).
11. Clottes (2000).

tos, trazos cortos oblicuos y puntas; el otro de óvalos, triángulos, rectángulos y signos en forma de llave. Los elementos
del primer grupo se dan en las entradas y las partes remotas al fondo de las cuevas, mientras el segundo se encuentra
entre las pinturas, en la parte central de las cuevas». Por consiguiente, pensó, estos dos grupos se corresponden con el
mismo sistema de distribución de las figuras animales. Y aquí
comienza la «obsesión sexomaníaca». Observó que los óvalos, triángulos, rectángulos y signos similares eran en esencia variaciones abstractas de vulvas, en tanto que los puntos, los trazos oblicuos y las puntas eran signos masculinos
abstractos. Solo se encuentran signos masculinos en la entrada y las profundidades de las cuevas, pero, al igual que
ocurre con los caballos, los signos masculinos aparecen también en las áreas centrales, junto con los bisontes y los signos femeninos.

Lo que había descubierto era un patrón que se repetía en
cada cueva, según el cual los signos masculinos y los caballos desempeñaban un papel y los signos femeninos y los bisontes otro. El hallazgo le pareció tan fascinante como frustrante: «Me vi finalmente enfrentado a un sistema de una
complejidad insospechada: el esqueleto de un pensamiento
religioso, tan impermeable a mi capacidad de comprensión,
además, como lo sería un estudio comparativo de la iconografía de sesenta catedrales para un arqueólogo de Marte». Se
veía limitado a «la afirmación, fiable pero completamente
banal, de que existía un sistema religioso basado en la oposición y complementariedad de los valores masculino y femenino, expresados simbólicamente por figuras animales y
por mayor o menor cantidad de signos abstractos. [...] Aunque atestado de imágenes, este marco es bastante simple;

nos deja en la más completa ignorancia respecto a lo que desearíamos saber acerca de los ritos y, digámoslo así, una metafísica subyacente».

Treasures of Prehistoric Art, de Leroi-Gourhan, es una obra monumental. Sin embargo, igual que ocurre con muchos monumentos, no es que esté exactamente olvidada, pero permanece ignorada. La razón de ello, por desgracia, es que el autor establece una conexión entre diferentes signos y animales con un principio masculino o femenino, identificación que Breuil no fue el único en hallar poco convincente. Otros, entre los que destacan los arqueólogos ingleses Peter J. Ucko y Andrée Rosenfeld, le lanzaron sus ataques casi de inmediato. Leroi-Gourhan contaba con sus acólitos leales, muchos de los cuales aún hoy mantienen viva la llama, pero las pruebas de sus afirmaciones perdieron fuerza a medida que se descubrían nuevas cavernas o que otros investigadores volvían a examinar las cuevas conocidas y hallaban que los animales no siempre estaban justo donde Leroi-Gourhan había asegurado que estarían. El cacareado sistema de las fichas perforadas le había fallado. Por último, hacia 1972 hasta Laming-Emperaire se había unido al ataque en su contra[12]. Esto marcó un momento crucial, puesto que ella misma había propuesto una asociación sexual con el emparejamiento bisonte-caballo. Sin embargo, en ese momento presentó un artículo en un importante simposio que se celebró en España en el cual insistía en que la teoría de la dualidad sexual no iba respaldada por las pruebas de las cuevas, porque la asociación de animales supuestamente machos y hembras no era sistemática. Por el contrario dijo, recordando a

---

12. Laming-Emperaire (1972).

Max Raphael, que las pinturas representaban «la imagen de un sistema de alianzas entre grupos sociales». Lo expuso «no tanto a modo de una teoría sino de una línea de investigación». No se trata de una dirección que se haya seguido mayoritariamente, pero el ataque a Leroi-Gourhan tuvo su efecto. Incluso él mismo, hacia el final de su vida, abandonó la idea de que hubiera una dualidad sexual en las pinturas. Su última obra sobre las pinturas rupestres fue *Los primeros artistas de Europa,* publicada en italiano en 1981 y en inglés en 1982. En ella analiza todavía emparejamientos y agrupamientos, aunque sin mencionar ninguna asociación sexual.

Su determinación por ser único lo había perjudicado una vez más.

VIII. Tres hermanos en un bote. El hechicero

Robert Bégouën me tendió un mono azul de trabajo. «Ponte tu chaqueta debajo —me advirtió—. En la cueva hace frío». Se puso un suéter y se enfundó un mono idéntico al que me había dado. Yo me puse el mío como buenamente pude. Después nos sentamos en la parte trasera de su peculiar e improvisada camioneta, nos calzamos unas botas de goma altas y nos pusimos rodilleras. Cada uno contaba también con una lámpara de carburo que llevábamos atada alrededor de la cintura. Consistía en un reflector que sostenía la punta minúscula de un quemador y una caja negra con el tamaño y el peso aproximados de un libro. El reflector, conectado por medio de un tubo a la caja negra, podría desprenderse y llevarse en la mano. Esto concluyó nuestros preparativos. Íbamos a entrar en Les Trois-Frères.

En su obra magna, *Quatre cents siècles d'art pariétal,* el abate Breuil escribió largos capítulos acerca de las cuevas que él consideraba «las Seis Gigantes». Eran Altamira, Lascaux,

Font-de-Gaume, Les Combarelles, Niaux (la que contiene la inscripción en la que se lee «¿Qué pueden significar?») y Les Trois-Frères. Se han descubierto cuevas desde entonces, pero solamente dos —Chauvet y Cosquer, ambas halladas en la década de 1990— merecerían incluirse junto a las otras gigantes de Breuil. El público puede visitar Font-de-Gaume, Les Combarelles, Niaux, y réplicas de Altamira y Lascaux. Todas pertenecen a organismos oficiales, pero los descendientes del conde Henri Bégouën son los propietarios de Les Trois-Frères, que se encuentra en su propiedad al oeste de Foix, en Ariège, no lejos de la frontera con España. Los trabajos artísticos de la cueva son vulnerables, el paso resulta en ocasiones difícil y hay partes del sistema de la cueva que se inundan con regularidad. En consecuencia, la familia Bégouën nunca ha abierto la cueva al público y restringe mucho las visitas. Desde 1912, cuando se descubrió la cueva, hasta 1979, solo 1055 personas han penetrado en ella, menos de dieciséis por año.

La entrada a la cueva aparece tras adentrarse un poco por el bosque que crece al final de un prado. Nada anuncia la presencia de la gruta ni indica el camino entre los árboles. Robert se detuvo junto a un montículo en la ladera de una montaña y quitó el cerrojo a una puerta de barrotes de hierro. Tras esta había otra puerta de sólido metal que también abrió con llave. La entrada en tiempos paleolíticos no era así. Es posible incluso que entonces hubiera varias aberturas que con el tiempo han quedado condenadas por desprendimientos rocosos. La cueva serpentea y da giros inesperados, pero la longitud total de sus galerías es de unos ochocientos metros. Las pinturas y los grabados de las paredes, así como fragmentos de sílex, hogares y otros restos de presencia humana, muestran que los antiguos cazadores exploraron hasta el último palmo de la cueva.

Me agaché y traspasé la puerta que daba a la cueva. La marcha de inmediato se hizo difícil. El suelo, que alternaba la piedra con el barro, estaba mojado. Eso hacía la roca resbaladiza y traicionera, mientras que el barro rezumaba alrededor de nuestras botas de goma y parecía tragárselas. A veces el pasadizo se estrechaba hasta formar un túnel por el que tuvimos que arrastrarnos un trecho (ahí me alegré de llevar rodilleras). En algunos lugares descendíamos por estrechas escalerillas metálicas que databan de la época de entreguerras, cuando Breuil estudió la cueva. Las escaleras estaban húmedas y daba miedo apoyar la suela de goma en los travesaños. Había algunos descensos de gran longitud para los que nos sentábamos y nos deslizábamos hasta el fondo. Algunos de ellos eran muy pronunciados y disponían de huecos esculpidos para que pudieras apoyar en ellos los talones y apuntalarte a fin de evitar un resbalón demasiado precipitado. Y hacía frío. Robert había acertado al advertirme de que llevara chaqueta. Formas tenebrosas, lúgubres, nos rodeaban, y los haces de luz de nuestras lámparas de carburo se desvanecían en la oscuridad.

Robert es prehistoriador, y de renombre, conocido especialmente por su trabajo sobre Les Trois-Frères y otras cuevas, que se designan colectivamente como las cuevas del Volp y forman parte del mismo sistema subterráneo. El padre de Robert, Louis Bégouën, también se dedicó a la Prehistoria. El hermano menor de Louis, Jacques, fue un folclorista notable, y su hermano mayor, Max, escribió una novela situada en tiempos prehistóricos titulada *Les bisons d'argile* [Los bisontes de arcilla].

Max, Louis y Jacques son los tres hermanos a los que se refiere el nombre de Les Trois-Frères. Son los hijos del conde Henri, que en su larga y variada existencia también fue prehistoriador y trabó amistad con Émile Cartailhac. Un artículo suyo, escrito en 1929, «The Magic Origin of Prehistoric Art» todavía se cita con frecuencia. Desde Henri, a Louis, Robert, y ahora su hijo Eric, son cuatro generaciones sucesivas de la familia Bégouën dedicadas a las cuevas.

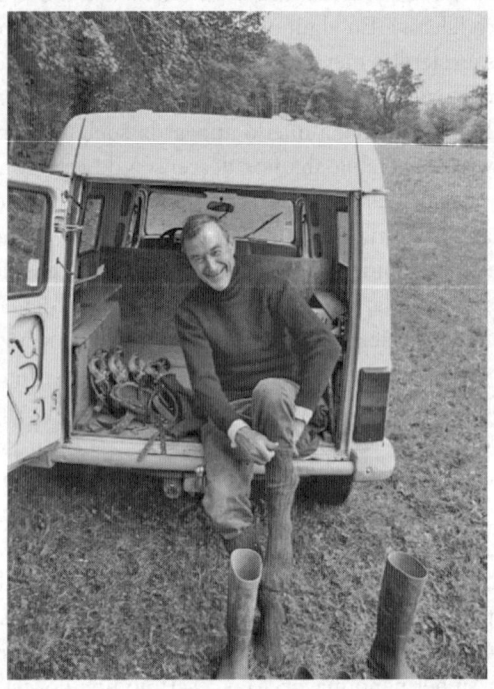

Robert Bégouën se calza las botas de goma antes de entrar en Les Trois-Frères. Su árbol genealógico alberga cuatro generaciones sucesivas de importantes prehistoriadores.

El conde Henri adoraba a sus tres hijos. Era un hombre carismático de porte distinguido, con una cabeza redonda como una bola de billar posada sobre un pecho orondo. Llevaba un inmenso y largo mostacho de morsa. El río Volp pasaba por su propiedad, y en cierto punto desaparecía bajo tierra y emergía un par de kilómetros más adelante. A lo largo de milenios, el río había horadado un sistema intricado de cuevas y lagos subterráneos. El conde Henri había hallado en una ocasión la cornamenta de un reno esculpida cerca de la entrada.

En julio de 1912[1], los tres muchachos, ya camino de los veinte años, tuvieron la ocurrencia de construir un bote de remos con tablas y cajas de madera, que se mantenía a flote gracias a unas latas de gasolina vacías, con el propósito de adentrarse en las profundidades de la cueva. Acompañados por un amigo de su misma edad, los chicos remaron algo más de un kilómetro antes de hallar un lecho de arena donde varar su bote. Volvieron a este lugar varias veces en los meses sucesivos. En una dirección hallaron un lago con peces y una enorme anguila, así como una salida de la gruta. En la otra dirección había un conducto vertical que escalaron, viendo que conducía a un pasadizo recto. Aquí había grabados de dos animales fantásticos, uno encima del otro, con cabezas grotescas y hocicos horribles, retorcidos. Breuil declaró más tarde que eran los guardianes de una importante sala de la cueva.

Cuando los tres hermanos y su amigo llegaron ante estos grabados, el pasadizo parecía no tener salida. Sin embargo, durante una visita en octubre de 1912, Max dedujo que una

1. Breuil (1952), Bégouën y Breuil (1958).

cortina de estalagmitas había sellado un paso estrecho: la atravesó y se halló en un amplio corredor. En esta ocasión, estando con su hermano Louis y su amigo, siguieron adelante a medida que el pasadizo se ensanchaba, pero después se estrechaba a tal punto que no les quedó más remedio que arrastrarse por el suelo. Cuando se ensanchó de nuevo, se hallaron en unas espaciosas cámaras con magníficas estalagmitas.

Preocupados porque sus lámparas fallaran, salieron de la cueva. Aquella tarde, los tres hermanos regresaron acompañados por su padre, y con combustible en abundancia para sus lámparas. Mientras avanzaban vieron huesos de osos de las cavernas. Los huecos que los osos habían cavado para hibernar todavía conservaban huellas de sus patas y su pelaje. Y había indicios de que antiguos cazadores habían estado allí. Los Bégouën vieron pisadas, impresiones de una rodilla y, en una pared, rastros de dedos. Incluso había unos cuantos objetos: una o dos hojas de cortar, un diente perforado y un cráneo de oso abandonado en el punto en que alguien se había arrodillado para extraer el largo colmillo del animal.

No obstante, nada los había preparado para lo que descubrieron en una sala de techos bajos al final de la galería. Aquí, a poco más de un kilómetro en las profundidades de la cueva, vieron dos bisontes de unos sesenta centímetros de longitud bellamente modelados en arcilla. Con la salvedad de alguna que otra resquebrajadura, estaban en perfecto estado. Uno era macho, de ojo alargado. El otro era hembra, con el ojo saltón. La cola se le había desprendido, pero los pedazos yacían todavía en el suelo. Nunca antes se había visto cosa igual.

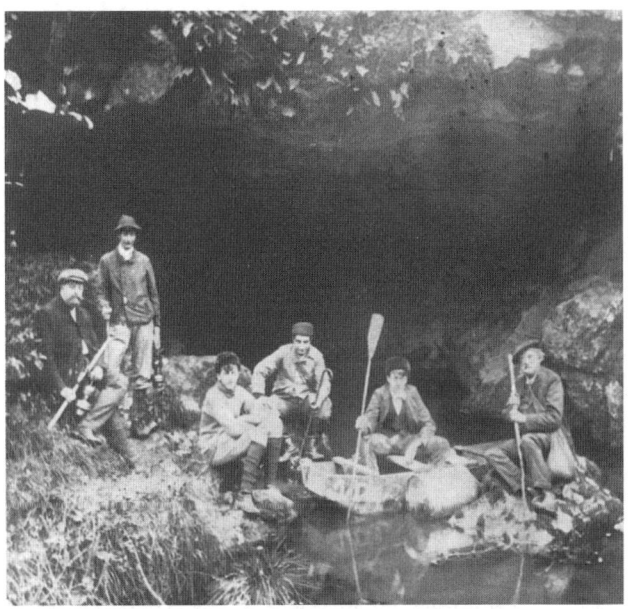

Una histórica visita, realizada en 1912, a las cuevas del Volp. De izquierda a derecha, el conde Bégouën, sus hijos Jacques y Max, el abate Breuil (con bastón), Louis Bégouën y Émile Cartailhac.

Max, Louis, Jacques y su padre, el conde Henri, registraron la sala para comprobar si había más, pero sin éxito. En un rincón hallaron un montón de barro, probablemente todo lo que quedaba de algunas otras estatuas después de que el agua las hubiera disuelto. También descubrieron piezas de arcilla con aspecto fálico, pero que tal vez no fueran sino pedazos de barro estirado. Cerca, en un lecho de barro húmedo, advirtieron una dispersión aleatoria de una cincuentena de huellas de pisadas, tan pequeñas que debieron de pertenecer a un adolescente.

Inmediatamente después, el conde Henri telegrafió una sola frase a su amigo Cartailhac: «Los magdalenienses también modelaban arcilla». Cartailhac le contestó que estaba de camino. Él y Breuil llegaron cuatro días después. Aunque forma parte del conjunto cavernario del Volp, la cueva del bisonte y las huellas de pisadas están separadas de la que se conoce como Les Trois-Frères, y se denomina Tuc D'Audoubert. Según las dataciones más precisas y recientes, los trabajos artísticos y los artefactos de las cuevas del Volp tienen entre catorce mil quinientos y trece mil quinientos años de antigüedad.

Mientras Robert y yo continuábamos recorriendo Les Trois-Frères, avanzando con dificultad por los pasadizos, agachándonos aquí y allá, trepando por un saliente con una pared a un lado y una caída abrupta en la oscuridad al otro, procurando no resbalar con las rocas húmedas o tropezar con algún afloramiento irregular del suelo, me maravillaba de lo intrépidos que debieron de ser los artistas de las cavernas.

En primer lugar, no se perdían. Si lo hubieran hecho, los esqueletos de los desventurados todavía yacerían esparcidos por el suelo de la caverna. Es obvio que no se desorientaban aunque no entraran en las cuevas con frecuencia. Hay signos pintados que tal vez indicaran sendas o desvíos o la entrada a alguna cámara, pero por lo general aparecen de repente en las profundidades de una cueva, sin ningún signo indicador del confuso recorrido que lleva de la entrada a las primeras pinturas de la cueva. Aun así, conocían el camino. Si dejaban indicadores, dientes de oso o fragmentos de astas o pilas de piedras, debían de recogerlos de nuevo al marcharse.

La única iluminación provenía de las antorchas o pequeñas lámparas que prendían con grasa animal. Los cazadores
debían de llevar combustible suficiente para el recorrido hasta el interior de la cueva, el tiempo que pasaban pintando y
celebrando sus ceremonias, y el recorrido inverso. Una súbita ráfaga de aire, o una caída, podía apagar fácilmente una
de esas lámparas. Cuando se trataba de una partida de varias personas, esa clase de accidentes no habrían sido ca-
tastróficos, puesto que podían volver a encender la lámpara con la llama de otra, si bien el incidente debía de resultar
igualmente inquietante. ¿Acaso los prehistóricos entraban
alguna vez solos en las cuevas o, tras entrar en grupo, dejaban al resto para ir a alguna cámara en solitario? Es posible;
hay grabados en pasadizos tan estrechos que solo podría haberse colado por ellos una persona cada vez. Si la lámpara
se apagaba entonces, debía de ser aterrador.

Racionalmente, sabemos que las cuevas no albergan monstruos subterráneos que acechan en los pasadizos ni surgen
de las entrañas de la tierra para devorarnos. Sin embargo,
hay sonidos, ecos, goteos y salpicaduras, y el ruido del aire
al pasar, que se ciernen sobre nuestra sensatez.

La primera pintura que Robert me mostró fue la silueta
de una mano izquierda pintada en rojo. El pintor apoyó la
palma en la pared de la cueva y trazó su contorno con pigmento rojo. Junto a ella hay un bisonte negro, y a continuación otra mano. En total hay cinco manos estarcidas en rojo,
algunos puntos y líneas del mismo color, y varios grupos de
puntos y signos rojos y negros. Estas cinco manos son las
únicas en toda la cueva.

Esta galería se estrecha en un pasadizo que va a parar a
una sala amplia. Una estalactita se ha formado en el centro

del paso. Sin la guía de Robert, la habría bordeado y habría seguido adelante sin advertir que esta formación crea, al tiempo que la oculta en parte, una pequeña sala. Breuil la denominó la «capilla de la leona», con motivo del grabado más destacado de sus paredes. Pensó que esta leona custodiaba las importantes pinturas ubicadas en zonas más profundas de la cueva. Sin embargo, un visitante que entra allí por primera vez pasaría junto a la estrecha entrada sin advertir la capilla ni la leona plasmada en sus paredes. Así pues, en contra de lo que opinaba Breuil, el animal oculto no podía ser lo que se dice un buen guardián.

Robert me condujo por la estrecha abertura que deja una cortina de estalactitas, hacia el interior de la capilla. Hace varios años, justo en esta entrada, halló una roca plana de menos de siete centímetros de ancho que contenía el grabado de un bisonte. La configuración natural de la piedra forma el lomo del bisonte e incluso hay un borde que sobresale para sugerir una cola. La cabeza y los cuernos están hábilmente esculpidos. En especial destacan los vívidos ojos y el morro. Hay tres o cuatro uves del revés en el interior del cuerpo, signos que se cree indican heridas.

Es posible, por descontado, que la piedra tallada fuera a parar a ese lugar por accidente, pero Robert es coautor de un artículo que sostiene que debió de dejarse allí a propósito[2]. Hay guijarros similares esparcidos por el suelo de las proximidades, por lo que es de suponer que el artista hallara uno con la forma que buscaba y realizara el grabado allí mismo. Enlène, una cueva que, al igual que Tuc d'Audoubert, está cerca de Les Trois-Frères y pudo estar unida a ella en

2. Bégouën y Clottes (1981).

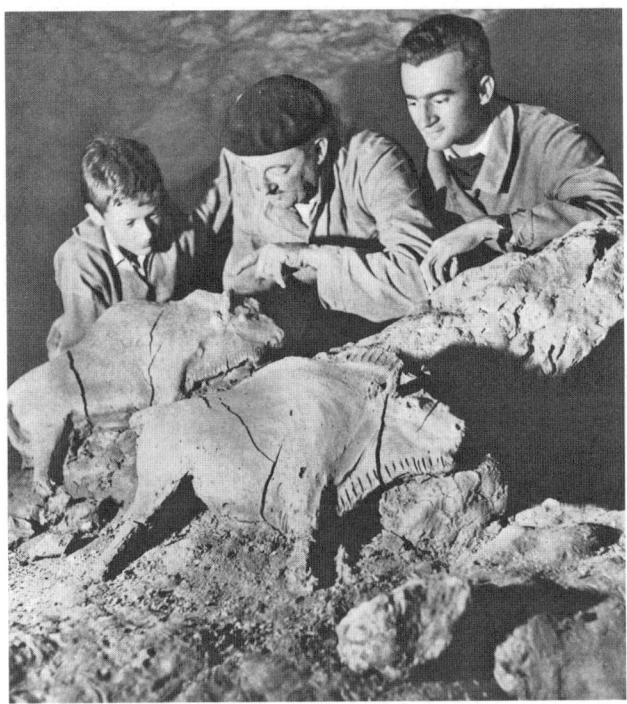

Louis Bégouën y sus dos hijos mayores examinan los bisontes de arcilla en 1950. Robert Bégouën, que guio al autor por Les Trois-Frères, es el jovencito de la izquierda.

tiempos paleolíticos, contenía más de un millar de piedras grabadas y otras pequeñas piezas artísticas. Sin embargo, el bisonte tallado es uno de los dos únicos grabados de pequeño formato hallados en Les Trois-Frères. Este hecho, junto con diez objetos peculiares hallados en el interior de la capilla, implica que la talla del bisonte se dejó intencionadamente donde Robert la encontraría tantos milenios después.

La capilla resultó ser un espacio de sorprendente amplitud. De forma, a grandes rasgos, ovalada, con cuatro metros y medio de largo por tres de ancho, alcanza el tamaño de un modesto despacho. El techo es irregular, pero a menudo se eleva hasta los seis o siete metros de altura. Las paredes de este recinto refulgían a la luz de nuestras lámparas de carburo y tamizaban su resplandor. En el resto de la cueva, la luz simplemente desaparece en la oscuridad o ilumina apenas un punto al dirigirla hacia una pared. Aquí, en cambio, en este pequeño espacio, la luz parece plantar cara a la oscuridad circundante. Las trémulas llamas de unas pocas lámparas paleolíticas habrían bastado para crear un efecto similar, salvo porque su resplandor hubiese sido aún más cálido. Junto a una pared se hallan los restos de una hoguera. Eso demuestra que la iluminación de la capilla era importante también para los artistas de las cavernas, que preparaban fogatas abundantes y las dejaban arder. (En otra zona de la cueva, los tres hermanos Bégouën encontraron en su primera visita otro hogar. Este descubrimiento los llenó de entusiasmo, pues creyeron que databa de la Edad de Piedra. Sin embargo, cuando Breuil llegó y se lo mostraron, advirtió que uno de los pedazos de madera parecía trabajado. Lo recogió y vio que sobresalía de él un clavo de hierro. Pensó entonces que debieron de entrar en la cueva soldados romanos por una entrada que actualmente está bloqueada).

Nos acercamos a la figura del león y Robert dirigió hacia ella el haz de luz de su linterna. Por lo común, es mejor iluminar el arte rupestre con una luz oblicua. Eso acentúa los resaltos y los valles, por poco pronunciados que sean. Aquí, en cambio, la superficie de la pared es irregular, de modo que tuvo que realizarse un grabado profundo. La luz directa revela con más eficacia la diferencia entre el blanco de los surcos y la superficie amarillenta de la pared. Ese contraste, y no una diferencia de relieve, da realce a la imagen. El león, cuya figura completa aparece de perfil con la cabeza vuelta hacia la derecha, está grabado en una zona sólida de una pared de estalactitas. Breuil lo llamó «la leona» porque carece de melena, aunque hay pinturas y grabados en otras cuevas que muestran leones, a todas luces machos, sin su distintivo pelambre. Puesto que esto demuestra que los leones cavernarios no tenían melena, la figura de la capilla podría pertenecer a cualquiera de los dos sexos. Su cuerpo está salpicado de marcas y varias líneas de púas en su costado, que podrían ser lanzas o incluso flechas.

El cuerpo del animal tiene una apariencia normal, pero tanto la cola como la cabeza son peculiares. El lomo del león desciende en una curva hasta el nacimiento de la cola, que entonces se proyecta casi en línea recta. Pero aparece un brazo humano, doblado en el codo, cerca de las ancas del león. La mano está justo debajo de la cola, y parece tratar de agarrarla. Este brazo es tan inverosímil que Breuil evidentemente no pudo dar crédito. Su bocezo del león muestra dos colas, como si el artista hubiera trazado una y luego lo hubiera pensado mejor. No obstante, se trata sin duda de un brazo.

Y el león tiene dos cabezas. Una, unida al cuerpo en posición normal, está orientada para mirar al espectador de frente. Los ojos son peculiares, penetrantes, y las orejas curvadas sobresalen en ángulos disparejos. Una segunda cabeza, en perfil de tres cuartos, flota sin nada que la sujete justo enfrente de la primera. ¿Fue esto un intento de mostrar movimiento? ¿Acaso es un error? ¿O simplemente el comienzo de un segundo león? Dentro del cuerpo del león hay líneas más finas que podrían ser la cabeza de un caballo y un bisonte que tal vez guarde cierta relación con el bisonte de la roca de la entrada. Un grabado más superficial de un cachorro de león aparece a la izquierda del león de mayor tamaño —una razón para pensar que a fin de cuentas sí podría tratarse de una leona— y debajo de las patas traseras hay un ave curiosa, alargada, con un pico inmenso. Y hay otra cabeza de león por debajo del pecho del león. Se aprecian sus ojos redondos en su cabeza redonda. Parecía contemplarme risueño desde la pared.

Seguía aún absorto en el león cuando Robert dijo: «Mira esto», al tiempo que dirigía el haz de luz hacia una pequeña fisura en la pared opuesta. Miré el interior y allí, casi como si presenciara el rincón iluminado de una casa de muñecas, había una concha marina. Tenía forma de media luna, aflautada, y era más o menos del tamaño de los dedos de una mano. Mucho tiempo atrás, alguien la había colocado con esmero en el interior de la grieta y la había apoyado contra la pared rocosa.

Les Trois-Frères se encuentra a unos ciento sesenta kilómetros del Mediterráneo, y a más de trescientos del Atlántico. «¿Quieres decir que la concha llegó aquí de algún modo procedente del mar?», pregunté.

«No, ya era un fósil —contestó—. La encontraron y la trajeron hasta aquí». Robert es un hombre delgado, de pelo oscuro y muy corto, dotado de una elegancia desenvuelta, natural. El mero hecho de verlo moverse es interesante. Sonrió, enarcó las cejas y se encogió de hombros. «Quién sabe por qué», concluyó.

Atisbé de nuevo la concha. De improviso me sacudió un leve escalofrío y se me aceleró el pulso. La extrañeza de la cueva, las rocas resbaladizas y el suelo embarrado donde los pies quedaban atrapados, las estrechas escalerillas, la oscuridad, la desorientación de no saber dónde estaba, el fulgor en el interior de la capilla, el curioso león bicéfalo con el brazo humano debajo de la cola: todo aquello me había afectado los nervios. Sin embargo, nada me había llegado tan hondo como aquella concha. No sabía qué significaba. Y, cuanto más la contemplaba, más se reducía a su mera existencia. Un día o una noche, catorce mil años atrás, un hombre o una mujer, un niño o una niña, había traído un objeto raro y precioso a esta cueva y lo había depositado sobre el borde en una fisura con la esperanza de que permaneciera allí por toda la eternidad. Y así ha sido.

Me aparté de la concha. Los cazadores habían dejado otros nueve artefactos en las ranuras de las paredes de la capilla. Había cinco útiles de sílex, dos astillas de hueso, el molar de un oso apoyado sobre su raíz, y un buril, esto es, un cincel para grabar la piedra. Este último estaba colocado en uno de los espacios entre las secreciones colgantes justo debajo de las garras del león, como si el artista, tras finalizar su trabajo, hubiera dejado deliberadamente su herramienta en exhibición.

Seguí a Robert fuera de la capilla y recorrimos algo más de un centenar de metros hasta una amplia sala de techos altos que Breuil llamó «Le Tréfonds»; un nombre inteligente que, aparte de su sentido más prosaico, en referencia al subsuelo, tiene también un sentido más poético, «las honduras del alma».

Le Tréfonds es una inmensa sala con un suelo de roca en pendiente y alargado que parece un glaciar que descendiera de la pared de la cueva. En su parte más profunda, hay una gruesa roca que sobresale de la pared decorada con un solo bisonte pintado, de casi un metro y medio de longitud. Sus cuernos forman una sinuosa curva en forma de ese y el ojo está lleno de vida, expectante. Las líneas del lomo y el pecho gradualmente se difuminan, pero la forma de la roca sugiere de sobra el cuerpo del bisonte. Es una gran obra maestra, tal vez poco reconocida a causa de la enormidad de los demás tesoros que alberga Les Trois-Frères.

A unos tres metros, a medio camino del suelo de roca inclinado, había una silla metálica maltrecha y desvencijada en espléndido aislamiento. «Mi abuelo la trajo para Breuil —me explicó Robert—. Así que aquí se quedará siempre».

En una cornisa de roca próxima, dos búhos grabados flanquean a un búho más joven, es de suponer que la cría de ambos. El lomo de uno de los búhos es parte de una línea que también conforma el lomo de un mamut. Un búho y un mamut son animales sumamente dispares, pero el artista supo advertir que, si ajustas la escala, el lomo de un búho es idéntico a una porción del lomo de un mamut.

A estas alturas ya estaba más acostumbrado a la cueva. Era húmeda pero no hasta extremos desagradables, e iba abrigado de sobra con mi chaqueta bajo el mono azul de trabajo. Pasamos junto a muchas esbeltas columnas y cortinas de estalactitas que creaban bellas formaciones. En la cueva abundan depósitos de ocre que a menudo manchan las paredes de rojo, y esto a veces hacía que resultara difícil distinguir lo que era un signo o un punto pintados de una mancha natural.

Aquí y allá, en todas las salas, los antiguos cazadores habían clavado pedazos de sílex en las grietas de las paredes, o habían hendido sílex o huesos en el suelo de barro. Enlène es una cueva próxima a Les Trois-Frères. De hecho, en tiempos paleolíticos, lo más probable es que el único acceso a Les Trois-Frères fuera a través de Enlène. Esta cueva no tiene trabajos artísticos, si bien en una cámara hay cerca de sesenta piezas de hueso, puntas de lanza y dientes hendidos en el suelo. Algunos de estos contienen líneas diagonales grabadas. Están distribuidas por el suelo sin un patrón reconocible, pero sin embargo, ahí están. No lejos de allí, se han clavado pedazos de huesos en la pared, en lugares altos y bajos, en grietas y debajo de salientes, apuntando en todas direcciones. Es obvio que los suelos y las paredes de la cueva eran importantes en sí mismos y no se consideraban meros lienzos neutros para plasmar creaciones artísticas. Una teoría, que discutiremos más adelante, sostiene que los pintores rupestres creían que existía un mundo detrás de la superficie rocosa. Las pinturas eran un modo de traspasar la roca y acceder a ese otro mundo. Los huesos y los útiles de piedra insertados en la pared, y en ese sentido también la concha en la hornacina de la capilla que había dejado en mí tan honda impresión, hacían parecer todavía más plausible esta teoría.

Por último, Robert me llevó al «santuario», la sala más famosa de la cueva, aunque sin decirme que era allí adonde nos dirigíamos. Fue un gesto sutil que aprecié más tarde, al recordar mi visita, pues permitió que la cueva hablara por sí misma. El santuario tiene forma de campana. El suelo se inclina bruscamente hacia el fondo, donde hay un afloramiento rocoso de escasa altura que oculta parcialmente un

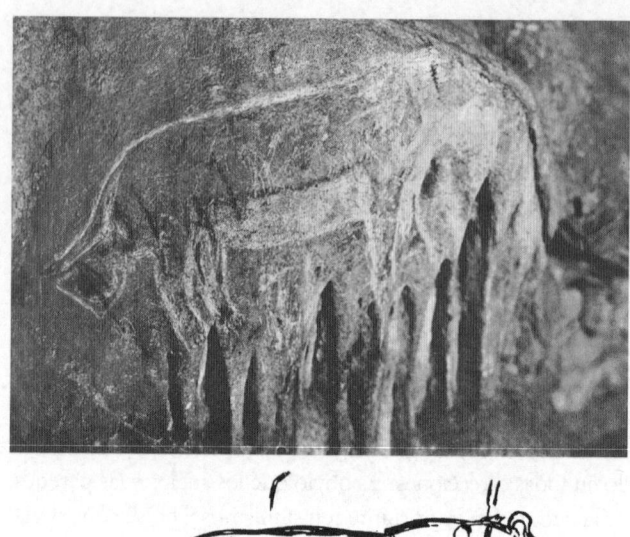

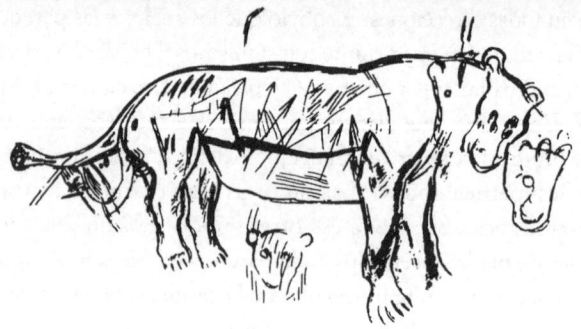

Una fotografía del león de las Trois-Frères, y el fallido calco de la imagen hecho por Breuil, que evidentemente no concebía que hubiera un brazo humano, doblado por el codo, bajo la cola del león, y lo dibujó como una segunda cola.

túnel bajo. Seguí a Robert hasta allí y, al igual que él, me tumbé de espaldas y me di impulso para colocarme bajo el saliente. Él alumbró con su luz un ángulo de la pared y vi una maraña intrincada de finas y tenues líneas grabadas en la piedra. Al principio parecían una mera mezcolanza de cabezas, cornamentas y pezuñas. Los grabados se prolongaban en la pared a lo largo de varios metros, y desaparecían tras un recodo. Había cientos de ellos. Robert dijo que muchos más cubrían el estrecho túnel, y que probablemente queden más por descubrir. Está repleto de ellos por doquier. Más tarde leí a Breuil asegurar que a menudo le llevaba más de un mes copiar y descifrar solo una extensión de un metro de estos grabados.

«Mira ahí», dijo Robert, señalando un lugar en la pared, apenas a unos centímetros de mi cabeza. Movió la lente de su lámpara de carburo ligeramente a un lado y al otro y entonces la vi: una de las figuras más distintivas jamás halladas en las cuevas, que ha motivado y desconcertado a arqueólogos, antropólogos e historiadores del arte desde que los hermanos Bégouën la descubrieron en 1912. La figura completa mide treinta y tres centímetros de altura. La mitad inferior es sin lugar a dudas un hombre, porque el pene es visible. Permanece apoyado en su pierna derecha, y ha adelantado el muslo izquierdo. La rodilla izquierda está doblada, ya que acaba de levantar el pie del suelo. Parece estar bailando o dando un paso estudiado, decidido. Sin embargo, la parte superior de esta extraña figura es un bisonte. Tiene una panza redonda, peluda, con un penacho de pelo en el ombligo, una tira peluda en la espalda y cabeza de bisonte con dos cuernos curvados. Los dos brazos son en realidad patas de bisonte acabadas en sendas pezuñas. ¿Se trata de una representación de un hombre-bisonte mítico, o es un hombre que se ha puesto una cabeza de bisonte y se oculta? Y, en el supuesto de que sea un hombre luciendo un disfraz de bisonte, ¿acaso lo hace en calidad de cazador, a fin de confundir a su presa, o imita al hombre-bisonte mítico en una danza ritual?

Tumbado allí, al principio no me cupo ninguna duda de que estaba cazando, dada la tensión dramática en la escenificación de esta extraña bestia humana. Está mirando al frente hacia un animal ungulado, de cuatro patas, que parece ser su presa. Este animal se ha vuelto para observarle. Sin embargo, la presunta presa es también una bestia mítica. La cabeza se aproxima a la de un bisonte, pero no del todo. El cuerpo es similar al de un ciervo.

La respuesta a lo que realmente sucede parece estribar en dos débiles líneas trazadas en el «brazo» derecho del hombre-bisonte. Una línea es ligeramente curva y la otra recta, y se tocan en ambos extremos. Parece un arco, y un arco probaría que, en efecto, está cazando. Aún no se ha determinado cuándo aparecieron el arco y la flecha en la historia de la humanidad, pero probablemente fue en una época posterior a la de las cuevas decoradas. En cualquier caso, no hay pruebas, salvo tal vez este pequeño grabado, de que los cazadores paleolíticos utilizaran arcos y flechas. Y su arco, si de eso se trata, está apoyado en el «brazo» derecho de la figura, más o menos a la altura del codo. Nadie ha sostenido de ese modo jamás un arco y una flecha.

Sin embargo, sería la posición exacta en que el hombre-bisonte sostendría un arco musical si tocara el violín. Pero, qué extraño, un extremo del arco está insertado por el orificio nasal del hombre-bisonte. ¿Podríamos hallarnos ante la pintura de la primera flauta nasal de la humanidad? El nombre suena cómico, pero la flauta nasal tiene una larga historia y se encuentra en culturas de todo el mundo. Una flauta nasal, que se toca igual que un mirlitón, puede hacer bastante ruido. Y si el «arco» es en realidad un instrumento de música, estaría en consonancia con la danza decidida, la posición de brinco de la pierna izquierda del hombre-bisonte. ¿Por qué entonces, me pregunté, estaría el animal mitad bisonte, mitad ciervo, volviéndose para mirar al hombre-bisonte? Tal vez se sienta atraído —o alarmado— por el sonido de la flauta.

Permanecí tumbado contemplando los grabados un buen rato, moviendo los hombros de vez en cuando para obtener mejor ángulo de visión o deslizándome un poco para adoptar una posición ligeramente nueva. Minúsculas rocas del suelo me molestaban aquí y allá, pero disfruté con el sonido del roce de mi mono con las piedrecitas. Aunque los grabados contenían un amplio bestiario que incluía rinocerontes, osos e íbices, predominaban, por orden, tres especies: primero los bisontes, luego los caballos, y por último los renos. Algunos de los grabados eran grandes, pero la mayoría no, y había unos pocos realmente muy pequeños, por ejemplo una cabeza de caballo perfecta con finos detalles y llena de expresión que no era mayor que una uña. Había un oso con cincuenta o sesenta círculos en el cuerpo y largas líneas que le salían de la boca como si estuviera vomitando sangre. Esto, por una vez, parecía una escena de caza. Un bisonte estaba suspendido por encima de un oso. Tenía marcas que semejaban lanzas colgándole del cuerpo. Y un caballo con veinte o treinta lanzas se encabritaba justo a la izquierda del oso. Aún más a la izquierda, en un panel donde se amontonaban por lo menos veinticinco bisontes y un puñado de caballos, otro pequeño hombre-bisonte aparecía con la cabeza vuelta, mirando hacia atrás. Esta figura tiene muslos humanos y un prominente pene. De nuevo podría tratarse de una figura mítica o de un hombre disfrazado de bisonte para introducirse con disimulo en la manada. Breuil no quiso manifestarse y habló de él simplemente como un «ser pequeño, complejo»; lo cual, debo admitir, es cierto.

Ciertas figuras destacaban por su mayor tamaño o por estar grabadas con surcos más profundos, pero los animales en su mayoría se superponían unos a otros en una enmarañada confusión. Era evidente, no obstante, que no se había pretendido dañar los grabados de debajo. Lisa y llanamente dibujaban encima, una y otra vez. No estaban marcados, destruidos ni sustituidos. Por el contrario, semejaban más un libro de contabilidad que hay que leer detenidamente, del mismo modo que un arqueólogo moderno lee capa tras capa en una excavación. Me volví a Robert. «¿La historia de las tribus?», pregunté. Él sonrió exactamente como lo había hecho en la capilla de la leona y también se encogió de hombros en idéntico ademán. «Tal vez —dijo—, pero no lo sabemos».

Volvimos a ponernos en pie y Robert me condujo a un punto situado unos metros más atrás. Con su luz apuntó a un lugar de la pared próximo al techo y no dijo nada, se limitó a esperar. Contemplé la pared, luego a él, y de nuevo la pared. «Oh, Dios mío —dije, cuando finalmente distinguí la figura—. Ahí está».

Breuil y el conde Henri lo llamaron «el hechicero» momentos después de verlo, aunque Breuil después llegaría a creer que era «el 'dios' de Les Trois-Frères». No es que su tamaño sea particularmente grande. Mide unos setenta y cinco centímetros de alto por cuarenta y cinco de ancho. Se halla grabado en la piedra, pero partes de él están coloreadas de negro, y por tanto es la única figura pintada entre los cientos de grabados del santuario. Sus ojos son dos círculos negros con pupilas redondas del mismo color que miran al frente. La nariz es una única línea que los separa, acabada en un pequeño arco. Una barba larga y puntiaguda que le llega al pecho cubre el resto de la cara. Incluso parece tener un grueso y extravagante bigote rizado en las puntas. Tiene orejas de ciervo, erguidas y vueltas hacia delante, como si algo hubiera captado su atención. Dos astas de ciervo nacen de su cabeza. El cuerpo alargado es el de un caballo, trazado en gruesas franjas de pintura negra, y una cola de caballo también parcialmente pintada. Sus brazos, que se asemejan a los de un ser humano, se mantienen echados adelante y rematados con lo que parecen cinco dedos alargados, sin pulgar. El pene, de considerable tamaño, sobresale por debajo de la cola, aunque no está erecto. Sus musculosas piernas están dobladas en la rodilla. Mantiene un pie alzado como en actitud de caminar, brincar o danzar. Es un hombre con atributos de ciervo y caballo, que se está moviendo y sabe que estamos aquí, y de repente se ha vuelto a mirarnos fijamente.

El hechicero está cerca del techo de la cueva, a unos cuatro metros y medio del suelo, junto a una fisura redondeada de la pared. Mientras contempla todo cuanto hay a sus pies, su poder se redobla por el hecho de que cuesta creer que alguien trepara hasta allí para pintarlo. Parece estar solo, que sea su propia fuerza la que lo genera. De hecho, hay salientes, la mayoría ocultos por las curvaturas de la roca, por los que con toda probabilidad trepó el artista. Breuil los redescubrió y los utilizó para obtener una posición desde la que realizar su copia[3]. También fue capaz de escalar

---

3. Breuil (1952).

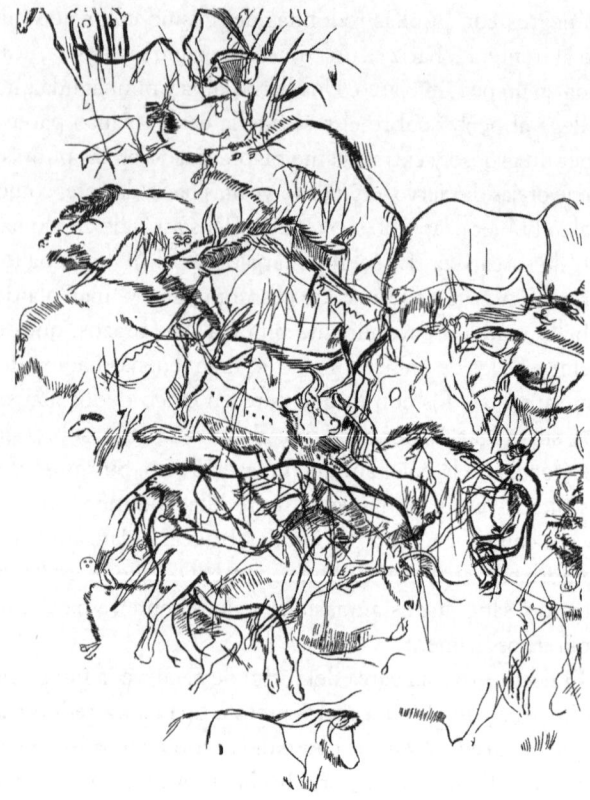

El calco de Breuil de los grabados que contienen al hechicero con el arco. Los animales de alrededor parecen ajenos a él, salvo por el que está justo enfrente, que lo contempla a su vez con aparente alarma. Es una combinación mítica de bisonte y ciervo.

hasta la fisura próxima al hechicero, donde halló algunos grabados más. Sus escaladas, a menudo difíciles, por las rocas, lo llevaron a una suposición perceptiva: «Todos estos intrincados pasajes ocultos se prestaban a efectos extraordinarios que debían de ser inexplicables a principiantes no iniciados, que necesariamente habían de quedar profundamente impresionados. No trataré de revivir estas antiguas ceremonias. El efecto de las canciones, los gritos u otros sonidos, o de los objetos misteriosos arrojados desde nadie sabe dónde, era fácil de preparar en un lugar como este».

Había muchos otros grabados, entre los que se cuenta un gran falo grabado en la roca. Los grabados de mayor tamaño, como el bisonte de Le Tréfonds, tienden a aprovechar los desniveles naturales de la pared a fin de realzar el efecto. Aquí, en el santuario, una pequeña cúpula en una zona llana de la roca se convierte en la joroba del gran bisonte que hay debajo y a la izquierda del hechicero. Dos patas de bóvido salvan una cavidad que sugiere una hembra y su sexo. Otro bisonte ha vuelto la cabeza para mirar hacia atrás, y esta cabeza está tallada en una parte de la roca que se retuerce sobre sí misma. Estos animales de mayor tamaño que cubren las paredes por debajo del hechicero rara vez están cubiertos de otros grabados; es como si fueran símbolos permanentes que ocupan en la pared lugares de honor, que desempeñaron su papel una y otra vez en la ceremonia que aquí se celebraba, sea cual fuera. Como parte de esta ceremonia, algunos debieron de tumbarse en el suelo al pie de la pared, como Robert y yo hicimos, y realizar sus grabados en la misma zona una vez tras otra, dibujando animales nuevos encima de los más antiguos, hasta que por razones que ellos sin duda conocían, y nosotros no, consideraban que el espacio estaba lleno y se desplazaban a otro tramo de la pared aún intacto para empezar de nuevo. O quizá eran muchos alineados a lo largo de la pared, grabando todos a una furiosamente.

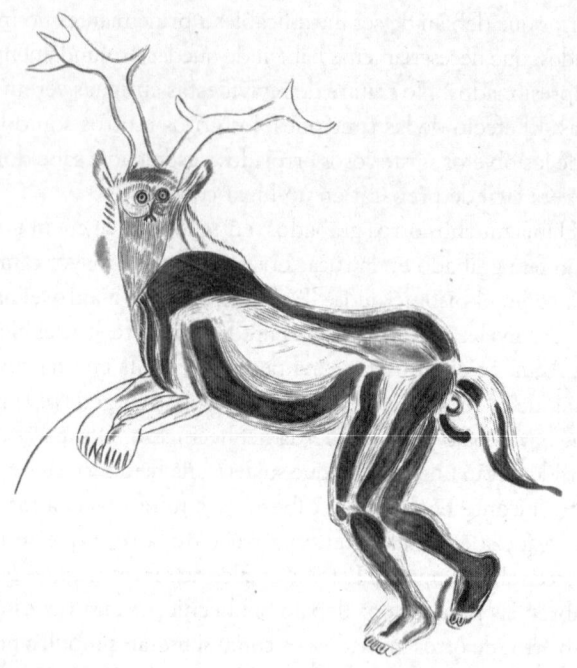

La versión de Breuil del hechicero de Les Trois-Frères. Este ser está próximo al techo de la cueva, a unos cuatro metros y medio del suelo, y desde allí contempla toda la sala. Cuesta creer que alguien trepara hasta ese lugar para pintarlo.

Robert y yo abandonamos entonces la cueva. Cuando salimos al exterior estaba anocheciendo. Después de cerrar las puertas con llave, volvimos a su pequeña y peculiar camioneta y enfilamos el camino dando tumbos. A los pocos minutos llegamos a una construcción de piedra en la ladera de la montaña, a medio camino del castillo, que a Robert le sirve de despacho y funciona también como museo privado. Mientras me desprendía de las botas y el mono de trabajo, que estaban cubiertos por doquier de barro endurecido procedente de la cueva, Robert desapareció; volvió tras unos instantes, sin embargo, con unas copas y una botella de vino. Las paredes de su despacho están cubiertas de estanterías de libros y dispone de un pequeño rincón con butacas frente al gran escritorio de madera. Eric, el hijo de Robert, se unió a nosotros junto con su perro y una pareja de jóvenes arqueólogos que estaban investigando en las cuevas.

Al cabo de unos momentos de charla apacible, Robert me pidió que escribiera algo a propósito de mi visita en un gran libro donde los visitantes de las cuevas plasman sus impresiones. Cogí el libro del escritorio de Robert y lo abrí por la última entrada. Tracé una línea debajo de esta y anoté la fecha. Entonces contemplé el espacio en blanco de la página. Me sentía rebosante de impresiones y abrumado por ellas; al mismo tiempo, estaba tan convencido de haber estado más cerca de lo que jamás estaría —físicamente— de la «verdad», que apenas podía pensar con claridad. Las pocas palabras que acudieron a mí parecían sumamente insignificantes en comparación, meras motas de polvo.

IX. Un pasadizo subacuático. El cráneo sobre una roca

—Ah, sé a lo que se refiere —aseguró Jean Clottes dos días después—. Lo mismo ocurre en Chauvet. Quiero decir que eso les pasa incluso a los profesionales, a personas experimentadas que han estado en cientos de cuevas. Se sienten completamente sobrecogidos. Sencillamente, es demasiado. No esperamos ningún trabajo productivo de ellos hasta el día siguiente, o incluso el otro.

—Acabé escribiendo alguna estupidez —le confesé—. Ni siquiera recuerdo qué puse.

—Bueno, ahí está —dijo Jean—. Eso es exactamente lo que pasa.

Viajábamos en su coche por los Bajos Pirineos hacia el oeste de Foix. Era domingo por la tarde. Aquí y allá, grupos de granjeros locales y sus esposas se sentaban en corros con aire solemne. Los hombres a menudo tenían a mano las escopetas.

—Están cazando jabalíes —me informó Jean—. Hay batidores entre los árboles que intentan levantarlos. Los campesinos tienen un sistema elaborado para decidir qué corte de carne se lleva cada uno según quién haya matado al jabalí, quién lo viera primero, etcétera.

Jean Clottes es un hombre de más de un metro ochenta, esbelto y atlético. A los setenta y dos años, está oficialmente retirado, aunque en su caso esto no significa que haya dejado de trabajar. Trabaja constantemente. El retiro significa solamente que ya no ocupa ningún cargo oficial en la burocracia arqueológica francesa, como hizo muchos años. (Y, sí, en Francia existe un organismo burocrático que controla la arqueología)[1].

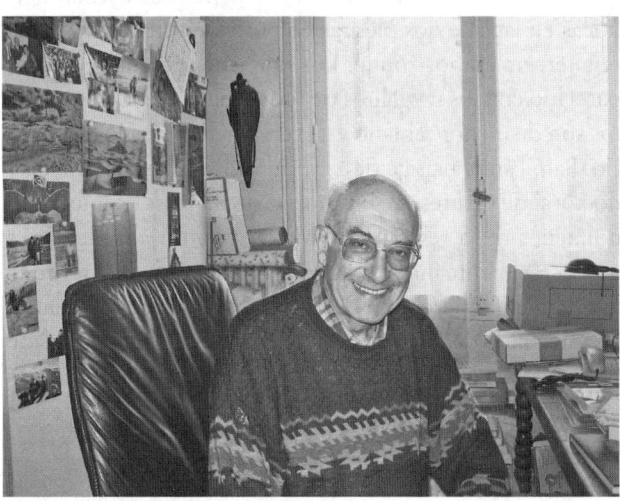

Jean Clottes en el estudio de su casa en Foix. Su talento y el arduo trabajo llevaron a este antiguo profesor de inglés en un instituto de provincias a convertirse en una autoridad internacional del arte prehistórico.

1. Los detalles biográficos sobre Jean Clottes proceden de su propia obra (Clottes, 1998) y de correspondencia personal y conversaciones con el autor.

Clottes ha vivido toda la vida en los aledaños de Foix, una encantadora ciudad de provincias a unos sesenta y cinco kilómetros de la frontera con España. Tras iniciar su carrera de profesor de inglés en un instituto de su ciudad, Jean se convirtió en una eminencia internacional en el ámbito de la Prehistoria. Lo logró por medio de su inteligencia, su carisma, pero sobre todo de su labor denodada, intensa y continuada a lo largo de muchos años.

En 1959, cuando tenía treinta años y daba clases en el instituto, empezó a estudiar arqueología, desplazándose todos los días de Foix a la Universidad de Toulouse. En aquella época centró su atención en los dólmenes, estructuras neolíticas en las que dos piedras en posición vertical sostienen una tercera en horizontal. Los dólmenes guardan bastante parecido con los megalitos de Stonehenge, salvo porque estos son de menor tamaño y se yerguen en el suelo en solitario. Salpican el paisaje de Francia y Gran Bretaña. La tesis doctoral de Clottes fue un inventario de más de quinientos dólmenes de la región francesa de Lot. En aquella época no era realmente más que un recién licenciado de más edad que la media, pero su talento y energía eran ya evidentes. El 1 de enero de 1971, doce años después de haber iniciado sus estudios, lo nombraron director de antigüedades prehistóricas de la región del Mediodía-Pirineos, que tiene una extensión mayor que la de Suiza. El puesto era más prestigioso que lucrativo; recibía, a modo de compensación, la escasa suma de trescientos francos mensuales, que no le permitía dejar la enseñanza de inglés en el instituto.

Sin embargo, ese cargo determinó el resto de su vida. En su nuevo puesto descubrió, para su sorpresa, que las otras agencias gubernamentales y sus funcionarios lo consideraban un experto en toda clase de restos prehistóricos, las cuevas decoradas entre ellos, lo cual no era cierto. Cada vez que se descubría una cueva, tal y como ocurrió, y cuando surgían asuntos relativos a la preservación de las cavernas y del arte que contenían, como también sucedía, era a él a quien se dirigían los funcionarios locales en busca de respuestas, decisiones y, lo más descorazonador de todo, instrucciones.

Si bien no exactamente aterrorizado, pero sin duda apremiado, Jean empezó a adquirir conocimientos como buenamente pudo. Trababa amistad con arqueólogos que trabajaban en las cuevas, asistió a conferencias y elaboró algunos estudios arqueológicos de cuevas concretas. Acabó su tesis sobre los dólmenes en 1974, y después pudo dejar las clases en el instituto y dedicarse por entero a las cuevas.

Fue entonces cuando comenzó de verdad su prodigiosa producción de trabajo científico. A estas alturas, su bibliografía es punto menos que abrumadora: contiene más de trescientos artículos y más de veinte obras. En particular, elaboró un exhaustivo estudio sobre Niaux, una de las seis cuevas más importantes según Breuil. Junto con Robert Bégouën y otros, llevó a cabo también una amplia investigación del sistema de cuevas del Volp, y en cierto momento pensó en dedicar lo que restara de su carrera a estudiarlas. A partir de 1988 pasó años dirigiendo excavaciones en una cueva llamada Le Placard, donde su equipo descubrió más de seiscientas rocas grabadas. Los investigadores fueron capaces de precisar que el grabado más antiguo databa de hace más de veinte mil años, y de demostrar que signos como los de las rocas de Le Placard aparecían en otras cuevas repartidos por una amplia región de Francia. Durante ese tiempo, Clottes formó y alentó a toda una generación de prehistoriadores.

En 1992 fue nombrado inspector general de arqueología del Ministerio de Cultura, y un año después asesor científico de arte prehistórico en ese mismo ministerio, cargo que ocupó hasta 1999, cuando cumplió sesenta y seis años y le correspondió jubilarse. Durante la década de 1990 daba la impresión de que, siempre que se descubría una cueva, era Jean Clottes el encargado de dirigir la investigación y determinar quién podría tener acceso y quién no.

Aunque Jean es enérgico y exigente en lo tocante al trabajo, no tiene un carácter complicado. Por el contrario, es encantador y de trato fácil. En una ocasión, llegó a Estados Unidos para realizar una gira de conferencias que debía durar dos semanas con solo una bolsa de cuero colgada al hombro. Soportó la inevitable sucesión de cenas diarias con extraños y el ajetreo del aeropuerto al hotel, y de ahí al salón de actos de turno, con paciencia y buen humor. Sin embargo, su éxito en un sistema burocrático como es la arqueología francesa, donde que él obtuviera un cargo estupendo significaba inevitablemente que otra persona salía perdiendo, creó cierto resentimiento en algunos sectores, y alimentó además la idea de que sería agradable verlo caer alguna vez. Con el descubrimiento de la cueva de Cosquer, en los acantilados cercanos a Marsella en 1991, y con las continuas apariciones de Jean Clottes en los medios explicando el nuevo hallazgo, esta facción creyó llegado el momento de esa caída[2].

Marsella es el centro del submarinismo en Francia, y Henri Cosquer era el director de una escuela de buceo próxima. Los acantilados que bordean la costa contienen un entra-

2. El relato del descubrimiento de Cosquer y la polémica que le siguió está basado en Clottes *et al.* (1992), Clottes y Courtin (1996).

mado de cuevas submarinas. Cosquer y otros buceadores como él aprovechaban cualquier oportunidad para explorarlas, a pesar del gran peligro que entrañaban, o quizá precisamente por eso. En septiembre de 1985, Cosquer advirtió un pequeño orificio en la roca que resultó ser la entrada de un túnel a casi cuarenta metros de profundidad. En los días siguientes, emprendió lentamente el recorrido del túnel hasta que finalmente emergió en una cueva llena de bosques de estalagmitas de bello colorido y cristales de aragonita que adoptaban formas caprichosas. Volvió en varias ocasiones a lo largo de aquel otoño, pero no le habló a nadie de la cueva. Era su lugar secreto.

Tras aquel otoño, pasaron seis años antes de que Cosquer pudiera regresar a su cueva. En julio de 1991 recorrió de nuevo el túnel y esta vez vio algo más espectacular si cabe que las estalagmitas y los cristales: una mano humana dibujada con plantilla en rojo sobre una pared. Era un hallazgo que no podía mantener en secreto. Durante aquel verano condujo en varias ocasiones a cinco o seis amigos por el túnel hasta la cueva, y pronto se les reveló la mayor parte de las pinturas y grabados que han hecho de Cosquer uno de los dos grandes hallazgos en Francia después de Lascaux.

Cosquer hizo fotografías y grabó vídeos de todos los trabajos artísticos, pero no estaba seguro de qué hacer con ellos ni cómo manejar su gran hallazgo. Mientras reflexionaba sobre ello, tuvo lugar una tragedia que comprometió su modo de pensar. El 1 de septiembre, cuatro submarinistas de Grenoble que estaban de visita dieron por azar con la entrada del túnel y trataron de seguirlo, a pesar de que carecían de una cuerda de seguridad y demás equipamiento necesario para practicar submarinismo en grutas. Los buceadores se extraviaron y fueron presa del pánico. Solamente uno sobrevivió. Quiso la casualidad que Henri Cosquer formara parte del equipo de rescate que se creó a toda prisa y que halló los tres cadáveres. Dos días después, el 3 de septiembre de 1991, preparó sus fotografías y cintas de vídeo y reveló el descubrimiento a la Oficina Naval de Marsella. Los oficiales de la Marina enviaron la noticia a París, donde rápidamente llegó a oídos de Jean Clottes, en la división de Arqueología del Ministerio de Cultura.

Evidentemente, el primer paso fue determinar la autenticidad de las pinturas y los grabados. Se formó rápidamente una comisión, en la que Jean Clottes fue el asesor científico que examinó las fotografías y las grabaciones que Cosquer había aportado para corroborar sus reivindicaciones. Las fotografías mostraban, sin dejar lugar a la duda, que las pinturas a menudo estaban cubiertas de calcita, lo que era indicio de su antigüedad. Sin embargo, una expedición liderada por Jean Courtin, un prehistoriador que también era submarinista consumado, entró en la cueva el 18 de septiembre. Hicieron más fotografías, examinaron muchas de las pinturas de cerca, y recogieron muestras del carbón que todavía estaba esparcido por el suelo de la cueva. Courtin informó de que las pinturas y los grabados mostraban minúsculas cristalizaciones que para él confirmaban su antigüedad. La datación por radiocarbono demostraba que el carbón del suelo, que también mostraba pátina antigua, tenía más de dieciocho mil años. Esto no significaba que las pinturas fueran de la misma época, pero establecía que había entrado gente en la cueva en aquella era. Clottes y Courtin quedaron convencidos de que estos y otros restos recabados por Courtin probaban que la cueva era auténtica. La entrada estaba ahora sumergida, pero en aquel entonces el nivel del Mediterráneo era unos noventa metros inferior al actual.

Los científicos pudieron llevar a cabo su trabajo mientras la existencia de la cueva era todavía un secreto para la opinión pública. Sin embargo, a mediados de octubre, apenas unas semanas después de que Cosquer revelara su descubrimiento a las autoridades navales, la noticia se filtró a dos periódicos de la zona. Uno, *Le Méridional,* publicó la historia con el inspirado titular: «Veinte mil años bajo el agua». De repente, Jean Clottes se vio asediado por la radio, la televisión, y por periódicos y revistas de todo el mundo. Se hallaba en una tesitura delicada. Además, las exigencias de los medios de comunicación lo distraían, como a los demás científicos, de su trabajo. Por otra parte, en las guerras burocráticas por la financiación de la arqueología en Francia, el interés del público y el apoyo para ciertos proyectos puede ser relevante. También pueden ser de ayuda los artículos favorables de la prensa. Así que, a pesar de los inconvenientes que causaban, había que tratar de ganarse el favor de los medios.

A Clottes le preocupaba también otra clase de riesgo. Ya en otras ocasiones, la publicidad de los nuevos descubrimientos había atraído a ladrones y vándalos, que podían destruir el hallazgo. La noticia llamaba la atención también a simples curiosos, que sin quererlo podían perjudicar el arte y las evidencias arqueológicas de una cueva. El resultado fue que, en una conferencia de prensa en París, el ministro de Cultura decretó que protegería la cueva inmediatamente declarándola monumento histórico.

En ese momento se inició la reacción, sin que se sepa con claridad el motivo exacto. Tal vez fueran meros celos, ya que la cueva se cerró entonces y Jean se había convertido en presidente del comité oficial a cargo de su estudio y conservación. Cualquiera que fuera el detonante, sin embargo, a lo largo de las semanas subsiguientes varios prehistoriadores empezaron a cuestionar la autenticidad de la cueva. En particular Denis Vialou, un profesor del Museo de Historia Natural de París y reputado prehistoriador, declaró en noviembre en una entrevista para un periódico: «Estoy absolutamente convencido de que es una falsificación», y lo repitió luego en programas de televisión y radio. Pronto Arlette Leroi-Gourhan, viuda de André Leroi-Gourhan, se unió al coro, igual que Paul Bahn, prehistoriador británico. Bahn escribió un artículo en el *Independent on Sunday* que explicaba los argumentos de ambas partes, pero concluía diciendo que «persisten las dudas»[3]. En febrero de 1992, apareció un polémico artículo en *Science et Vie,* una revista nacional destinada al público general, con el título «Una cueva llena de sombras». «Denis Vialou se mantiene escéptico —decía el artículo—. Algunos otros destacados especialistas en cuevas decoradas, como Gilles y Brigitte Delluc, así como Arlette Leroi-Gourhan, comparten sus dudas. Evocan el hecho de que no se les haya transmitido ningún dossier científico y deploran el cierre temporal de la cueva desde que fuera declarada monumento histórico». El artículo continuaba en tono malicioso y arrogante hablando de un grabado que denominaba el «pingüino provenzal», acerca de la «mediocridad casi infantil» de otras figuras, y sobre pinturas que tachaba de «burdas copias». Incluso los depósitos de calcita estaban bajo sospecha: «Los depósitos de calcita de las figuras no demuestran

3. Bahn (1992).

su edad; en muchos túneles del metro de París pueden hallarse depósitos de cal». Además, «es posible crear calcita artificialmente».

Jean Clottes y Jean Courtin vieron en estos artículos ataques personales a su capacidad de juicio y su integridad. Clottes, aunque en público se mantuvo estoico, apretaba los dientes en privado. Ofreció su respuesta en julio de 1992, en un artículo del que fue coautor y que se publicó en el *Bulletin de la Société Préhistorique Française*. Su argumentación concluye con un párrafo maravilloso:

Para que esta colección fuera falsa, su artífice habría debido ser sumamente entendido en arte paleolítico para no cometer error alguno en la elección de los temas y las técnicas, al tiempo que introducía espectaculares innovaciones que, no obstante, son verosímiles. Habría tenido que ser un excelente submarinista y un consumado artista. Habría tenido que salir victorioso al reconstituir un antiguo tipo de capa de calcita no solo sobre las pinturas, sino también en los techos y paredes circundantes. Habría tenido que dar una pátina a los grabados, procurarse abundante carbón de dieciocho mil quinientos años de antigüedad perteneciente a una especie de árbol propio de climas fríos, y construir hogares y darles una capa de calcita incluso debajo del agua. Por último, habría tenido que trabajar con suma discreción (¿de noche, tal vez?), a fin de no llamar la atención sobre sus continuas inmersiones en una localización muy concurrida, y de no dejar rastro de sus actividades en la cueva.

Aun así, unos cuantos huesos duros de roer como Denis Vialou persistieron en sus dudas. Finalmente, apenas unos meses después, Jean Clottes y varios de sus colaboradores publicaron otro artículo en el *Bulletin* sobre las dataciones por radiocarbono de Cosquer. Las muestras de carbono empleadas en la datación habían sido recogidas por Jean Courtin y procedían de carbón del suelo de la gruta y de diminutas partículas de pigmento orgánico extraídas de varias pinturas. Una de las muestras de carbón ya daba una fecha de unos dieciocho mil quinientos años de antigüedad. Cinco muestras de pigmento sacadas de las pinturas de animales demostraron ser de hace entre diecinueve mil y dieciocho mil quinientos años. Obviamente, el carbón y las pinturas eran de la misma época, y las pinturas auténticas. Otras dos muestras de pigmentos procedían de manos en negativo y figuras incompletas. Una figura tenía más de veintiséis mil años de antigüedad, y una de las manos más de veintisiete mil. Dos muestras de carbón procedían de hogueras igual de remotas. Las fechas demostraban que en Cosquer había habido dos periodos de actividad, y por último confirmaban la autenticidad de las pinturas más allá de toda duda. Y lo más importante es que esos veintisiete mil años eran, como escribió Clottes, «la fecha más antigua que hasta ahora se ha obtenido directamente del pigmento de una pintura mural —y aquí no pudo resistirse a un fugaz momento de regocijo triunfal, sin fundamento científico— *en todo el mundo*». (La cursiva pertenece a Clottes *et al.*)

Jean Clottes tenía cincuenta y ocho años cuando, en 1991, se descubrió Cosquer[4]. Puesto que la entrada estaba sumergida bajo el agua, iba a tener que aprender submarinismo

---

4. Sobre la arqueología de Cosquer, véase Clottes y Courtin (1996).

si pretendía ver la cueva con sus propios ojos. Y eso fue lo que hizo, a pesar de su edad. La entrada a través del túnel constituía una proeza técnica incluso para un submarinista experimentado. La primera vez que Jean la acometió se quedó encallado y a duras penas logró liberarse con la ayuda de los buzos profesionales que lo acompañaban. En total llevó a cabo veinticuatro inmersiones en Cosquer.

Dado que la cueva albergaba restos de hogueras que a su vez contenían cenizas de pino escocés, y dado que algunas de las pinturas empleaban carbón a modo de pigmento negro, Cosquer era una cueva perfecta para la datación por radiocarbono. De los dos periodos representados en la cueva, el más antiguo, de hace alrededor de veintisiete mil años, se compone en exclusiva de huellas dactilares en las paredes y manos en negativo. Las pinturas de animales, en las que predominan los caballos pero que incluyen tres magníficas alcas y algunas focas, datan de dieciocho mil años atrás. No hay signos de que fueran habitadas durante ninguna de las dos ocupaciones. Tal vez la abertura se perdió o quedó condenada hasta su redescubrimiento, nueve o diez mil años después.

Las manos encierran especial interés, ya que a casi un tercio de ellas les faltan dedos. Hay sesenta y cinco manos en total, cuarenta y cuatro estarcidas en negro en una cámara en las profundidades más alejadas de la cueva, y veintiuna en rojo en una pared próxima a la entrada. Del total, cuarenta y tres son manos izquierdas y veintidós derechas.

Hay manos impresas en, al menos, una docena de cuevas —tanto en Les Trois-Frères como en Font-de-Gaume hay cinco—, y a las de algunas de ellas, en particular las de la cueva de Gargas, en los Pirineos, les faltan también dedos. Gargas contiene 231 manos, pero solo 124 se aprecian con claridad suficiente para interpretarlas con certeza. De estas, solo diez están completas, con lo que a las 114 restantes les faltan algunos dedos. Gargas fue descubierta a comienzos del siglo XX y dio pie a casi cien años de agrias disputas. Algunos expertos sostenían que los dedos que faltan eran prueba de una mutilación ritual. Otros creían que los cazadores habían perdido los dedos a causa de la congelación extrema, en tanto que otros achacaban el fenómeno a enfermedades o a una severa desnutrición. Estas teorías cuentan hoy con pocos adeptos. Para empezar, los pulgares aparecen siempre, ¿y por qué la congelación o la enfermedad iban a indultar siempre al pulgar? Pero la respuesta más simple es que experimentos posteriores han demostrado que doblar uno o más dedos antes de estarcir la pintura produce el mismo efecto. Es más probable que doblar un dedo u otro fuera una especie de código. Leroi-Gourhan escribió un entretenido artículo en el que ejemplificaba cómo podía haber funcionado un código de esa clase, aunque no reivindicó haber descifrado el de la cueva de Gargas.

Gargas está a más de cuatrocientos kilómetros de territorio montañoso de Cosquer, lo que da una idea del contacto que había y cuán unificada podía estar una cultura en un área extensa, incluso hace veintisiete mil años. Por descontado que había diferencias regionales. En Gargas, por ejemplo, más de la mitad de las manos «mutiladas» tienen cuatro dedos encogidos y solo el pulgar extendido. En Cosquer, en cambio, la posición más común de las manos mutiladas era la de tener el anular y el meñique encogidos; nada más dos manos aparecen con solo el pulgar estirado. Eso podía significar, para esa clase de señales hechas con las manos, que en Gargas emplearan un código distinto del de Cosquer. O podría ser que en ambas cuevas utilizaran el mismo, pero, los mensajes fueran muy distintos.

Asimismo, Cosquer encerraba una sorpresa: un «hombre asesinado». Era un dibujo simple, similar al que había salido a la luz en 1922 con el descubrimiento de la cueva de Pech-Merle: una peculiar silueta de un hombre trazada en rojo sobre una piedra plana. Está de pie, pero las piernas son mucho más cortas que el tronco; los brazos también son cortos, y tiene una cabeza de curiosa forma, abombada. Todo esto le confiere la apariencia de un niño precoz. Lo más llamativo es que su cuerpo está atravesado por ocho líneas, cuatro en la frente y cuatro en la espalda. Treinta años después, a unos ciento diez kilómetros de Pech-Merle se descubrió la cueva de Cougnac. Había en ella dos figuras similares, aunque con la cintura más doblada. Sus cuerpos estaban también atravesados por líneas. Aunque se han ofrecido otras explicaciones posibles, parecía que los hombres habían muerto lanceados, puede que incluso torturados con estocadas hasta morir.

Estas dos cuevas se encuentran a cuatrocientos cincuenta kilómetros al noroeste de Cosquer, si bien datan de hace veinte mil años, aproximadamente la misma era del segundo periodo de Cosquer. Y ahora Cosquer había revelado a otro hombre asesinado. El cuerpo es también raro y las piernas y los brazos son cortos, pero en este caso aparece patéticamente tendido de espaldas. Una larga línea, es de suponer que una lanza, se le ha clavado por la espalda, le sale por el pecho y se ha llevado parte de la cabeza.

El significado de estos cuatro hombres asesinados, que guardan enormes similitudes aun encontrándose en cuevas muy distantes, es un enigma. ¿Era una imagen de algún gran relato? ¿La conmemoración de una tragedia del pasado o del justo castigo de un transgresor? ¿O acaso algo completamente distinto? Desde luego los hombres muertos, junto con las escenas de hombres enfrentados a bisontes de Lascaux y Villars, muestran que los cazadores de la Edad del Hielo vivían en una civilización repleta de historias clásicas. Los hombres asesinados evidencian que el mundo de los cazadores no era un Edén poblado por seres inocentes. Cuando menos, una de esas historias clásicas trataba de la violencia del hombre contra el hombre.

Cosquer fue la primera de tres crisis en las que Jean Clottes se vio involucrado durante la década de 1990. Llegaron en rápida sucesión, y una alimentaba a la siguiente, de modo que cada crisis era mayor que la anterior. El segundo de estos episodios difíciles nació de la implicación de Jean en Chauvet, una cueva que resultó ser más antigua y espectacular incluso que Cosquer. El tercero ocurrió cuando Jean se apartó de la descripción, datación y clasificación −sus grandes puntos fuertes como «arqueólogo del polvo» de toda la vida− y trató de desentrañar el significado detrás de los trabajos artísticos.

Jean tuvo noticia de Chauvet al recibir una llamada telefónica a su casa de Foix el 28 de diciembre de 1994[5]. Interrumpiendo unas vacaciones familiares largamente planeadas, se marchó aquel mismo día y condujo hacia el este dos o tres horas a través de las montañas hasta Vallon-Pont-d'Arc,

5. El relato del descubrimiento de Chauvet y su autentificación se basa en Chauvet, Deschamps e Hillaire (1996), Clottes *et al.* (2003), y conversaciones personales.

donde se había llevado a cabo el descubrimiento. Allí se encontró con Jean-Marie Chauvet, Eliette Brunel-Deschamps y Christian Hillaire, los tres espeleólogos responsables del hallazgo, que lo condujeron hasta la cueva al día siguiente. Eliette había llevado vino tinto de su propia cosecha para celebrar el descubrimiento a la vuelta de su descenso. «Ah, pero es que yo he venido a comprobar la autenticidad de las pinturas —dijo Jean Clottes—. Espero encontrar algunas falsificaciones». Pero Eliette le prometió que tendrían ganas de tomarse el vino. Y así fue. En su libro acerca del descubrimiento, *Dawn of Art: The Chauvet Cave* [Los albores del arte: la cueva de Chauvet], los tres espeleólogos dicen: «Vimos la profunda emoción que la belleza extraordinaria de las pinturas y los grabados despertaba en él». Sin duda, Jean hablaba por propia experiencia al mencionar el efecto sobrecogedor que puede tener incluso en prehistoriadores veteranos ver por vez primera una cueva como Les Trois-Frères o Chauvet.

Él se había dado cuenta casi instantáneamente de que las pinturas eran auténticas. El suelo de la cueva estaba sembrado de huesos de osos cavernarios, pisadas de ellos, e incluso huellas de sus garras. Gracias a las precauciones que los espeleólogos habían tomado desde el principio, no contenía sin embargo huellas de zapatos, que los falsificadores no podrían por menos que haber dejado, sobre todo frente a los paneles pintados. Al examinar las pinturas con una lente de aumento, advirtió que unas líneas aparentemente sólidas a menudo mostraban pequeñas interrupciones causadas por la erosión, en tanto que otras, igual que las pinturas de Cosquer, estaban cubiertas de depósitos minerales o calcita. Todo eso, además de muchas otras evidencias, le convenció de que podían tomarse el vino de Eliette con la conciencia tranquila.

La cueva se encuentra en una región montañosa al sur de la Francia central llamada Ardèche. Desde la entrada, cerca de la cumbre de una pared rocosa, se domina el Pont d'Arc, un arco natural de piedra que pasa por encima del río Ardèche y atrae a hordas de veraneantes cada año. Los tres descubridores formaban un equipo de espeleología desde hacía años, y ya habían descubierto cuevas decoradas de menor relevancia. Su líder, Jean-Marie Chauvet, era guardabosques y apenas hacía un año que le habían asignado la custodia de las célebres cuevas decoradas de la región.

El 18 de diciembre habían estado explorando la cresta de la pared rocosa cuando, al final de una pendiente, notaron una corriente de aire frío, que a menudo es indicio de una cueva. Entonces retiraron rocas hasta que Eliette, la más pequeña de los tres, pudo introducir dificultosamente parte del cuerpo por la abertura y se halló asomada desde el techo de una gran cámara subterránea. Gritó y el eco parecía volver de remotas profundidades. Agrandaron el agujero un poco y descendieron unos nueve metros con una escalera de cadena. Una vez en el suelo de la cueva, empezaron a avanzar con lentitud. De súbito, Eliette dejó escapar un grito. «¡Han estado aquí!», anunció, y señaló dos líneas de ocre rojizo iluminadas por el haz de luz de la lámpara de su casco. Despacio, pisando sobre los pasos del primero de ellos a fin de modificar la superficie lo menos posible, recorrieron una cámara tras otra comprobando que las paredes estaban cubiertas de magníficas pinturas e impresionantes grabados. Hallaron pisadas humanas, así como un cráneo de oso colocado encima de una roca, como si se tratara de un altar.

Cuando salieron, tres horas más tarde, era medianoche. Bloquearon la entrada lo mejor que pudieron y bajaron por la ladera en silencio, absortos en sus pensamientos. Al llegar a casa finalmente se relajaron y descorcharon champán. Acababan de pasar el día más importante en sus veinte años de explorar cuevas.

El 24 de diciembre volvieron acompañados de otros tres amigos con quienes habían decidido compartir su secreto. Jean-Marie Chauvet llevó rollos de plástico con los que cubrir el suelo y preservarlo. Descubrieron más galerías, entre ellas la que llevaba a la cámara más importante, la Salle du Fond, decorada con poderosas pinturas de leones y rinocerontes. Por último, puesto que se les había acabado el plástico, fueron a rastras hasta la entrada de un vestíbulo, donde alcanzaron a ver tres osos pintados en el fondo. Sin embargo, como el suelo estaba cubierto de huesos, se dieron media vuelta y dejaron la cueva tras pasar siete horas bajo tierra. Regresaron de nuevo el día después de Navidad, con más plástico, y el 28 de diciembre anunciaron su descubrimiento a la Administración de Asuntos Culturales de la región. Fue entonces cuando Jean Clottes recibió la llamada.

Al ver Chauvet, confesaría más adelante, a Jean le asaltó «como un rayo» la determinación de ser él quien dirigiera el estudio de la cueva, y comenzó su campaña para obtener el nombramiento. En primer lugar, puesto que le correspondía determinar la autenticidad de la cueva para el Ministerio de Cultura, quiso evitar todo tipo de problemas similares a los que habían asediado la investigación en Cosquer. Le sugirió al ministro de Cultura que aproximadamente una docena de especialistas en arte rupestre fueran invitados de inmediato a visitar la cueva. Jean mandó una lista de nombres encabezada por el de Denis Vialou, su principal antagonista en el asunto de Cosquer, e incluyó el de otros que se habían sumado a Vialou en el jaleo. Todas estas visitas tuvieron lugar el 7 de febrero de 1995, y resolvieron cualquier duda que pudiera haber. De hecho, Vialou quedó tan impresionado por la cueva que trató de arrebatársela a Clottes. Pidió que el derecho a llevar a cabo un estudio científico de la gruta se concediera por sorteo. Tras meses de preparación, tanto Vialou como Clottes presentaron sus respectivas propuestas ante un jurado internacional formado por nueve arqueólogos, que luego se retiraron a deliberar. El 31 de mayo de 1996 notificaron que se habían decidido por unanimidad a favor de Jean Clottes.

Jean dirigió el estudio de la cueva de 1998 hasta 2001, cuando Jean-Michel Geneste tomó el relevo. Siempre había formado parte del equipo investigador de Chauvet, y antes había sido administrador de Lascaux. El proyecto básico y los procedimientos que Jean Clottes propuso en 1995 todavía estaban vigentes cuando permanecí durante unos días con el equipo en el otoño de 2004.

Por fortuna, la cueva está situada no lejos de un campamento de deportes de aventura que en verano sufre una verdadera invasión, pero que a menudo se halla desierto en primavera y otoño, cuando el equipo se concentra para hacer incursiones en la cueva. El campamento está dotado de dormitorios de cemento con austeros cuartos de cuatro catres cada uno. Cada habitación da a un pasillo descubierto, a lo largo del cual se alternan los servicios y las duchas. Comíamos en una larga mesa de la inmensa sala comunitaria, y las comidas, preparadas por un enjuto cocinero de aspecto fuerte, eran espectaculares. Una noche preparó un estofado de cabeza de jabalí.

Una de las mayores agonías de la arqueología es que no puedes excavar un yacimiento y preservarlo al mismo tiempo. Excavar es destruir. Esa es la razón de que haya tanta inquina hacia los arqueólogos que excavan un yacimiento y luego tardan años en publicar los resultados. El yacimiento queda arruinado y entonces la información que se ha obtenido permanece sepultada en el archivador de algún profesor. También es ese el motivo de que en Chauvet se haya llevado a cabo solo una excavación de prueba, y muy limitada. No habrá otra en muchos años. El proyecto de Jean Clottes se basaba en métodos para estudiar la cueva que arrojaran resultados pero que la preservaran también casi en perfecto estado para el futuro. En primer lugar, eso entrañaba mantener las condiciones climáticas en el interior de la cueva, estudiándola solo durante dos semanas, en mayo y octubre. Limitar el tiempo que la gente pasa en la cueva permitiría que el clima se restableciera durante los largos meses que permanece cerrada. Además, había que preservar los suelos a toda costa. Antes de poder empezar a trabajar, unos técnicos contratados por el Ministerio de Cultura instalaron rejas metálicas siguiendo la ruta exacta sobre la que los tres espeleólogos habían tendido sus rollos de plástico. Grandes áreas de la cueva aún no han sido estudiadas, aunque a distancia parecen sumamente interesantes, por la sencilla razón de que las rejillas metálicas no llegan hasta tan lejos.

La principal tarea que se lleva a cabo, que requerirá años hasta completarse, parece bastante sencilla: elaborar un listado, registrar y reproducir todos los trabajos artísticos de las paredes de Chauvet. Las fichas perforadas de Leroi-Gourhan han pasado a la historia hace tiempo, pero su espíritu pervive en los formularios de la memoria que debe cumplimentarse para cada artículo, tanto si se trata de un animal pintado en figura completa en medio de una manada, o una débil línea en una pared que sin ella estaría en blanco. El inventario incluye la localización, el tamaño, la distancia desde el suelo, el tema («animal, signo, huella, humano, compuesto, indeterminado»); la especie animal («caballo, bisonte, uro, íbice, ciervo rojo, reno, megacero, felino, oso, mamut, rinoceronte, indeterminado); la técnica («pintura, dibujo, estampado [esto es, realizar una serie de puntos con un pedazo de musgo o de pellejo], grabado, raspado, trazo dactilar»); la figura más próxima; los indicios de deterioro («película de calcita, superposición, borrado, erosión, corrosión, otros); el color («negro, rojo, amarillo, marrón, otro»); orientación; perfil («izquierdo, rostro entero, derecho»); y varios detalles más. Toda esta información va a parar a una base de datos informática.

Sin embargo, el inventario es solo el comienzo. Los trabajos artísticos también deben copiarse. Realizar copias es un proceso largo, a menudo tedioso. Y, al igual que una excavación, resulta del todo esencial, porque, por extraño que pueda parecer, es imposible apreciar este arte simplemente mirando la pared. La intensa concentración que se requiere para copiar revela signos e imágenes que antes eran invisibles. Michel Lorblanchet, un distinguido prehistoriador de notable talento artístico, llevó a cabo copias en la cueva de Pergouset[6], que había visitado en más de veinte ocasiones, a menudo acompañado de colegas, y creía conocer bien. No obstante, al ponerse a hacer sus reproducciones, descubrió muchos signos y animales que antes no había visto, entre

6. Lorblanchet (1995).

ellos una vulva de casi medio metro de ancho que, una vez vista, es lo primero que uno advierte en la pared. Lorblanchet trabajó en la cueva tres años realizando copias. En ellas aparecen doce caballos, tres renos, tres cabras montesas, un ciervo, un bisonte, un uro, cuatro animales sin determinar, dieciséis signos, la mencionada vulva y doce trazos sin determinar. Años antes, cuando Leroi-Gourhan visitó la cueva, no vio más que una cabra montesa aislada, un caballo y un bisonte. Lo que Lorblanchet fue capaz de ver, en comparación con lo que vio Leroi-Gourhan, es la diferencia entre copiar y el simple acto de mirar.

Copiar el arte de las cuevas empezó con las pinturas y los calcos de Breuil. Los calcos, en particular, son recursos valiosos para los prehistoriadores y con frecuencia aparecen en libros y artículos. Estudiar los calcos en lugar de la propia pared de la cueva simplifica mucho la tarea de descifrar el trabajo artístico, sobre todo cuando hay muchas obras superpuestas. Sin embargo, los errores que Breuil cometía, como el de dibujar una segunda cola al león de Les Trois-Frères en vez de un brazo y una mano humanos, han dado pie a una serie de errores desafortunados.

Breuil realizó sus copias colocando papel de calcar directamente sobre la pared de la cueva, un método que horrorizaría a un científico moderno, quien no osaría tocar una pared sino con fines especiales, como tomar una muestra de pintura para la datación por radiocarbono. La propuesta de Jean Clottes decía específicamente: «Los calcos están planificados de modo que no haya contacto directo alguno con la pared». Y hoy en día las razones para realizar copias son mucho más complejas. El objetivo no es solo reproducir el trabajo artístico, sino también analizar las partes que componen la obra, estudiar las técnicas del artista, y averiguar, cuando es posible, cómo se hizo paso por paso la pintura o el grabado. Fue este método el que permitió a Norbert Aujoulat en su libro sobre Lascaux determinar el orden invariable de trazos con que los artistas pintaban un caballo.

Varios miembros del equipo de Chauvet son arqueólogos cualificados al tiempo que artistas de talento. Uno de ellos, Gilles Tosello, está tal vez a la altura de Breuil. Su método de reproducir las pinturas de Chauvet empieza con una impresión fotográfica del mismo tamaño exacto que la obra en cuestión. El copista lleva la fotografía y unas hojas de plástico traslúcido a la cueva. Por lo común, instala un trípode con una pinza para sostener una mesa de dibujo y una lámpara, y trabaja de pie justo enfrente de la pared de la cueva, a menudo durante largas horas. Después de cubrir la fotografía con una hoja de plástico, el copista observa la pared y empieza a dibujar solo algún aspecto de lo que tiene delante. Podría tratarse solamente del color rojo de la pintura, o del negro. Las características de la pared también se copian, de modo que algunas hojas de plástico mostrarán únicamente los zarpazos de oso que pueda haber, o los desniveles de la pared, o las grietas. Aunque la lámina transparente se coloca encima de la fotografía, en realidad la fotografía no es más que un negativo. El copista trata de reproducir lo que hay en la pared, y en cambio no se limita a colorear, pongamos por caso, todo el rojo de la fotografía. Puede haber una docena o más de láminas plásticas antes de dar por acabada la copia.

Mediante el uso del Photoshop, que muchos arqueólogos en Chauvet manejan como magos, las láminas de plástico se introducen en ordenadores Macintosh conectados a pantallas más grandes de lo habitual. Ahora las imágenes de la pintura de la pared pueden manipularse a placer según las necesidades del investigador. Por ejemplo, aislar los diversos elementos de la pintura puede revelar el orden de los pasos que siguió el artista. Asimismo, cuando hay superposiciones de una pintura sobre otra, pueden estudiarse por separado o en conjunto, y en ambos casos trazo a trazo. Las superposiciones parecen a veces fruto del azar, pero este minucioso estudio reveló en Chauvet el caso de una superposición planificada y deliberada. El artista había dejado una separación en la línea que marcaba la panza de un animal. La línea que representa el cuello del animal superpuesto pasa justo por esa separación.

El estudio de otra pintura de mayor complejidad arrojó resultados aún más fecundos[7]. Una de las pinturas más bellas de Chauvet muestra a cuatro caballos que parecen correr detrás de una extraña manada de uros y rinocerontes. Justo debajo de los caballos, dos grandes rinocerontes se miran cara a cara. Esta creación en su conjunto, pese a su belleza, es también desconcertante. ¿Por qué están juntos estos animales? ¿Se colocaron así al azar o existe algún orden oculto que guiara las decisiones? La técnica de copiar en detalle capa a capa ha revelado los pasos que se siguieron al crear esta pintura.

En primer lugar, un oso cavernario arañó una pared en blanco. A pesar de eso, se eligió este espacio para una pintura. Entonces un artista o artistas grabaron un rinoceronte mirando a la izquierda enfrente de un mamut que mira a la derecha. Las ancas del rinoceronte están justo por en-

7. Clottes (2003b).

cima de los zarpazos del oso. Estos grabados se hallan a más de dos metros y medio del suelo y carecen de mucho detalle. Es de suponer que se hicieron con un palo o hueso puntiagudo, o alguna otra herramienta extendida que permitiera al artista alcanzar esa altura, y que en cambio dejara escaso margen para una obra más elaborada.

Las partes inferiores de estos grabados quedaron borradas cuando un artista —¿el mismo? ¿uno distinto?— rascó la blanda superficie de la roca para despejar un área dura de color blanco sobre la cual pintar. El área rasqueteada aprovechaba un rincón de la pared a fin de que una pequeña parte trazara un ángulo casi de cuarenta y cinco grados respecto a la porción principal. El artista pintó entonces cinco animales de pequeño tamaño —dos rinocerontes, un ciervo y dos mamuts— en color negro, en la porción mayor de la pared. A continuación, más abajo, fue el turno de los dos grandes rinocerontes cara a cara a ambos lados de la curva de la pared. Si se trata de dos machos enfrentados o un macho y una hembra en un ritual de apareamiento, no queda claro.

Entonces un artista, tal vez distinto del que había pintado los cinco animales de pequeño tamaño y la pareja de rinocerontes, pintó tres magníficos uros en la parte más grande del área rascada, mirando a la izquierda y con unos imponentes cuernos curvados que se proyectan hacia delante. Por último, el mismo artista de los uros pintó los cuatro caballos, que también miran a la izquierda, pero en la parte del rincón de la pared.

Las pinturas de los cuatro caballos se desarrollaron por lo menos en dos fases. El artista pintó dos caballos, uno detrás del otro, y luego se entretuvo rasqueteando la pared por debajo del cuello del caballo más exterior. Esta pausa da que pensar. ¿Significa que el artista empezó con la idea de pintar solo dos caballos, y luego tuvo la inspiración de añadir un tercero y un cuarto? ¿O acaso, pensando en cuatro caballos desde el principio, dudó un instante antes de seguir avanzando? En cualquier caso, el artista pintó un tercer caballo, y luego volvió a rascar la superficie rocosa por debajo de su cuello antes de pintar al cuarto y último équido.

Los uros y los caballos, aunque guarden parecido entre sí, son a su vez individuos. Tienen expresiones distintas, ojos y orejas característicos, proporciones diferentes de la cabeza y el cuello, adoptan posturas diversas. Toda la fuerza de la pintura se desplaza de derecha a izquierda siguiendo el rincón, y a través de la pared, conectando la desbandada de los caballos hacia la izquierda con el movimiento similar de los uros en esa misma dirección. Las copias paso por paso han revelado que lo que en un principio parecía una colección aleatoria de animales, de hecho responde a una composición planificada, cuando menos en lo tocante a los caballos y los uros. Aunque los caballos fueron los últimos animales que se pintaron, el artista les había reservado un espacio desde el principio. Y el análisis revela también las paradas, los comienzos y las pausas a medida que la composición seguía su curso.

El equipo de Chauvet trabaja en una edificación anexa construida especialmente para ellos, cerca de varias pistas de baloncesto al aire libre. Cada día después del desayuno allí se les puede encontrar, concentrados en las grandes pantallas de sus Macs mientras se consultan unos a otros sobre cómo seguir adelante con el trabajo del día. Una recia lluvia, la primera mañana en que estuve allí, dio pie a mucha discusión sobre quién iría a la cueva y quién no. No pude entender qué importancia podía tener la lluvia, puesto que en el interior de la cueva no estaría lloviendo. Todos excepto uno optaron por quedarse en el campamento y trabajar en sus reproducciones informáticas.

Al día siguiente, cuando escalé hasta la entrada de la cueva, lo comprendí. Desde la zona de estacionamiento más próxima hay un breve paseo a través de un viñedo hasta la base de la pared rocosa; luego, una subida larga y difícil por un estrecho sendero de barro y piedras bosque a través. La lluvia hace esta caminata incómoda y quizá incluso peligrosa, puesto que es un sendero estrecho y resbaladizo, y la pared rocosa parece a menudo cortada a pico. Aunque algún instrumental, como los trípodes, puede dejarse en la cueva, los arqueólogos cargan con el resto en mochilas —material de dibujo, cámaras, y muy especialmente comida, agua y vino—, a la ida y a la vuelta, cada día. Desde el aparcamiento junto al viñedo, la caminata montaña arriba lleva una media hora.

El sendero acaba en la minúscula cueva «del cabrestante», que recibe ese nombre porque los pastores solían llevar allí las ovejas por la noche e instalaron un cabrestante para izar el heno. Una hilera de barrotes metálicos, como los de la celda de una prisión, recorre de un extremo al otro la ancha abertura de la cueva. Tras la reja se almacena equipamiento científico, así como dos microondas y otros artículos de cocina y alimentos. Enfrente hay una larga mesa de picnic en un patio donde el equipo almuerza a mediodía. Desde aquí se alcanza a ver, abajo en la distancia, el Pont d'Arc, un gran puente natural de piedra que traza un estilizado arco por encima del río. La ciencia puede explicar cómo crearon las fuerzas de la naturaleza esta formación insólita, pero sigue siendo conmovedora. Es fácil creer que se trata de algo creado por una potencia misteriosa de enorme poder, lo cual supongo que es lo que son en realidad las fuerzas de la naturaleza. Quizá los antiguos cazadores decidieran pintar en Chauvet porque la cueva ofrecía un atisbo de este raro detalle paisajístico.

Siempre que los científicos descienden a la cueva, debe estar presente también un guía estatal, que se queda fuera para asegurarse de que no entra nadie no autorizado. La entrada de la cueva está al final de una pasarela de piedra que bordea la pared rocosa. Una sólida puerta metálica con doble cerradura impide el paso. El guía estatal está en posesión de una llave y los científicos de la otra, de modo que nadie, autorizado o no, pueda entrar subrepticiamente. Desde que se descubrió Chauvet, su propiedad ha sido objeto de varios juicios desalentadores que han implicado a los diversos terratenientes, la nación francesa, y los descubridores, en concreto Jean-Marie Chauvet. Aunque la cueva lleva su nombre, él ha obtenido más frustraciones y desengaños que alegrías tras el hallazgo.

Sin embargo, el cuidado que pusieron aquellos primeros exploradores, la estricta seguridad que se ha impuesto desde el principio y las precauciones que formaban el núcleo del proyecto de Jean Clottes para el estudio y la exploración de la cueva, la han preservado en el estado en que se descubrió. ¡Y qué cueva! Del mismo modo que la «batalla del aurignaciense» de Breuil desbarató la cronología prehistórica aceptada en aquella época, el descubrimiento de Chauvet ha trastornado las cronologías tanto de Breuil como de Leroi-Gourhan, así como un sinfín de supuestos consagrados por la tradición acerca de la naturaleza y el desarrollo del arte prehistórico. Varios laboratorios han llevado a cabo dataciones por radiocarbono de unas cuarenta y cinco muestras extraídas de distintos lugares de la cueva[8]. Los resultados evidencian que hubo dos, o tal vez tres, periodos en los que entró gente allí. Una muestra era de hace veintidós mil ochocientos años, pero esa fecha es la única de esa era, y resulta por tanto incierta. Siete fechas caen entre veintisiete mil y veintiséis mil años atrás, aunque ninguna pintura data de ese periodo. Veintidós de las dataciones por radiocarbono proceden de hace entre treinta y dos mil y treinta mil años. Algunas de ellas se extrajeron de carbono del suelo, pero otras provienen directamente de pinturas en las que los artistas utilizaron pigmento de carbón para el color negro, con lo que se demuestra que las creaciones artísticas eran tan antiguas como los restos del suelo. (Tres ejemplos proceden de los dos rinocerontes enfrentados debajo del panel de los caballos). La cueva llamada «Grande Grotte», en Arcy-sur-Cure, contiene pinturas que datan de hace veintiocho mil años. Es la cueva más antigua después de Chauvet. Algunas de las obras de Cosquer datan, como ya dije, de hace veintisiete mil años. Las más antiguas a continuación, con veinticinco mil años, están en las cuevas de Cougnac y Pech-Merle, ambas situadas mucho más al norte de la Francia central. Así pues, los trabajos artísticos de Chauvet serían como mínimo cuatro mil años más antiguos que cualquier otro arte rupestre del que tengamos conocimiento.

Además, no solo son antiguos, sino asimismo tan sofisticados como cualquiera de los que aparecieron con posterio-

8. Clottes (2003b).

ridad, incluidos los de Lascaux, que se pintaron catorce mil años más tarde que los de Chauvet. Esto, como he mencionado, desbarata la teoría de que el arte partió de unos inicios rudimentarios y con el tiempo fue ganando en sofisticación, una teoría que había prevalecido desde que los expertos empezaron a reconocer el arte prehistórico por lo que era, y que había fundado las intrincadas cronologías, de estilos dispares, de Breuil y Leroi-Gourhan. Las pinturas de Chauvet dan fe de una maestría en el trazo, el colorido y la perspectiva que alcanza el de cualquier arte rupestre o, de hecho, al arte de cualquier lugar del mundo. Además hay un sentido de la dramatización, del movimiento, de la acción —los leones a la caza con ojos relucientes, caballos al galope— que supera incluso a Lascaux. Craig Packer, un especialista en leones africanos de nuestros tiempos, le comentó a Jean Clottes que a menudo había visto esa misma expresión en los ojos de leones de Tanzania[9]. Para que los cazadores prehistóricos vieran esa expresión y la plasmaran con tanta perfección, dijo Packer, debían de haber estado tan cerca de los leones como él. «Pero la diferencia —añadió— es que yo estaba dentro de mi todoterreno».

Y sin embargo, a pesar de su antigüedad, de lo impresionante de su arte, Chauvet también guarda similitud con las cuevas que vinieron después. Se encuentran los mismos temas que en todas las grutas. Hay manos, puntos y signos geométricos; hay figuras humanas bastante abstractas; y hay animales, entre los que se cuenta la habitual colección de caballos, bisontes, rinocerontes, mamuts y ganado salvaje. Chauvet marca el comienzo —el súbito nacimiento, al pare-

9. Clottes (2000).

cer espontáneo— de una tradición que se prolongaría durante los veinte mil años siguientes.

La tradición pervivió, pero Chauvet muestra que los detalles fueron variando. Hay más de 420 animales pintados o grabados en las paredes de la cueva, pero solo 345 se han identificado de forma concluyente[10]. De estos, el ochenta y uno por ciento son animales peligrosos, como leones, mamuts, rinocerontes y osos que los pobladores de la Edad de Piedra rara vez cazaban para comer. En Lascaux había solamente siete leones, un rinoceronte, un oso y ningún mamut. Tal vez, como sugería antes, los antiguos cazadores lograron reducir el número de animales peligrosos de manera que dejaron de representar una gran amenaza. Eso significaría, inevitablemente, que los mitos de estas sociedades prehistóricas también cambiaron. Cuando menos algunas de las historias basadas en animales peligrosos caerían en desuso y otras nuevas, inspiradas en especies distintas, ocuparían su lugar; por añadidura, las clases de animales frecuentes en el arte rupestre también cambiarían.

En Chauvet hay tres elementos que merecen especial atención. El famoso cráneo de oso, que se halló cuidadosamente colocado sobre una roca, es tan sorprendente como las propias creaciones artísticas, pues la disposición tiene toda la apariencia de ser un altar. Está situado en una sala con un techo bastante bajo. El suelo está más deprimido en el centro, y de ahí asciende de manera gradual, casi en escalones, hasta encontrarse con las paredes. En su conjunto, la cámara guarda cierta similitud con un anfiteatro, con la roca y el cráneo en primer plano.

10. Clottes (2003b).

En algún punto del pasado remoto, la roca cayó del techo de la cueva y se partió en varios pedazos. Después un cazador paleolítico puso el cráneo en el borde del fragmento de roca más grande. Falta la mandíbula inferior, pero la superior, con sus largos colmillos, sobresale del filo de la roca. Los trozos de carbón que hay bajo el cráneo son indicio de que alguien había hecho fuego allí. La datación por radiocarbono asigna a esas cenizas una antigüedad de más de treinta mil años. El cráneo, que no muestra indicios de llamas, fue colocado allí después de que el fuego se extinguiera.

Hay montones de huesos de oso cavernario por toda la cueva, entre ellos más de ciento noventa cráneos. Es posible que alguien recogiera una calavera al azar y la pusiera sobre la roca sin ninguna razón particular, quizá incluso alguien que recorriera la cueva después de los tiempos paleolíticos. Sin embargo, hay otros restos cerca de esta roca que permiten asegurar casi con certeza que el cráneo no fue colocado allí por casualidad, sino deliberadamente. Un segundo cráneo de oso yace en el suelo, apenas a unos centímetros de la roca, y hay más de cuarenta y cinco cráneos parecidos en las proximidades, la mayoría en un radio de menos de seis metros. No hay ningún patrón discernible en su disposición, pero ahí están y alguien debió de llevarlos. Es cierto que el agua subterránea y los animales carroñeros pueden desplazar los huesos en una cueva; pero, si ese fuera el caso, ¿por qué razón solo hay cráneos, y no huesos diversos? Además, uno de los cráneos muestra dos líneas negras, que parecen trazadas con el extremo quemado de una antorcha. Eso significa que fue llevado hasta allí ya marcado con las líneas, que no se trataba de la cabeza del animal con la carne y el pellejo. Por alguna razón, de alguna manera, esta sala era un santuario a los osos cavernarios, a los que se honraba en rituales incognoscibles.

En otra parte de la cueva se hallaron dos huesos de oso —húmeros, de hecho— clavados en vertical en el suelo, cada uno junto a un cráneo de oso. Dos dientes de ese mismo animal aparecieron colocados en las oquedades de una roca. Los huesos clavados en el suelo y los pequeños objetos metidos en ranuras y huecos hacen que Chauvet guarde similitudes con otras muchas cuevas, entre ellas Les Trois-Frères. Ninguna otra cueva contiene, en cambio, un cráneo de oso sobre una roca ni una colección de calaveras de ese animal concentradas en una sala. Sin embargo, los huesos en el suelo y las grietas dan fe de una analogía de creencias en un área extensa y a lo largo de muchos milenios.

No existe ninguna figura humana completa en Chauvet, pero hay seis elementos humanos, que aparecen en la cámara del fondo, la parte más profunda de la cueva, y forman una extraña colección: cinco vulvas y un brazo delgado que acaba en dedos finos, de palotes. Tres de las vulvas se hallan justo en la entrada a la cámara del fondo, y dos cerca del final: todas a casi un metro ochenta del suelo. Tres están grabadas, y dos pintadas en negro, pero en su forma son casi idénticas. Un arco horizontal une las dos líneas oblicuas formando una uve. Estas tres líneas forman un triángulo. Después hay una sola línea vertical que parte la uve por la mitad. Cuatro de las vulvas están aisladas en la pared. La quinta, en cambio, junto con el brazo y los dedos de palotes, pertenece a una escena que podría provenir de un mito arcaico, un mito que aparece por vez primera en Chauvet, para luego reaparecer en la mitología clásica, y que incluso pervive en nuestros días.

Esta escena misteriosa forma parte de una de las composiciones más intensas y animadas de todo el arte rupestre. Se desarrolla en la pared izquierda de la cámara del fondo, en torno a una abertura de la pared que a grandes rasgos tiene la forma de una uve invertida. En el interior de dicha abertura, hay una losa con un caballo pintado. Todos los animales, incluido el caballo, miran a la izquierda. Los situados a la derecha de la abertura —un puñado de leones que aparecen en frenética persecución de una manada de bisontes que va justo por delante de ellos y de un extraño mamut con patas redondeadas— parecen precipitarse hacia la uve invertida. Los de la izquierda de la abertura, rinocerontes en su mayoría y más leones, parecen correr hacia fuera de esta.

A la derecha de esta obra maestra, y separada por completo de ella, una gran formación rocosa pende del techo, rematada en un colgante que difícilmente podría ser más fálico. Varias figuras pintadas lo cubren, pero desde la entrada de la cueva asistimos a una escena curiosa: un bisonte, o por lo menos una criatura con cabeza de bisonte, parece agazapado sobre una vulva cuya clásica forma triangular está trazada con líneas negras. Aquí, sin embargo, el interior del triángulo está sombreado de ese mismo color. También con trazos negros aparecen dos piernas, una a cada lado del triángulo. Cada pierna tiene un muslo grueso y una rodilla, mientras que la pantorrilla se estrecha y acaba en una punta, en lugar de en un pie. Se trata sin duda de la representación de una mujer: el torso o bien no existió o fue borrado para que el artista pudiera dibujar la cabeza de bisonte. La cabeza está sombreada en negro también, y contiene un ojo blanco de mirada intensa y lasciva. De la joroba del bisonte sale una línea negra, pero justo en el cuello un trazo del mismo color, aunque bastante menos visible que los otros, sugiere un brazo delgado que, semejante a los del hechicero de Les Trois-Frères, acaba en una mano humana.

La pintura de la mujer no se ha visto nunca salvo en fotografías, porque las pasarelas que protegen el suelo de la cueva no se prolongan hasta el final de la cámara del fondo. Desde el punto en el que acaban, solo la bestia es visible. Un arqueólogo con inventiva llamado Yanik Le Guillou sujetó una cámara digital a un brazo metálico telescópico y logró captar imágenes alrededor de toda la superficie del colgante de roca. Las fotografías revelaron por vez primera que el hombre-bisonte estaba junto a una mujer.

Claro que, aunque se trata de un bisonte y no de un toro, esta pintura hace pensar en el mito de Zeus con forma de toro que lleva a Europa a Creta para violarla. Minos, que se convirtió en gobernante de Creta, fue concebido en esa violación. Un dios encolerizado hizo después que la propia esposa de Minos se prendara de un toro, y esta dio a luz al Minotauro, mitad toro y mitad hombre, que vivió en el Laberinto, una especie de cueva. El arte mural de los ruinosos palacios de la antigua civilización cretense muestra a hombres jóvenes abalanzándose sobre el lomo de un toro embravecido en alguna clase de espectáculo público. Actualmente, en Arles y la campiña circundante, ligeramente al oeste de Chauvet, los jóvenes se visten de blanco para entrar en plazas circulares donde tratan de arrebatarle al toro las bolas tejidas de la punta de los cuernos, y luego echan a correr a lugar seguro. Y en todo el sur de Francia y el norte de España, donde se concentran las cuevas decoradas, perviven las tradicionales corridas de toros, que suelen tocar a su fin cuando el matador clava una espada en la base del cuello del toro y le atraviesa el corazón.

Todas estas asociaciones son tan próximas y encajan tan bien que resulta difícil no creer que sean prueba de una herencia directa. Sin embargo, es posible que tal legado en realidad no exista. Yanik Le Guillou, el arqueólogo que colocó la cámara en el extremo de una pértiga, es un hombre delgado y de tez morena, erudito y contemplativo. De él recibí una carta con una advertencia convincente acerca de excederse en las suposiciones[11]. «Esta clase de brazo y de dedos —decía— es similar a lo que conocemos sobre los dibujos de manos y brazos humanos del Paleolítico Superior. Sin embargo, en esos casos no hallamos un toro con una mano humana, sino un ser humano con una máscara o una cabeza de bisonte. Vaya con cuidado; esto no tiene nada que ver con Picasso ni con el Minotauro». Tiene sobradas razones para decir esto. La carta continuaba: «El Minotauro es un toro, porque el toro era el principal símbolo de fuerza y el animal más peligroso en tiempos neolíticos (tardíos). Además, el toro podía domesticarse, así que finalmente tienes la posibilidad de imponerte sobre él. En cambio, en tiempos paleolíticos los animales más peligrosos eran los leones, los mamuts, los osos de las cavernas y los rinocerontes. En épocas paleolíticas no existía la domesticación, ni siquiera los rudimentos de una pre-domesticación. El toro no contiene la fuerza de la naturaleza. El poder de los animales, al igual que el poder de la naturaleza, no pasa por el toro. La minotaurización de nuestro toro en un juicio precipitado. No existe filiación alguna,

11. Yanik Le Guillou, comentario personal (16 de diciembre de 2004).

salvo en la cabeza de quienes buscan desesperadamente fi-
liaciones originales».

Supongo que yo podría ser una de esas personas. «Deje
volar su imaginación, pero nunca en contradicción con los
hechos», me recomendó en una carta posterior. «Así es como
trabaja el arqueólogo y el modo en que trato de mirar estos
dibujos». Sin embargo, cuando dejo volar mi imaginación,
esta se va directa al Minotauro, aunque sé bien que la advertencia de Yanik es prudente. Estoy seguro de que debería prestarle más atención de lo que lo haré en las frases siguientes. La cultura europea empezó en algún sitio. ¿Por
qué no justo aquí, donde alguien pintó a una mujer y a un
hombre-bisonte en un colgante de piedra hace treinta y dos
mil años? Este aunamiento del ser humano y la bestia está
tan arraigado en nuestra psique que ha pervivido en forma
de mito y espectáculo desde entonces.

Por las huellas dejadas en el suelo[12] y por unas pocas líneas
de puntos pintados incluso en las profundidades más remotas de Chauvet, podemos ver que los pobladores de antaño
reconocieron hasta el último rincón de la cueva, por difícil
que fuera la travesía. Para explorar un pequeño pasadizo que
nace de la cámara del fondo, alguien bajó cuatro metros en
vertical utilizando la pared como único apoyo, y luego se
deslizó por unas aberturas estrechas antes de escalar casi dos
metros para alcanzar un pequeño saliente. Tras abrirse paso
hasta el último recoveco de la cueva, los artistas escogieron
solo ciertas paredes para llevar a cabo las pinturas, pasando
por alto otras que, a simple vista, parecen igual de apropia-

12. Clottes *et al* (2003).

das. Realizaron las pinturas de Chauvet con celeridad y, una vez terminadas, rara vez las visitaron de nuevo.

De hecho, podría ser que no fueran visitadas nunca más. Tal vez había razones culturales que lo impedían, o puede que un desprendimiento de tierra o algún otro fenómeno natural condenara la entrada. Los cazadores hicieron una hoguera en la cámara del fondo frente al colgante con la mujer y el toro, a fin seguramente de obtener carbón para usarlo en las pinturas. Hoy en día, el suelo de la cámara está sembrado de fragmentos de carbón. Si se hubiera producido siquiera una sola visita más, esos pedazos habrían quedado pisoteados bajo el polvo. En Chauvet, contrariamente a lo que sucede en cuevas como Les Trois-Frères y Lascaux, no hay grandes paredes con cientos de grabados, unos sobre otros. Llevar a cabo tal cantidad de grabados requería reiteradas visitas por parte de cierto número de individuos distintos. En Chauvet, en cambio, hay tan pocas huellas del paso del hombre por la cueva, al margen de los trabajos artísticos —apenas algunas hogueras y restos de carbón, unas pocas hojas de sílex, el cráneo de oso encima de la roca, unas piedras apiladas intencionadamente aquí y allá, y un rastro de pisadas— que tuvieron que ser muy pocas las personas que entraron en la cueva y muy pocas las ocasiones en que lo hicieran. Sea cual fuera el propósito de las pinturas, al parecer perduraron generación tras generación sin que hubieran de ser visitadas, adoradas o contempladas siquiera. Tampoco hubo necesidad de que las pinturas fueran recreadas en una cueva tras otra. De haber sido así, los veinte mil años que duró la cultura parietal habrían dado origen a muchas más cuevas de las que hay, aun asumiendo que queden el doble o el triple de cuevas aún por descubrir. Evidentemente, una vez que se pintaba una cueva, su potencia se mantenía durante miles de años.

Hubo, no obstante, por lo menos un visitante que exploró Chauvet hace aproximadamente veintisiete mil años, mucho después de que las pinturas se concluyeran. A juzgar por el tamaño de sus pisadas y por las dos huellas de una mano manchada de barro en las paredes de la cueva, el visitante debía de tener unos diez años y llevaba una antorcha, que acercó a la pared con regularidad, dejando una serie de marcas de carbón. Estos roces en la pared servían a dos propósitos; por un lado, desprendían la ceniza de la antorcha, del mismo modo que se hace con un cigarrillo encendido, y además señalaban el camino, de modo que el niño pudiera encontrar la salida de la cueva. La antorcha da fe de que el niño no se había extraviado, sino que entró en la cueva preparado para explorarla. No hay más huellas, es decir, que iba solo. ¿Qué ocurrió? ¿Se trataba tan solo de un chaval atrevido y curioso o llevaba a cabo algún tipo de ritual según el cual, por alguna razón, un niño debía entrar solo en una cueva, una vez en varios miles de años? En cualquier caso, aquel niño fue el último visitante de Chauvet hasta que Jean-Marie Chauvet y sus dos amigos se adentraron por una abertura en el techo, a última hora de una tarde de diciembre de 1994.

Después de las de Cosquer y Chauvet, Jean Clottes nunca sospechó que la tercera gran controversia de su carrera fuera a durar tanto y convertirse en algo tan personal. De hecho, ni siquiera intuyó lo que se avecinaba, y lo ocurrido aún lo desconcierta y le provoca frustración a día de hoy; sobre todo, porque la avalancha de ataques siguió a lo que él consideraba uno de los periodos más fructíferos, incluso dichosos, de su carrera.

Los problemas empezaron en septiembre de 1996, cuando con David Lewis-Williams, un antropólogo sudafricano, publicó un libro llamado *Los chamanes de la Prehistoria*. Se trataba de un intento serio de interpretar el arte prehistórico por parte de dos figuras de renombre. Ambos se arriesgaron a asumir este reto, a pesar de que la interpretación había ido perdiendo adeptos desde que el espectacular intento de Leroi-Gourhan cayera por su propio peso. Clottes y Lewis-Williams proponían que a menudo –no siempre, pero sí con frecuencia–, los trabajos eran obra de los chamanes de las tribus que trataban de reproducir las visiones que tenían durante sus trances mágicos. Sostenían que los chamanes podrían haber inducido esos trances por muy distintos medios, entre ellos el uso de drogas.

Cuando apareció *Los chamanes,* Jean Clottes formaba parte de un grupo de una docena de especialistas que llevaban a cabo investigaciones en las cuevas de los Pirineos[13]. De vez en cuando se reunían durante un par de días en Toulouse y hacían una puesta en común de sus avances. Durante estas reuniones, nunca hubo una sola discusión sobre la interpretación del arte parietal, y por extensión tampoco se habló de la nueva obra de Jean ni de la tesis que defendía. En Chauvet, en 1998, mientras Jean dirigía la primera investigación arqueológica de la cueva, los siete expertos en arte paleolítico que formaban parte del equipo, todos ellos viejos amigos y compañeros, ni una sola vez mencionaron el libro en el mes que estuvieron allí, salvo en tono de chan-

---

13. Clottes y Lewis-Williams (2001).

za, lo cual sin duda era peor que omitir su mención. El desaire más grave, sin embargo, provino del guía de la cueva de Isturitz-Oxocelhaya, situada en la zona occidental de los Pirineos. En la pequeña tienda de la cueva disponían de todas las demás obras de Jean Clottes, pero *Los chamanes* no estaba. ¿Por qué no? «Ah –contestó el guía–, no es científico. No es más que una idea disparatada». En las reseñas del libro había opiniones favorables, desfavorables y neutrales a partes iguales, pero las críticas desfavorables solían ser más virulentas y socarronas. El título de una de ellas ha alcanzado cierta notoriedad: «Membrane and Numb Brain. A Close Look at a Recent Claim for Shamanism in Paleolithic Art» [Membrana y cerebro entumecido. Un análisis de las últimas afirmaciones sobre el chamanismo en el arte Paleolítico][14].

¿Cuál fue la causa de todas estas reacciones estridentes? Desde luego no fue el libro mismo, ¿o sí? Aunque ni Jean Clottes ni David Lewis-Williams lo sabían entonces, la idea de *Los chamanes* se urdió en junio de 1994 cuando los dos hombres, que se conocían desde hacía muchos años, coincidieron de nuevo en un importante coloquio de arte parietal en Flagstaff, Arizona[15]. Jean Clottes había estado cavilando sobre el asunto prohibido de la interpretación y de repente allí estaba Lewis-Williams, que varios años antes había propuesto una interpretación novedosa, aunque sumamente polémica.

David Lewis-Williams forjó su reputación con su trabajo sobre las pinturas parietales de las montañas Drakensberg,

14. Bahn (1997).
15. Clottes y Lewis-Williams (2001).

en Sudáfrica. Son estas elegantes pinturas de los bosquimanos creadas durante el siglo XIX, o antes. Se trata de obras complejas y de temática variada, pero a menudo muestran manadas de antílopes eland con cabezas diminutas. Algunos de los antílopes tienen rasgos humanos. Figuras humanas de menor tamaño flotan a veces por encima de las manadas. Sostienen finas varas y aparecen montados sobre formas alargadas y delgadas, lo cual da la impresión de que las personas, incongruentemente, estén esquiando. Aunque estas pinturas se interpretaron al principio como meras representaciones de animales y gente danzando, Lewis-Williams publicó en 1981 *Believing and Seeing: Symbolic Meanings in Southern San Rock Paintings* [Creer y ver: significados simbólicos en las pinturas parietales de los bosquimanos del sur], donde demostraba que las pinturas eran en realidad una forma de meditación espiritual. Las pinturas guardaban especial relación con los trances, con las visiones fruto de esos trances, y con rituales chamanísticos. Al ver las pinturas desde ese ángulo, Lewis-Williams fue capaz de construir interpretaciones convincentes que explicaban tanto las figuras más importantes como otras de menor relevancia que antes habían sido inescrutables.

Lewis-Williams siguió estudiando la relación entre el chamanismo y el arte parietal y, en un salto audaz, en 1988 extendió su análisis al arte prehistórico europeo. Publicó, junto a su colega T. A. Dowson, un artículo titulado «The Signs of All Times: Entoptic Phenomena in Upper Paleolithic Art» [Los signos de todos los tiempos: fenómenos entópticos en el arte del Paleolítico Superior] en *Current Antropology,* una prestigiosa publicación con un formato provocador. Con cada artículo de relevancia, *Current Antropology* invita a entre doce y quince expertos, sobre todo especialistas que a buen seguro estarán en desacuerdo, a escribir un comentario que se publica a continuación del artículo. Entonces, el autor de la pieza escribe a su vez una respuesta al comentario. El lenguaje de estos intercambios suele ser académico y correcto, aunque en ocasiones se torna estrafalario. Las respuestas a «The Signs of All Times» fueron en su conjunto correctas, incluida la de Paul Bahn, que ocho años después escribiría «Membrane and Numb Brain», la dura reseña a *Los chamanes*. A Bahn le parece ofensivo algún que otro aspecto, pero concluye diciendo que los futuros estudios de los autores «bien pueden hacer que nos adentremos, hasta donde es posible, en la mente de los artistas paleolíticos».

En «The Signs of All Times», Lewis-Williams y Dowson declaraban que, en tanto que las analogías que partían de la etnología estaban viciadas, habían descubierto un camino distinto, un «puente neurológico» que podía llevarnos hasta la era paleolítica. Ese puente era el sistema nervioso del ser humano, que según ellos era el mismo entonces que ahora. Afirman que cuando las drogas, la fatiga, el dolor, los ritmos insistentes u otros estímulos inducen un trance, el sistema nervioso crea un patrón de alucinaciones que se deriva de él, y no de claves culturales. El patrón es el mismo para todas las personas, de todas las culturas y todos los tiempos. Por consiguiente, durante sus trances, los cazadores paleolíticos experimentaban el mismo patrón de alucinaciones que nosotros.

En particular, los autores se refieren a las visiones derivadas de la estructura del sistema óptico, que denominan «fenómenos entópticos». Un ejemplo de ello son las líneas irregulares o las formas de espiguilla en el borde del campo visual, que a algunas personas les anuncian una migraña. Citando numerosas fuentes de investigaciones modernas sobre los efectos de la mescalina y el LSD, Lewis-Williams y Dowson identifican seis formas entópticas principales: una cuadrícula, líneas paralelas, puntos, zigzags, espirales y filigranas. También afirman que hay tres fases en un trance alucinatorio, aunque no necesariamente secuenciales ni separables por completo una de otra. Un sujeto experimenta las formas entópticas, y solo esas formas, en la primera fase del trance. Durante la segunda fase, el sujeto trata de dar sentido a las formas entópticas; por ejemplo, viendo una cuadrícula como un tablero de ajedrez. Y en la tercera y última fase, que por lo general va acompañada de la sensación de ser arrastrado por un remolino, el sujeto experimenta alucinaciones tan poderosas que parecen reales. Ese es el estado en que un chamán San puede creer que se ha transformado en antílope. Lewis-Williams y Dowson exponen varios gráficos que muestran que las formas entópticas aparecen tanto en el arte San como en el arte paleolítico. Y por añadidura, varias imágenes del arte de ambas culturas parecen referir a las tres fases de un trance. El hechicero de Les Trois-Frères y las otras figuras hombre-animal halladas en el arte paleolítico serían imágenes que se corresponderían con la tercera fase de un trance.

A continuación, el artículo describe cómo podrían haber determinado el chamanismo y la búsqueda de trances visionarios la propia estructura de la cueva. Los lugares más angostos, difíciles y apartados que están cubiertos de imágenes indican que allí iban los individuos o grupos reducidos a experimentar visiones. Las galerías más amplias estaban destinadas a los rituales a los que asistía mayor número de personas. Así pues, la gente podía congregarse en la sala de los toros de Lascaux, y después uno o dos individuos seguían solos hasta el ábside en busca de visiones que plasmar en sus grabados. Las galerías construidas en comunidad «pudieron ser vestíbulos donde los novicios absorbían la energía de representaciones imponentes, y a veces ritualmente renovadas, antes de aventurarse más en las cuevas o quedarse a solas para su búsqueda personal». En otras palabras, las galerías amplias, comunales, preparaban a quienes pretendían adentrarse en la cueva para las visiones que iban a experimentar. Entonces, los elegidos trazaban sus imágenes visionarias en las paredes de la cueva, a fin de conservarlas y recordarlas. Así pues, Lewis-Williams y Dowson dicen que los artistas paleolíticos «se limitaban a tocar y marcar *lo que ya estaba allí*».

Jean Clottes conocía este artículo y el resto del trabajo de Lewis-Williams[16]. Se acercó a él en el coloquio de Flagstaff y le dijo: «David, tú estás familiarizado con el chamanismo, y yo tengo ciertos conocimientos de arte paleolítico parietal». Y entonces le propuso que ambos pusieran a prueba las teorías del chamanismo en las cuevas decoradas de Europa. Lewis-Williams le respondió serenamente: «Nada me complacería más que eso».

Pasó más de un año hasta que iniciaron su viaje juntos, pero al fin, en octubre de 1995, visitaron doce cuevas, entre ellas Les Trois-Frères y Lascaux, situadas en diversas regiones de Francia, y correspondientes a muy distintas épocas. En el transcurso de este viaje, Jean se convenció «de que el chamanismo —tanto la concepción del universo como las prác-

16. Clottes y Lewis-Williams (2001).

ticas que engendra en tantas regiones del mundo— responde mejor que cualquier otra cosa a ciertas particularidades del arte de las cuevas profundas». Ambos especialistas habían pensado escribir solo un artículo tras su viaje, pero optaron por convertirlo en un libro. De hecho, decidieron escribir una obra audaz, que en primer lugar lidiaría con el «espinoso problema de la interpretación», y luego, más audazmente aún, con las analogías etnológicas.

«Chamán» es una palabra procedente de una lengua tribal siberiana. Desde los tiempos de Marco Polo, los europeos que viajaban a Siberia se quedaban impresionados ante ciertos miembros honorables de la tribu que se vestían con pieles de animales y cornamentas y danzaban al son de un tambor, hasta acabar cayendo en un trance frenético. En ese estado podían conversar con los espíritus, predecir el futuro, sanar a los enfermos, propiciar la caza, etcétera. Creencias y prácticas similares se dan en sociedades cazadoras-recolectoras de América, tanto del Norte como del Sur, Australia, Asia y África. Entre los medios de inducir el trance se cuentan la danza, el canto, el dolor, la privación de agua, comida o luz, y la ingestión de plantas narcóticas o psicotrópicas. Con frecuencia estas inducciones se usan combinadas. Sin embargo, el objetivo del trance sigue siendo el mismo: entrar en el mundo espiritual. Por lo general, las sociedades chamanísticas conciben el cosmos en tres niveles distintos: el superior de los cielos, luego el mundo de la vida cotidiana, y por último las entrañas de la tierra y el mundo subterráneo. Los espíritus habitan el mundo superior y el inferior. Entre estos niveles no existe necesariamente una separación absoluta, sino que tienden a fundirse entre sí. Los chamanes poseen la capacidad de viajar, en sus trances, del mundo cotidiano al mundo superior e inferior, y entrar en comunión, aunque no siempre les resulte placentera, con los espíritus que habitan en ambos.

Los chamanes de la Prehistoria consiste en las teorías que Lewis-Williams formuló en «The Signs of All Times» reforzadas y ampliadas por el profundo conocimiento que posee Jean Clottes del arte y la vida prehistóricos. Los autores parten de los huesos, las conchas y las esquirlas de sílex clavados en las paredes de Enlène y Les Trois-Frères, así como en trazos hechos con los dedos y ejemplos similares de otras cuevas donde los antiguos cazadores parecían tocar las paredes de la cueva o tratar de traspasarlas de algún modo. Los autores explican este comportamiento recurriendo al cosmos chamanístico y a su creencia en un mundo subterráneo. «Es fácil de entender[17] que [los pobladores paleolíticos] creyeran que las cuevas llevaban a un nivel subterráneo del cosmos. Las paredes, los techos y los suelos de las cuevas eran por consiguiente poco más que una fina membrana entre ellos y las criaturas y sucesos del mundo subterráneo». Y el uso frecuente de las irregularidades naturales de las paredes de la cueva para sugerir forma o volumen en las pinturas demuestra que las propias paredes influían a los artistas que plasmaban las imágenes. Según las teorías de Annette Laming-Emperaire y André Leroi-Gourhan, los artistas partían de un esquema ideal sobre el emparejamiento de varios animales y llevaban consigo ese esquema al interior de la cueva. En cambio, según Clottes y Lewis-Williams, ocurría precisamente lo contrario: era el relieve de la cueva el que imponía a los artistas ciertos animales. La imagen de

17. Sabiduría popular.

la pared como membrana entre el mundo real y el mundo de los espíritus lleva a Clottes y Lewis-Williams a una interpretación de particular belleza sobre la presencia de manos pintadas en tantas cuevas. Por lo común, las manos se hacían apoyando la mano y el antebrazo contra la pared. A continuación, la misma persona u otra salpicaba con la boca varias ráfagas de pintura roja hasta que la mano y la pared de alrededor quedaban cubiertas. Cuando la mano se retiraba, la imagen del negativo perfilada en rojo permanecía impresa en la pared. Los autores, sin embargo, no creen que estas manos sean pinturas en el sentido corriente. En cambio, «era el acto de cubrir la mano y las superficies inmediatamente adyacentes con pintura (generalmente roja, pero a veces negra) lo que de veras importaba. La gente lacraba sus manos, o las de algún otro individuo, a las paredes, haciendo que desaparecieran bajo lo que a buen seguro era una sustancia que contenía poderes espirituales y había sido preparada ritualmente, más que 'pintura' en el sentido que nosotros le damos a la palabra. Eran los momentos en que las manos eran 'invisibles' los que más importaban, no tanto las huellas que dejaban luego. [...] Al igual que los pedazos de hueso en Enlène, las manos alcanzaban así el reino espiritual tras la membrana de la roca, aunque en este caso la pintura actuaba como un disolvente que la deshacía».

Este análisis, así como la imagen de una mano cubierta de rojo fundiéndose con la roca pintada de rojo, denota una combinación de lógica y fuerza emotiva que lo hace creíble. En el capítulo final, Clottes y Lewis-Williams dejan volar todavía más la imaginación. Valiéndose de la estructura de las cuevas y de analogías con el comportamiento de sociedades chamanísticas contemporáneas, tratan de explicar lo que ocurría en las cuevas. Empiezan por recapitular las ideas de Lewis-Williams, según las cuales las salas más amplias con pinturas planificadas y bien acabadas eran un espacio para preparar a quienes iban en busca de visiones para lo que les esperaba. Puesto que siempre existe un grado de aleatoriedad en las alucinaciones, esta preparación reducía el peso de las particularidades de cada uno y «trataba de desacreditar cualquier originalidad e individualismo que pudiera haber cuestionado el *status quo* religioso y político». Tras la reunión comunitaria en los espacios amplios, unos pocos participantes pasaban a las áreas más angostas y aisladas de la cueva. Allí experimentaban sus visiones y con prontitud las esbozaban en las paredes. O quizá buscaran protuberancias y fisuras en la superficie de piedra después, rastreando vestigios de las visiones, y en el resto garabatearan sus recreaciones de lo que habían visto. Hecho esto, el rito concluía: «Transformados por sus visiones, insuflados de energía y discernimiento nuevos, los iniciados volvían a través de las entrañas de la tierra, pasaban frente a las imágenes producidas en comunidad que habían preparado sus mentes, y salían de la cueva para volver a unirse a su sociedad con un nuevo rol, el papel de chamán, profeta e intrépido visitante del mundo subterráneo».

Toda esta escena es en sí misma una visión imaginativa; sin embargo, a diferencia de lo que han dicho muchos críticos, no se trata de una alucinación. Es coherente con la clara estructura de las cuevas y con las prácticas chamanísticas singulares que se dan en todo el mundo. Y ciertas cualidades de las propias pinturas, rasgos que han confundido a los investigadores desde el descubrimiento de Altamira, respaldan las ideas de *Los chamanes de la Prehistoria*. ¿Por qué los animales aparecen flotando, en lugar de apoyados en el suelo? ¿Por qué no aparecen en entornos naturales con árboles, hierba, ríos y otros accidentes del paisaje? Los pintores no se preocupaban en absoluto por el tamaño relativo de los animales. Un mamut diminuto podía tener a un enorme bisonte cerniéndose sobre él. ¿Cómo es eso posible? Los animales, en términos generales, no reaccionan ante la presencia de otros. Los caballos y bisontes de los emparejamientos de Leroi-Gourhan no hacen nada y no parecen advertir la presencia del otro. En la caza abundan el dramatismo, la sangre y la muerte. ¿Por qué no somos testigos de ese drama? En este sentido, como ya han observado los expertos a partir de Breuil, los animales que con mayor frecuencia aparecen pintados en las paredes no son los que más se cazaban. Sin embargo, todas estas anomalías aparentes cobran sentido si los animales de las paredes de las cuevas no son a fin de cuentas animales reales, por muy realista que resulte su representación. En cambio, afirman Clottes y Lewis-Williams, ante todo eran animales procedentes de visiones alucinatorias. Esta teoría no insiste en que todas las pinturas y grabados se realizaban durante un trance, aunque probablemente así fuera en ocasiones. En el caso de grandes composiciones, como la sala de los toros de Lascaux, es evidente que fueron planificadas y que llevó algún tiempo llevarlas a cabo. Sin embargo, en muchos casos el sentido de las mismas era reproducir la experiencia de un trance.

Jean Clottes estaba muy orgulloso de *Los chamanes de la Prehistoria* y pensaba que «ninguna otra explicación disponible actualmente se adecúa más y explica mejor los restos del paleolítico superior». Creía que esta interpretación chamanística encabezaría la investigación futura y significaba que *Los chamanes* era la culminación de toda una vida de trabajo que ocuparía su lugar junto al *Quatre cents siècles d'art pariétal* de Breuil y al *Tesoros del arte prehistórico* de Leroi-Gourhan. El sentimiento de orgullo de Clottes hizo que las reacciones en contra de su obra lo desconcertaran, abatieran y enojaran. Si el silencio de sus colegas hubiera sido todo, ya habría sido bastante. Sin embargo, los ataques desde varios flancos fueron enérgicos y a menudo personales, y finalmente lograron crisparle los nervios. En 2001 apareció en Francia una nueva edición de *Los chamanes,* y Clottes añadió un epílogo donde respondía a sus críticos, que, con notas y bibliografía, alcanza las ochenta páginas. La crítica «Membrane and Numb Brain«, de Paul Bahn[18], le molestó tanto que en cierto momento cuenta el número de interrogantes (siete) y el número de exclamaciones (catorce) que aparecen en la reseña, con el propósito de dejar claro que Bahn no estaba desarrollando una argumentación racional, sino más bien echando espumarajos por la boca.

Desde luego, la reseña de Bahn está llena de desdén y burlas. Decía que «estas admirables fantasías hacen que uno se pregunte si los propios autores han invocado estas visiones a partir de un estado alterado de la conciencia, como un Edgar Cayces de nuestros tiempos». En otro momento, hablaba de académicos que habían contraído «chamanía».

Sin embargo, el coro de críticas negativas incluía a muchos más que Paul Bahn. Parte de esta hostilidad nacía del hecho de que, para algunos, hablar de trances y drogas in-

---

18. Bahn (1997). El resto de las reseñas se citan a partir de Clottes y Lewis-Williams (2001).

sinuaba LSD, los excesos de los años sesenta y las memeces del New Age. Un crítico dijo que el libro «superaba en extravagancia los delirios psicodélicos de los adláteres de Carlos Castaneda». Por otra parte, además, muchos académicos creen que interpretar las pinturas es tarea imposible. «El significado ha desaparecido para siempre», apostilló uno. Paul Bahn añadía: «Un número de investigadores cada vez mayor han optado por abandonar la vana búsqueda del significado». Por consiguiente, puesto que el significado de las pinturas es exactamente lo que *Los chamanes* trata de explicar, por fuerza tiene que ser insensato e iluso. En cuanto al resto de la crítica, en su mayoría está basada injustamente en malentendidos o en omisiones. Parte de ella es mera hostilidad personal. No es precisamente la primera vez que ha desempeñado un papel en los escalafones más altos de la Prehistoria francesa.

Para hacer más justicia a los críticos de la que ellos hicieron a Clottes y Lewis-Williams, es cierto que *Los chamanes* se basa sin empacho en la analogía, usando las observaciones de sociedades chamanísticas del presente y el pasado reciente para atribuirlas a la era paleolítica. En ocasiones, estas comparaciones llevan a pasajes que, como el que sigue, resultan mucho más especulativos de lo recomendable:

> Los diversos partícipes habrían experimentado una serie de estados mentales. Quienes buscaban visiones con mayor ahínco tal vez emplearan drogas psicotrópicas para inducir un trance profundo. Otros, llevados por la música y la danza rituales, creían poder compartir algunas de las percepciones que el chamán o chamanes experimentaban, pero no todas. Y aún otros, en los márgenes de las actividades, probablemente

no se dejaban llevar con la misma intensidad por los rituales. Experimentaban cierta euforia, pero no veían visiones.

Tal vez todo esto ocurriera así, pero indudablemente los autores no pueden saber quiénes sentían cierta euforia y quiénes no entre los habitantes del Paleolítico. Annette Laming-Emperaire temía que la Prehistoria pudiera convertirse precisamente en una novela histórica[19].

En 2002 David Lewis-Williams publicó *La mente en la caverna,* un extenso libro que elabora las ideas fundamentales que había expresado junto a Jean Clottes en *Los chamanes*. Al margen de esto, acaso por desgracia, la teoría chamanística no ha cosechado muchos adeptos ni ha inspirado investigaciones nuevas o productivas. Sin embargo, cabe reivindicar *Los chamanes* como una obra valerosa y trascendente. A pesar de sus excesos ocasionales, se enfrentó de cara con el significado de las pinturas rupestres y defendió una interpretación coherente consigo misma y con los hechos que presentan las cavernas. Cierto es que la interpretación se sugería por analogía etnográfica, pero eso, *per se,* no significa que sea errónea. *Los chamanes* apareció, fue vilipendiado, y ahora los académicos acostumbran a pasar por alto su existencia. Quizá llegue aún su día.

19. Clottes y Lewis-Williams (1998).

X. Mujeres extrañas, estilizadas.
El mundo por debajo del mundo

Desde la primera obra del abate Breuil hasta las respuestas de Jean Clottes a los críticos de *Los chamanes de la Prehistoria* han transcurrido casi exactamente cien años. Salvo por el chamanismo, que no tiene una aceptación general, no hay aún ninguna teoría global sobre el significado de las pinturas rupestres. Esto es frustrante para científicos y aficionados por igual, puesto que, como obras de arte, las pinturas logran comunicar directamente y con suma eficacia. Fueran cuales fuesen las razones culturales que movieron a los antiguos cazadores a pintar en las cuevas, los grandes artistas que había entre ellos —que fueron muchos— se tomaron la molestia de crear pinturas de líneas elegantes, colorido sutil, perspectiva precisa y una sensación física de volumen. Puede que los pintores de las cavernas concibieran el arte como nosotros lo entendemos o puede que no, pero cuando decidieron dibujar unos trazos atractivos a la vista en lugar de unos garabatos torpes, pensaban y actuaban como artistas, intentando crear arte en el sentido que nosotros le damos al término. Por eso, para nosotros es legítimo responder a las pinturas rupestres en tanto que arte, y no solamente en tanto que restos arqueológicos, aunque sin duda también lo son. Los caballos chinos de Lascaux, multicolores y estilizados, el orgullo de los leones a la caza con los ojos encendidos en Chauvet, y los bisontes pesados, si bien delicados y sinuosos, de Altamira y Font-de-Gaume, son evidencias de que la belleza es de veras eterna.

Y esa belleza aumenta porque, contra toda lógica, las pinturas parecen también familiares, próximas a nosotros en el tiempo, a pesar de ser lo más remotas que posiblemente alcancemos a encontrar. ¿Cómo es posible que pudiesen permanecer encerradas en cuevas, desconocidas o mal interpretadas, durante miles de años y en cambio, una vez descubiertas, encajasen con tanta naturalidad en la tradición cultural occidental? El historiador del arte Max Raphael es el único pensador relevante a quien parece preocuparle esta cuestión, aunque la inmediatez de las pinturas, a pesar de su gran antigüedad y misterio, afecta poderosamente a todo el que las ve. Raphael ofrecía su propia respuesta marxista a este acertijo, como hemos visto. Sin embargo, existe otra respuesta, que arroja más luz sobre las pinturas tanto en su vertiente artística como arqueológica. Las pinturas nos hablan directamente a través de los milenios porque son el arte conservador de una sociedad estable, porque transmiten una visión cómica, más que trágica, de la vida, y porque forman parte de una tradición clásica. De hecho, son el triunfo de la primera civilización clásica del mundo.

Después de su belleza, lo primero que todo el mundo advierte en las pinturas rupestres es su carácter repetitivo. Los mismos animales, en posturas idénticas o similares, aparecen una y otra vez cueva tras cueva, cualquiera que sea la datación de las pinturas. Cada especie está pintada de acuerdo a unas convenciones, que sufren alguna variación con el paso del tiempo, pero siguen estando presentes.

Esta regularidad significa que el arte rupestre es en esencia conservador. Hoy en día, casi exigimos que el arte ataque el orden establecido, o lo subvierta o lo parodie de alguna forma, y nuestro arte cambia a medida que cambian los tiempos. El arte rupestre, que es invariable, no habría podido hacer eso. Debió de ser un respaldo incondicional del orden establecido. Sostenía las creencias de la sociedad pintándolas como una constante infalible, eternas y siempre idénticas. Y, en su papel de salvaguarda de la sociedad y sus instituciones, este arte fue espectacularmente convincente.

La cultura que dio lugar a las cuevas decoradas, a pesar de las diferencias sutiles que se pueden encontrar entre las épocas o los lugares específicos, se prolongó durante veinte mil años sin apenas variaciones, mucho más que ninguna otra posterior. La cultura occidental, si asumimos que nació en el Mediterráneo oriental hacia el 2000 a. C., tiene apenas cuatro mil años de antigüedad. Para que la cultura paleolítica sobreviviera tanto tiempo, significa que los pobladores que crearon Chauvet hace treinta y dos mil años estaban casi tan alejados de los que crearon Lascaux hace dieciocho mil años como lo están los creadores de Lascaux de nosotros. Un individuo de la época de Lascaux se quedaría perplejo al ver el mundo en que vivimos, pero, si hubiera ido a parar al mundo de Chauvet, al parecer no habría tenido problemas en comprenderlo inmediatamente e integrarse en él. No le habría quedado más remedio que aprender a hacer útiles de sílex con una forma ligeramente distinta, pero los ritmos de la vida cotidiana eran poco menos que idénticos.

Para prolongarse tanto tiempo, esa cultura debió de ser profundamente satisfactoria, en un sentido emocional, espiritual, intelectual y práctico. Debió de engendrar y sostener un sistema social que cubriera y distribuyera con solvencia necesidades materiales como alimento, ropa y cobijo. Debió de fomentar y proteger las relaciones humanas básicas —de amistad, hombre-mujer, padres-hijos—, o no habría estado lo bastante cohesionada para perdurar. Debía de ofrecer respuestas convincentes a preguntas sobre el mundo como «¿Por qué hace frío, luego calor, y de nuevo frío?», o «¿Por qué el sol sale y se pone?». Debía de responder satisfactoriamente las preguntas solemnes que cada individuo se formula en su interior: «¿Quién soy?», «¿qué sentido tiene mi vida?». Tenía que ofrecer respuestas creíbles y profundas a las eternas grandes cuestiones, como «¿Quién creó el mundo y por qué?». Y, tal vez lo más importante de todo, debía de tener en cuenta una existencia cotidiana ordenada, en la que la gente se tratara de formas aceptadas y arraigadas, y en la cual hubiera reuniones, celebraciones, ceremonias solemnes y episodios espontáneos de diversión que aliviaran el dolor y las dificultades de sus vidas.

Las cuevas son de una belleza tal que es fácil olvidarse de que el resto de aquella cultura compleja y profundamente satisfactoria ha desaparecido casi por completo. Todo lo que los pobladores paleolíticos preservaran oralmente —los poemas, las canciones, las lenguas, las costumbres y el orden social— se ha perdido y no puede recuperarse. Es posible que queden restos de ello en nuestros mitos ancestrales, pero nunca lo sabremos con certeza. En cuanto a los vestigios visuales, las cuevas representan apenas una parte de todo lo que una vez existió. Las paredes rocosas que flanquean los ríos en los valles de Francia y España pudieron contener en tiempos pinturas inmensas y magníficas que encerraban tanta importancia para la cultura como las pinturas de las cuevas. Y los antiguos cazadores tal vez empleaban otros materiales para crear trabajos artísticos a los que quizá les concedían mayor peso que a las pinturas murales, en cuevas o al aire libre. A lo mejor llevaban a cabo elaboradas creaciones con plumas o postes en los que tallaban tótems que eran el centro de toda una comunidad, y que harían que nos maravillásemos. Puede que pintaran o tatuaran su piel con dibujos que no alcanzamos a imaginar. Tal vez, igual que las tribus nativas de las grandes llanuras norteamericanas, dejaron constancia de su historia y sus genealogías en pedazos de cuero que constituían el bien más preciado de la sociedad. Sin embargo, las pinturas al aire libre y lo que fabricaran con materiales orgánicos, como madera o cuero, se habría descompuesto en un tiempo relativamente corto.

No pretendo cerrar los ojos a las dificultades de la vida en la Edad del Hielo ni idealizar ese tipo de existencia, pero muchos de los obstáculos lo parecen solo por comparación con nuestras vidas actuales. Los esqueletos que se conservan de aquellas épocas muestran individuos que por lo general gozaban de buena salud, tan altos y robustos como nosotros, y que a menudo vivían cincuenta o sesenta años. El clima no era más frío del que hace actualmente en el sur de Suecia, y había comida en abundancia la mayor parte del tiempo. Había tanta caza y tanto territorio, en contraste con la escasez de pobladores, que no disponemos de datos directos de guerras o violencia intencionada. Incluso es posible que los neandertales se extinguieran por su cuenta. Con alimento y cobijo al alcance de la mano y con una sociedad que, como demuestran las cuevas, gozaba de una vida imaginativa, fértil y era capaz de producir con regularidad talentos artísticos, la vida debía de parecer benigna. ¿Dónde había una razón para desear que cambiara el mundo?

El arte y las creencias se prolongaron por espacio de mil generaciones porque, durante todo ese tiempo, la gente podía ver con sus propios ojos que el mundo era siempre el mismo. Cuando el mundo cambió, cuando las manadas de renos menguaron a la par que aumentaba el número de pobladores, y el clima se tornaba más cálido y los glaciares se retiraban, entonces la pintura en las cuevas también tocó a su fin.

La segunda cualidad fundamental del arte rupestre no nos sorprende de manera tan llamativa, pero encaja muy bien con un arte conservador que apoya el orden social aceptado. Las pinturas rupestres son escenas de comedia, no de tragedia.

Una de las frustraciones de estudiar el arte de las cuevas es que cualquier discusión acerca de su significado cae inevitablemente en la seriedad. Eso se debe a que casi nadie duda de que, a fin de cuentas, el arte es solemne, en el sentido en el que lo es toda gran obra artística. Sin embargo, puede resultar confuso —de hecho, cegador— pensar que solamente era un asunto serio y que las ceremonias que pudieran acompañarlo eran necesariamente solemnes.

El misterioso unicornio de Lascaux, que parece un hombre con un disfraz de animal, ha inspirado muchas interpretaciones desconcertantes, pero acaso cause menos perplejidad si lo entendemos como un elemento cómico, alguna invención que hacía sonreír a los habitantes de la Edad de Piedra. Cuando piensas en el león de Les Trois-Frères, con una cola en forma de brazo y mano humanos, en definitiva es gracioso. Y hay otros muchos ejemplos de esta clase en el arte rupestre, entre los que aparecen juegos visuales, monstruos cómicos y animales distintos compartiendo un mismo cuerpo o, en un caso, solo la misma nariz.

Los grabados de figuras humanas parecen especialmente pícaros. Mención especial merecen todas esas mujeres extrañas, estilizadas y sin cabeza, cuyas enormes caderas se afilan hasta acabar en pantorrillas flacuchas y sin pies. A menudo están apretujadas unas al lado de otras, el pecho de una convertido en la cadera de su vecina. No son exactamente graciosas —cuando menos, no para nosotros—, pero tampoco sombrías. Leroi-Gourhan y otros han supuesto que representan el principio femenino, pero resulta difícil verlas desde esa óptica. Las representaciones de hombres tampoco parecen simbolizar ningún principio elevado. Aunque el falo del hechicero de Les Trois-Frères es realmente impresionante, por lo general los hombres están representados con rostros lindos, sonrientes y no dan la impresión de una potente masculinidad. Con frecuencia la piel está flácida por la edad, o bien deformada. Aunque son varones, el sexo no parece encerrar gran interés para ellos. Puede que incluso no se cuente entre sus aptitudes. Sí, está el lascivo hombre-bisonte junto a la mujer de la roca colgante de Chauvet, pero en conjunto, en contra de lo que dice Leroi-Gourhan, el gran drama sexual universal del principio macho-hembra no estaba muy presente en la mente de los pintores rupestres; cuando menos, no mientras pintaban. Por el contra-rio, plasmaron un mundo benigno.

No estoy olvidándome de las cuatro imágenes de hombres muertos, dos en Cougnac, y una en Pech-Merle y Cosquer respectivamente. Al parecer muestran hombres que han muerto a manos de otros seres humanos; tal vez incluso mues-tren asesinatos o torturas. Aunque no disponemos de nin-guna otra evidencia que permita pensar en crímenes como el asesinato o crueldades como la tortura, no sería una sor-presa averiguar algún día que existieron, y que el arte de la Edad del Hielo incluía esos temas. Sin embargo, es sorpren-dente que los represente en escasísimas ocasiones. Los hom-bres muertos son cuatro casos entre miles de imágenes.

Los pintores de las cavernas no llevaron a cabo imágenes perfectamente naturalistas de hombres, mujeres, vulvas ni pe-nes, pero sus impresiones de manos son casi siempre realis-tas. La frecuencia con que aparecen y el realismo de su re-presentación son un argumento a favor de la teoría de Max Raphael sobre la primacía de la mano en el pensamiento pa-leolítico, así como sobre la importancia para los artistas de las cavernas más destacados, a tal punto que basaron su tra-bajo en la sección áurea. Claro que las manos no se pintaban igual que los animales, sino, como hemos visto, colocándolas encima de la pared y estarciendo pintura roja o negra a su al-rededor, que dejaba una imagen en negativo. Las manos no aparecen en todas las cuevas, pero ocupan un lugar pre-eminente en las muchas grutas donde las hallamos. Tanto si el propósito que la mano era que pareciera fundirse con la pared, según declara Jean Clottes en su libro sobre cha-manismo, como si no, es obvio en cualquier caso que tocar la pared y dejar constancia del contacto adquiriría una importancia inmensa. Tal vez tocando la pared la persona recibía algún poder de los animales representados, o de la propia piedra. O puede que fuese al revés, que la persona transmitiera poder a los animales o a la roca. Y otra posibilidad es que las manos dejaran testimonio de un bautismo o un registro genealógico en el que los dedos doblados, en lugar de ser un código en el sentido habitual, muestren la filiación respecto a una familia o un clan. Eso explicaría por qué algunas cuevas contienen manos de mujeres, hombres y niños. La mano de un niño de corta edad está a una altura a la que un adulto tiene que haberlo alzado y aguantado mientras alguien estarcía la pintura alrededor de la pequeña mano para dejar su impronta en la pared. Fuera cual fuese el poder que las paredes de la cueva concediese a quienes apoyaban la mano contra ellas, o cualquiera que fuese la energía que la pared tomara de ellas, toda la comunidad podía participar del proceso.

Las cuevas no debían de considerarse tan peligrosas e imponentes si toda la comunidad, incluidos los niños más pequeños, podía entrar y dejar una marca. A menudo, aunque no tanto como desearían los arqueólogos, aparecen antiguas pisadas en las cuevas. Las huellas siempre incluyen algunas pertenecientes a niños. En la mayoría de los casos, sus diferentes tamaños indican que los niños eran de edades diversas. A veces había adultos presentes, a veces no. Ciertos expertos han especulado que las cuevas eran escenarios de ceremonias iniciáticas. Las huellas contradicen esa hipótesis, puesto que había niños demasiado pequeños como para ser iniciados. Además, los iniciados rondarían aproximadamente los mismos años, no edades tan dispares.

En sus creaciones artísticas, los pintores prehistóricos veneraron a los animales. Solamente los animales alcanzaban la grandeza e importancia que justificaban el esfuerzo de pintarlos en las paredes de una cueva. Ellos, y no los hombres y las mujeres, representaban los papeles protagonistas en el gran drama del universo. Una vez más, no obstante, ese drama no parece ni sexual ni trágico. Resulta fácil, por supuesto, diferenciar los toros de las vacas, y a los ciervos de las ciervas en las pinturas, pero en especies como los caballos, donde las diferencias sexuales son menos evidentes, a menudo cuesta precisar si la pintura muestra un macho o una hembra. En cualquier caso, salvo por las raras escenas como la del reno macho de Font-de-Gaume lamiendo a una hembra, los animales parecen indiferentes unos con otros. No parecen tener sexo, ni se les ve nacer, crecer, ni morir. De hecho, los animales ni siquiera parecen perseguidos por cazadores, como demuestra la falta de pruebas para la teoría de la magia propiciatoria de Breuil. Su existencia invariable y sus emociones mudas otorgan a los animales de las pinturas unas vidas apacibles y sin incidentes, no trágicas.

Los pintores de mayor talento debían de examinar las cuevas con escrupulosa meticulosidad. Necesitaban hallar paredes apropiadas, pero más aún iban en busca de lugares donde las paredes sugirieran lo que allí debía pintarse. A menudo, tras pasar varias horas en una cueva, o cuando había visitado varias grutas en un solo día, a veces creía yo ver un animal pintado o grabado en una pared y, al acercarme, descubría que no había nada. Los contornos de la pared habían sugerido una cabeza, o un pecho o una cornamenta, y el juego de sombras junto con algunas vetas minerales de color me habían hecho creer que veía un caballo o un bisonte.

Esta confusión al principio me irritó, pero al fin me di cuenta de que era inevitable, porque la expectación de descubrir nuevas pinturas o grabados, incluso en paredes de cuevas rigurosamente estudiadas, era del todo sensata. En Les Combarelles, un guía que había enseñado cierta pared a los turistas en cientos de ocasiones, detectó una cabeza de oso de unos treinta centímetros de ancho que nadie había visto con anterioridad. Jean Clottes había estado en Niaux infinidad de veces, e incluso había escrito un libro sobre esta cueva; pero hace poco, en una visita, mientras contemplaba una pared que creía haber estudiado con detenimiento, volvió a observar dos trazos negros convergentes y se dio cuenta de que eran los cuernos de un íbice. El relieve de la roca formaba el cuerpo del animal. Así que al fin se me ocurrió que el propósito que se deseaba con este arte, tal vez el principal, debió de ser ver los animales en la roca. Las pinturas y los grabados —quizá no todos ellos, pero muchos— no plasmaban animales sobre la roca, sino que era un medio de extraer de la piedra a los animales que ya estaban allí. Con el relieve de la roca como punto de partida, los artistas podían empezar a trazar el esquema de su obra.

En algunas cuevas predominan las pinturas, y en otras los grabados. Algunas de gran tamaño, como Lascaux, contienen ambos en proporciones similares, si bien cada tipo de imagen parece relegado a sus propias cámaras. Las pinturas tienden a estar cerca de la parte delantera de la caverna, mientras que los grabados suelen hallarse lejos de la entrada, en pasadizos de difícil acceso por los que solo podía transitar una persona, dos a lo sumo. Las cámaras pintadas responden a una planificación previa. Las pinturas se superponen en alguna ocasión, pero en líneas generales estas imágenes se respetan y aparecen íntegras. Estas cámaras, como la sala de los toros o la galería axial, en Lascaux, debían de albergar el conocimiento y la sabiduría de la cultura; los relatos, sin duda, pero puede que también la historia, la mitología, la cosmología y tal vez la genealogía. Estas son obras de sentido general y, dado su papel prominente, probablemente se esperaba que las viera todo el que entrara en la gruta.

Las cámaras grabadas son de muy distinta índole. No parecen responder a una planificación previa, puesto que los grabados aparecen unos encima de otros en desbordante profusión. Aquí la obra precedente no se destruye ni se borra a propósito; simplemente, el siguiente artista las pasaba por alto. Esta obra es más personal y no pudo concebirse para que la viera todo el mundo.

Estas dos partes están unidas de algún modo. Jean Clottes y Lewis-Williams pensaban que las zonas pintadas servían para preparar a los individuos de cara a las visiones que tendrían en las zonas privadas, una idea que tiene sentido aun en el caso de que se rechace el chamanismo. Por alguna razón, las salas grandes tienen carácter universal; están situadas al principio de la cueva. Más adentro están los espacios privados, donde los individuos grababan en las paredes sus propias ideas, pensamientos o visiones. Este arte es más impredecible que las pinturas de las salas grandes. Los grabados plasman las ideas de un único individuo, aunque por supuesto se basen en las creencias compartidas de la sociedad. Las pinturas, sin embargo, eran el arte entendido como tal por todos.

Esto supone que se puede pensar en las pinturas, en concreto en las composiciones majestuosas e intrincadas como la de la sala de los toros de Lascaux, de manera parecida a otras formas de arte público que expresan las creencias unificadas de toda una sociedad. En ese sentido, las pinturas rupestres equivaldrían a los bajorrelieves de los frontones del Partenón, que representan una fértil mitología unificadora y fueron ejecutados, al igual que las pinturas de las cuevas, por las manos de artistas anónimos. De hecho, la comparación con el Partenón es precisa, puesto que los pintores de las cavernas trabajaban inmersos en su propia tradición clásica, igual que los artistas griegos. Las cualidades que definen el clasicismo —dignidad, fuerza, elegancia, soltura, confianza y claridad— son también los principales rasgos de las pinturas parietales. Por encima de todo, la esencia del arte clásico es que aspira a imitar la realidad creando imágenes de las formas ideales de la naturaleza. En la era paleolítica, las formas ideales no eran el Discóbolo o el David. Eran caballos, bisontes, mamuts y el resto de especies que obsesionaban a aquellos primeros artistas, todos creados como ideales. Los caballos y los bisontes son caballos y bisontes perfectos, nunca viejos, enfermos ni moribundos, y el conocimiento detallado de la anatomía de los animales se repite en el conocimiento que tenían los griegos de la anatomía humana. Incluso, o quizá sobre todo, las convenciones constantes en la representación pictórica de estos animales ideales —las posturas de perfil, los cuernos curvados con perspectiva torcida— son en sí mismas tan indicativas de la sensibilidad clásica como la figura erguida con una pierna doblada de la escultura griega. Las pinturas rupestres se apoderan de las ideas, la elegancia, la confianza y la dignidad clásicas, y a ello se debe que nos resulten familiares y que parezcan una parte directa de nuestro patrimonio. Conectamos de forma tan íntima con el arte rupestre porque los maestros griegos y renacentistas nos enseñaron, sin siquiera ser conscientes de ello, a apreciarlo.

Para los artistas griegos, perfeccionar las formas de la naturaleza expresaba los ideales filosóficos más elevados. Lo mismo ocurre con los pintores de las cavernas. Su arte repetitivo y plácido, pero cargado de belleza, basado en el perfeccionamiento de los animales hallados en la realidad, no fue solo la primera gran corriente artística, sino la primera gran corriente filosófica: el primer intento que conocemos de someter a un orden coherente el caos del mundo. ¡Cuán liberador, aterrador y tentador tuvo que ser! No es de extrañar, pues, que de vez en cuando aquellos pobladores, rudos pero civilizados, dejaran el mundo agitado y fecundo de la superficie y se adentraran en las cuevas, desiertas y estériles, y allí, bien colectivamente en las grandes cámaras pintadas, bien individualmente en los remotos túneles cubiertos de grabados, invocaran a las siluetas de los animales atrapados en la roca. Y entonces los contemplaban mientras aquel mundo subterráneo, liberado gracias a sus esfuerzos, tremolaba a la débil luz de las lámparas que ardían en sus manos.

Bibliografía

ADOVASIO, J. M. *et al.*, «Upper Palaeolithic Fibre Technology», *Antiquity*, 70, 1996, pp. 526-524.

AIRVAUX, J., «Découverte d'une grotte ornée, le réseau Guy Martin à Lussac-les-Châteaux (Vienne), et application d'une méthodologie structurale pour l'étude de l'art préhistorique», *L'Anthropologie* 102, núm. 4, 1998, pp. 495-521.

ALLEMAND, L., «Qui sauvera Lascaux?», *La Recherche*, 363, abril de 2003, pp. 26-33.

AMORMINO, V., «L'art paléolithique et le carbone 14», *L'Anthropologie* 104, núm. 31, 2000, pp. 373-381.

ANATI, E., *La religion des origines*, Hachette, París, 1999.

ARCHAMBEAU, M., y C. Archambeau, *Les Combarelles*, Pierre Fanlac, Périgueux, 1989.

—, «Les figurations humaines pariétales de la grotte des Combarelles», *Gallia Préhistoire*, 33, 1991, pp. 53-81.

ARSUAGA, J. L., *The Neanderthal's Necklace*, Four Walls Eight Windows, Nueva York, 2002.

AUDOUZE, F., «New Advances in French Prehistory», *Antiquity* 73, núm. 79, 1999, pp. 167-175.

—, «Leroi-Gourhan, a Philosopher of Technique and Evolution», *Journal of Archaeological Research* 10, núm. 4, 2002, pp. 277-306.

AUDOUZE, F. y André Leroi-Gourhan, «France: A Continental Insularity», *World Archaeology* 13, núm. 2, 1981, pp. 170-189.

AUJOULAT, N., «L'espace Suggére», *Les dossiers d'archéologie*, 152, 1990, pp. 12-23.

—, *Lascaux: Le geste, l'espace et le temps*, Seuil, París, 2004.

— *et al.*, «La grotte ornée de Cussac», *Bulletin de la Société Préhistorique Française*, 99, 2002, pp. 129-137.

— *et al.*, *La Vézère des origines*, Ministère de la Culture, París, 1991.

— *et al.*, «The Decorated Cave of Cussac: First Observations», *Paleo*, 13, 2001.

BACHECHI, L. *Et al.*, «An Arrow-Caused Lesion in a Late Upper Palaeolithic Human Pelvis». *Current Anthropology* 38, núm. 1, 1997, pp. 135-140.

BAHN, P. G., «Water Mythology and the Distribution of Palaeolithic Parietal Art», *Proceedings of the Prehistoric Society*, 44, 1978, pp. 125-134.

—, «Inter-Site and Inter-Regional Links During the Upper Palaeolithic: The Pyrenean Evidence», *Oxford Journal of Archaeology* 1, núm. 3, 1982, pp. 247-268.

—, «Prehistoric Wonder or Mammoth Red Herring?», *Independent on Sunday*, 12, enero de 1992.

—, ed. *The Cambridge Illustrated History of Archaeology*, Cambridge University Press, Cambridge, 1996.

—, «Membrane and Numb Brain: A Close Look at a Recent Claim for Shamanism in Paleolithic Art», *Rock Art Research* 14, núm. 1, 1997, pp. 62-68.

—, ed. *The Cambridge Illustrated History of Prehistoric Art*, Cambridge University Press, Cambridge, 1998.

BAHN, P. G. y J. Vertut, *Journey Through the Ice Age*, University of California Press, Berkeley, 1997; Seven Dials, Londres, 1999.

BARRIÈRE, C. y M. Suères, «Les mains des Gargas», *Les dossiers d'archéologie*, 178, 1993, pp. 46-55.

BARTON, C. M. *et al.*, «Art as Information: Explaining Upper Palaeolithic Art in Western Europe», *World Archaeology* 26, núm. 2, 1994, pp. 185-207.

BAR-YOSEF, O., «The Upper Paleolithic Revolution», *Annual Review of Anthropology*, 31, 2002, pp. 363-393.

BATAILLE, G., *Lascaux, or The Birth of Art*, traducido por A. Wainhouse, Skira, Lausana, 1955.

—, *The Tears of Eros*, traducido por P. Connor, City Lights, San Francisco, 1989.

—, *The Cradle of Humanity: Prehistoric Art and Culture*, editado por S. Kendall; traducido por M. Kendall y S. Kendall, Zone Books, Nueva York, 2005.

BEAUNE, S. A. de, «Palaeolithic Lamps and Their Specialization: A Hypothesis», *Current Anthropology* 28, núm. 4, 1987, pp. 569-577.

—, «Nonflint Stone Tools of the Early Upper Paleolithic», en *Before Lascaux: The Complex Record of the Early Upper Paleolithic*, editado por H. Knecht, A. Pike-Tay y R. White, CRC Press, Boca Raton, FL, 1993, pp. 163-191.

—, *Les hommes au temps de Lascaux*, Hachette, París, 1995.

—, «Chamanisme et préhistoire», *L'Homme*, 147, 1998, pp. 203-219.

BEAUNE, S. A. de. y R. White, «Ice Age Lamps», *Scientific American*, marzo de 1993, pp. 108-113.

BEDNARIK, R. G., «Le cas des lions hermaphrodites», *L'Anthropologie* 96, núm. 2/3, 1992, pp. 609-612.

—, «Art Origins», *Anthropos*, 89, 1994, pp. 169-180.

—, «A Taphonomy of Palaeoart», *Antiquity* 68, núm. 258, 1994, pp. 68-75.

—, «Concept-Mediated Marking in the Lower Palaeolithic», *Current Anthropology* 36, núm. 4, 1995, pp. 605-634.

BÉGOUËN, H., «The Magic Origin of Prehistoric Art», *Antiquity*, 3, 1929, pp. 5-19.

BÉGOUËN, H. y H. Breuil, *Les cavernes du Volp*, Arts et Métiers Graphiques, París, 1958.

BÉGOUËN, R. y J. Clottes, «Apports mobiliers dans les cavernes du Volp», *Altamira Symposium*, Madrid-Asturias-Santander, 1981.

—, «Grotte des Trois Frères», *In L'art des cavernes*, Ministère de la Culture-Imprimerie nationale, París, 1984.

—, «Les Trois Frères After Breuil», *Antiquity*, 61, 1987, pp. 180-187.

—, «Portable and Wall Art in the Volp Caves, Montesquieu-Avantès (Ariège)», *Proceedings of the Prehistoric Society*, 57, punto 1, 1991, pp. 65-79.

BELTRAN, A., ed., *The Cave of Altamira*, Abrams, Nueva York, 1998.

BERGER, T. D. y E. Trinkaus, «Patterns of Trauma among the Neandertals», *Journal of Archaeological Science*, 22, 1995, pp. 841-852.

BERGHAUS, G., ed., *New Perspectives on Prehistoric Art*, Praeger, Westport, CT, 2004.

BISSON, M. S., «Nineteenth-Century Tools for Twenty-First Century Archaeology? Why the Middle Paleolithic Typology of François Bordes Must Be Replaced», *Journal of Archaeological Method and Theory* 7, núm. 1, 2000, pp. 1-48.

BOCQUET-APPEL, J.-P. y P.-Y. Demars, «Neanderthal Contraction and Modern Human Colonization of Europe», *Antiquity*, 74, 2000, pp. 544-552.

—, «Population Kinetics in the Upper Palaeolithic in Western Europe», *Journal of Archaeological Science*, 27, 2000, pp. 551-570.

BOULE, M., «Émile Cartailhac», *L'Anthropologie* 31, núm. 5/6, 1921, pp. 587-608.

BOYLE, M., «Recollections of the Abbé Breuil», *Antiquity* 37, núm. 145, 1963, pp. 12-18.

BREUIL, H., «Essai de stratigraphie des dépôts de l'Âge du Renne», Première Congrès Préhistorique de France, Périgueux, 1905.

—, *Beyond the Bounds of History*, Gawthorn, Londres, 1949.

—, *Quatre cents siècles d'art pariétal*, traducido por M. E. Boyle, Dordogne Centre d'études et de documentation préhistoriques, Montignac, 1952.

BREUIL, H. y Raymond Lantier, *The Men of the Old Stone Age (Paleolithic & Mesolithic)*, traducido por B. B. Rafter, St. Martin's Press, Nueva York, 1965.

BRODRICK, A. H., *Father of Prehistory: The Abbé Breuil*, Greenwood Press, Westport, CT, 1973, primera edición, Morrow, 1963.

BYRNE, R., Introducción a la primera parte de *Creativity in Human Evolution and Prehistory*, editado por S. Mithen, Routledge, Londres, 1998.

CACHEL, S., «Dietary Shifts and the European Upper Palaeolithic Transition», *Current Anthropology* 38, núm. 4, 1997, pp. 579-603.

CAMPS, G., «Cro-Magnon: Une découverte en perpétuel devenir», *Les dossiers d'archéologie*, 156, 1991, pp. 4-13.

CAPITAN, L. y Jean Bouyssonie, *Limeuil: Son gisement à gravures sur pierres de l'Age du Renne*, Librairie Émile Nourry, París, 1924.

CARTAILHAC, É., *L'Age de Pierre dans les souvenirs et les superstitions populaires*, París, 1877.

—, «Les cavernes ornées de dessins. La grotte d'Altamira, Espagne. 'Mea culpa' d'un sceptique», *L'Anthropologie* 13, núm. 1, 1902, pp. 348-354.

— y H. Breuil, *La Caverne d'Altamira à Santillane près Santander (Espagne)*, Mónaco, 1906.

CHASE, P. G. y A. Nowell, «Taphonomy of a Suggested Middle Paleolithic Bone Flute from Slovenia», *Current Anthropology* 39, núm. 4, 1998, pp. 549-553.

CHAUVET, J.-M., E. B. Deschamps y C. Hillaire, *Dawn of Art: The Chauvet Cave*, Abrams, Nueva York, 1996.

CHIPPINDALE, C., «Current Issues in the Study of Paleolithic Images», *American Journal of Archaeology* 103, núm. 1, 1999, pp. 113-117.

—, «Studying Ancient Pictures as Pictures», en *Handbook of Rock Art Research*, editado por D. S. Whitley, AltaMira Press, Walnut Creek, California, 2001, pp. 247-272.

CHOLLOT, M., Catálogo, *Collection Piette*, del Musée des antiquités nationales, Éditions des Musées nationaux, París, 1964.

CHRISTENSEN, J., «Heaven and Earth in Ice Age Art: Topography and Iconography at Lascaux», *Mankind Quarterly* 36, núm. 3/4, 1996, pp. 247-259.

CHURCHILL, S. E. y F. Smith, «Makers of the Early Aurignacian of Europe», *Yearbook of Physical Anthropology*, 43, 2000, pp. 61-115.

CLARK, G. A., «Migration as an Explanatory Concept in Paleolithic Archaeology», *Journal of Archaeological Method and Theory* 1, núm. 4, 1994, pp. 305-343.

—, «The Logic of Inference in Transition Research», en *Questioning the Answers: Re-solving Fundamental Problems of the Early Upper Paleolithic*, editado por M. A. Hays y P. T. Thacker, Archaeopress, Oxford, 2001.

CLEUZIOU, S. *Et al.*, «The Use of Theory in French Archaeology», en *Archaeological Theory in Europe*, editado por I. Hodder, Routledge, Londres, 1991, pp. 91-128.

CLOTTES, J., «The Parietal Art of the Late Magdalenian», *Antiquity* 64, núm. 244, 1990, pp. 527-548.

—, «Paint Analyses from Several Magdalenian Caves in the Ariège Region of France», *Journal of Archaeological Science*, 20, 1993, pp. 223-235.

—, *Les Cavernes de Niaux: Art préhistorique en Ariège*, Seuil, París, 1995.

—, «Perspectives and Traditions in Paleolithic Rock Art Research in France», en *Perceiving Rock Art: Social and Political Perspectives; ACRA, The Alta Conference on Rock Art*, editado por K. Helskog y B. Olsen, Novus forlag, Oslo, 1995.

—, «Rhinos and Lions and Bear (Oh, MY!)», *Natural History*, 19 de mayo de 1995, pp. 30-34.

—, «Thematic Changes in Upper Paleolithic Art: A Veiw from the Grotte Chauvet», *Antiquity*, 70, 1996, pp. 276-288.

—, «Art of the Light and Art of the Depths», en *Beyond Art: Pleistocene Image and Symbol*, editado por M. Conkey *et al.*, Academy of Sciences, San Francisco, California, 1997, pp. 203-216.

—, *Voyage en préhistoire*, Maison des roches, París, 1998.

—, *La vie et l'art des Magdaléniens en Ariège*, Maison des roches, París, 1999.

—, *Grandes girafes et fourmis vertes*, Maison des roches, París, 2000.

—, «Paleolithic Europe», en *Handbook of Rock Art Research*, editado por D. S. Whitley, AltaMira Press, Walnut Creek, California, 2001, pp. 459-481.

—, «Caves as Landscapes», *Det Kongelige Norske Videnskabers Selskab*, 4, 2003a, pp. 11-30.

—, *Passion Préhistoire*, Maison des roches, París, 2003.

CLOTTES, J. y J. Courtin, *The Cave Beneath the Sea: Paleolithic Images at Cosquer*, traducido por M. Garner, Abrams, Nueva York, 1996.

CLOTTES, J. y D. Lewis-Williams, *Les chamanes de la préhistoire: Trans e magie dans les grottes*, Seuil, París, 1996. [*Los chamanes de la prehistoria*, Ariel, Barcelona, 2001.]

—, *The Shamans of Prehistory: Trance and Magic in the Painted Caves*, traducido por S. Hawkes, Abrams, Nueva York, 1998.

—, *Les chamanes de la préhistoire: texte intégral, polémique et réponses*, Maison des roches, París, 2001.

CLOTTES, J. *Et al.*, «La grotte Cosquer», *Bulletin de la Société Préhistorique Française* 89, núm. 4, 1992, pp. 98-128.

CLOTTES, J. *Et al.*, *Chauvet Cave: The Art of Earliest Times*, traducido por P. G. Bahn, University of Utah Press, Salt Lake City, 2003.

COHEN, C., «André Leroi-Gourhan, chasseur de préhistoire», *Critique* 15, núm. 444, 1984, pp. 384-403.

–, «Abbé Henri Breuil», en Murray, *Encyclopedia of Archaeology: The Great Archaeologists*, 1, pp. 301-312.

–, *The Fate of the Mammoth: Fossils, Myth y History*, traducido por W. Rodamor, University of Chicago Press, Chicago, 2002.

–, *La femme des origines*, Belin-Herscher, París, 2003.

COLE, S. C., «The Middle to Upper Paleolithic Transition in Southwest France», *Athena Review* 2, núm. 4, 2001, pp. 47-52.

CONARD, N. J. y M. Bolus, «Radiocarbon Dating the Appearance of Modern Humans and Timing of Cultural Innovations in Europe: New Results and New Challenges», *Journal of Human Evolution*, 44, 2003, pp. 331-371.

CONKEY, M. W., «On the Origins of Paleolithic Art», en *The Mousterian Legacy: Human Biological Change in the Upper Pleistocene*, editado por E. Trinkaus, B.A.R. International Series, 164, Oxford, 1983, pp. 201-227.

–, «New Approaches in the Search for Meaning? A Review of Research in Paleolithic Art», *Journal of Field Archaeology* 14, núm. 4, 1987, pp. 413-430.

–, «Humans as Materialists and Symbolists: Image Making in the Upper Paleolithic», en *The Origin and Evolution of Humans and Humanness*, editado por D. T. Rasmussen, Jones & Bartlett, Boston, 1993, pp. 95-118.

–, «Structural and Semiotic Approaches», en *Handbook of Rock Art Research*, editado por D. S. Whitley, AltaMira Press, Walnut Creek, California, 2001, pp. 273-310.

COUDART, A., «André Leroi-Gourhan», en Murray, *Encyclopedia of Archaeology: The Great Archaeologists*, 1, 1999, pp. 653-664.

—, «France», en *Murray, Encyclopedia of Archaeology: The Great Archaeologists*, 2, 1999, pp. 522-534.

COURAUD, C., «Pigments utilisent en préhistoire: Provenance, préparation, mode d'utilisation», *L'Anthropologie* 92, núm. 1, 1988, pp. 17-28.

COYE, N., *La préhistoire en parole et en acte*, L'Harmattan, París, 1997.

CREMADES, M., «La représentation des variations saisonnières dans l'art paléolithique», *L'Anthropologie* 101, núm. 1, 1997, pp. 36-82.

CURRAT, M. y L. Excoffier, «Modern Humans Did Not Admix with Neanderthals During Their Range Expansion into Europe», *PLoS Biology* 2, núm.12, 2004, pp. 2.264-2.274.

DAMS, L., «Preliminary Findings at the 'Organ' Sanctuary in the Cave of Nerja, Malaga, Spain», *Oxford Journal of Archaeology*, 3, 1984, pp. 1-15.

—, «Paleolithic Lithophones: Descriptions and ComParísons», *Oxford Journal of Archaeology* 4, núm. 1, 1985, pp. 31-46.

DAUBISSE, P. *Et al.*, *The Font-de-Gaume Cave*, traducido por Alain Spiquel, Fanlac, Périgueux, 1994.

DAUVOS, M., «Son et Musique Paléolithiques», *Les dossiers d'archéologie*, 142, noviembre de 1989, pp. 2-11.

DAVENPORT, D. y M. Jochim, «The Scene in the Shaft at Lascaux», *Antiquity*, 62, 1988, pp. 558-562.

DAVIDSON, I., «The Power of Pictures», en *Beyond Art: Pleistocene Image and Symbol*, editado por M. Conkey *et al.*, Academy of Sciences, San Francisco, California, 1997, pp. 125-159.

DAVIDSON, I. y W. Noble, «The Archaeology of Perception», *Current Anthropology* 30, núm. 2, 1989, pp. 125-155.

—, «Why the First Colonisation of the Australian Region is the Earliest Evidence of Modern Human Behavior», *Archaeology in Oceania* 27, núm. 3, 1992, pp. 113-119.

Davies, W., «A Very Model of a Modern Human Industry: New Perspectives on the Origins and Spread of the Aurignacian in Europe», *Proceedings of the Prehistoric Society*, 67, 2001, pp. 195-217.

Davies, W. *Et al.*, «The Human Presence in Europe During the Last Glacial Period III», en *Neanderthals and Modern Humans in the European Landscape During the Last Glaciation*, editado por T. H. van Andel y W. Davies, McDonald Institute for Archaeological Research, Oxford, dist. por Oxbow Books, Cambridge, Inglaterra, 2003, pp. 191-220.

Davis, W., «The Origins of Image Making», *Current Anthropology* 27, núm. 3, 1986, pp. 193-215.

De Balbin Behrmann, R. y J. Alcolea González, «Vie quotidienne et vie religieuse: Les sanctuaires dans l'art paléolithique», *L'Anthropologie* 103, núm.1, 1999, pp. 23-49.

Delluc, B. y G. Delluc, Connaître Lascaux, Sud-Ouest, Bordeaux, 1989.

—, «Images de la main dans notre Préhistoire», *Les dossiers d'archéologie*, 178, 1993, pp. 32-45.

—, «Les figures féminines schématiques du Périgord», *L'Anthropologie* 99, núm. 2/3, 1995, pp. 236-257.

—, Lascaux Retrouvé, Pilote 24, Périgueux, 2003.

—, «Marcel Ravidat, inventeur de Lascaux», *Bulletin de la Société historique et archéologique du Périgord*, 133, 2003, pp. 491-510.

Delluc, B., G. Delluc y F. Guichard, «La grotte ornée de Saint-Cirq (Dordogne)», *Bulletin de la Société Préhistorique Française* 84, núm. 10-12, 1987, pp. 364-393.

Delluc, G. y B. Delluc, «Le Sang, la souffrance et la mort dans l'art paléolithique», *L'Anthropologie* 93, núm. 2, 1989, pp. 389-406.

— y M. Rogues, *La nutrition préhistorique*, Pilote 24, Périgueux, 1995.

Delporte, H., *L'image de la femme dans l'art préhistorique*, Picard, París, 1979.

—, *Piette, pionnier de la préhistoire*, Picard, París, 1987.

DELPORTE, H. y L. Mons, «Hommage de la S.P.F. à André Leroi-Gourhan», *Bulletin de la Société Préhistorique Française* 84, núm. 10-12, 1987, pp. 324-327.

DEMARS, P.-Y., «Circulation des silex dans le nord de l'Aquitaine au Paléolithique Supérieur», *Gallia Préhistoire*, 40, 1998 pp. 1-28.

D'ERRICO, F., «Technology, Motion y the Meaning of Epipaleolithic Art», *Current Anthropology* 33, núm. 1, 1992, pp. 94-109.

—, «Birds of the Grotte Cosquer: the Great Auk and Palaeolithic Prehistory», *Antiquity* 68, núm. 258, 1994, pp. 39-48.

—, «Notation Versus Decoration in the Upper Palaeolithic: A Case Study from Tossal de la Roca, Alicante, Spain», *Journal of Archaeological Science*, 21, 1994, pp. 185-200.

—, «A New Model and Its Implications for the Origin of Writing: The La Marche Antler Revisited», *Cambridge Archaeological Journal* 5, núm. 2, 1995, pp. 163-206.

—, «The Invisible Frontier: A Multiple Species Model for the Origin of Behavioral Modernity», *Evolutionary Anthropology*, 12, 2003, pp. 188-202.

—, «Neandertal Extinction and the Millennial Scale Climatic Variability of OIS 3», *Quaternary Science Reviews*, 22, 2003, pp. 769-788.

— y P. Villa, «Holes and Grooves: The Contribution of Microscopy and Taphonomy to the Problem of Art Origins», *Journal of Human Evolution*, 33, 1997, pp. 1-31.

— *et al.*, «A Middle Paleolithic Origin of Music?», *Antiquity* 72, núm. 275, 1998, pp. 65-80.

— *et al.* «Archaeological Evidence for the Emergence of Language, Symbolism y Music: An Alternative Multidisciplinary Perspective», *Journal of World Prehistory* 17, núm. 1, 2003, pp. 1-70.

— *et al.*, «Neanderthal Acculturation in Western Europe?», *Current Anthropology*, 39, junio de 1998, pp. S1-S44.

DICKSON, D. B., *The Dawn of Belief: Religion in the Upper Paleolithic of Southwestern Europe*, University of Arizona Press, Tucson, 1990.

DUHARD, J.-P., «Images de la chasse au paléolithique», *Oxford Journal of Archaeology* 10, núm. 2, 1991, pp. 127-157.

—, «The Shape of Pleistocene Women», *Antiquity*, 65, 1991, pp. 552-562.

—, «La dichotomie sociale sexuelle dans les figurations humaines magdaléniennes», *Rock Art Research* 9, núm. 2, 1992, pp. 111-118.

—, «Les groupements humains dans l'art mobilier paléolithique français», *Bulletin de la Société Préhistorique Française* 89, núm. 6, 1992, pp. 172-183.

EASTHAM, A. y M. Eastham, «The Wall Art of the Franco-Cantabrian Deep Caves», *Art History* 2, núm. 4, 1979, pp. 365-387.

Elkins, J., «On the Impossibility of Close Reading», *Current Anthropology* 37, núm. 4, 1996, pp. 185-226.

ESHLEMAN, C., *Juniper Fuse: Upper Paleolithic Imagination and the Construction of the Underworld*, Wesleyan University Press, Middletown, CT, 2003.

FORBES, A, Jr. y T. Crowder, «The Problem of Franco-Cantabrian Abstract Signs: Agenda for a New Approach», *World Archaeology* 10, núm. 3, 1979, pp. 350-366.

FORMICOLA, V. *Et al.*, «The Upper Paleolithic Triple Burial of Dolni Vestonice: Pathology and Funerary Behavior», *American Journal of Physical Anthropology*, 115, 2001, pp. 372-379.

FRANCISCUS, R. G. y S. E. Churchill, «The Costal Skeleton of Shanidar 3 and a Reappraisal of Neandertal Thoracic Morphology», *Journal of Human Evolution*, 42, 2002, pp. 303-356.

FREEMAN, L. G. *Et al.*, *Altamira Revisited y Other Essays on Early Art*, Institute for Prehistoric Investigations, Chicago, 1987.

FRITZ, C., «Towards the Reconstruction of Magdalenian Artistic Techniques: The Contribution of Microscopic Analysis of Mobiliary Art», *Cambridge Archaeological Journal* 9, núm. 2, 1999, pp. 189-208.

GAMBLE, C., «Interaction and Alliance in Palaeolithic Society», *Man* 17, núm. 1, 1982, pp. 92-107.

—, *The Palaeolithic Settlement of Europe*, Cambridge University Press, Cambridge, 1986.

—, «The Social Context for European Palaeolithic Art», *Proceedings of the Prehistoric Society*, 57, aptdo. 1, 1991, pp. 3-15.

—, «Palaeolithic Society and the Release from Proximity: A Network Approach to Intimate Relations», *World Archaeology* 29, núm. 3, 1998, pp. 426-449.

—, *The Palaeolithic Societies of Europe*, Cambridge University Press, Cambridge, 1999.

GARCÍA, M. A., «La piste de pas humains de la grotte Chauvet a Vallon-Pontd'Arc», *International Newsletter on Rock Art*, 24, 1999, pp. 1-4.

GARCÍA, M. A. y H. Duday, «Les empreintes de mains dans l'argile des grottes ornées», *Les dossiers d'archéologie*, 178, 1993, pp. 56-59.

GARCÍA GUINEA, M. A., *Altamira: The Beginning of Art*, Madrid, 1969.

GARGETT, R. H., «Grave Shortcomings: The Evidence for Neanderthal Burial», *Current Anthropology*, 30, abril de 1989, pp. 157-190.

GARGETT, R. H., «Middle Palaeolithic Burial Is Not a Dead Issue», *Journal of Human Evolution*, 37, 1999, pp. 27-90.

GAT, A., «Social Organization, Group Conflict and the Demise of Neanderthals», *Mankind Quarterly* 39, núm. 4, verano de 1999, pp. 437-454.

GAUCHER, G., «André Leroi-Gourhan, 1911-1986», *Bulletin de la Société Préhistorique Française* 84, núm. 10-12, 1987, pp. 302-315.

GENESTE, J.-M. *Et al.*, *Lascaux: Une oeuvre de mémoire*, Fanlac, Périgueux, 2003.

GIEDION, S., *The Eternal Present: A Contribution on Constancy and Change*, Bollingen Foundation, dist. por Pantheon, Nueva York, 1962.

GORDON, B. C., *Of Men and Reindeer Herds in French Magdalenian Prehistory*, Oxford: B.A.R., B.A.R. International, 1988.

GOULD, S. J., «Up Against a Wall», *Natural History*, 7, 1996, pp. 16.

GRAVES, P., «New Models and Metaphors for the Neanderthal Debate», *Current Anthropology*, 32, diciembre de 1991, pp. 513-541.

GRAVES, P., «Gesture and Speech», *Antiquity* 68, núm. 259, 1994, pp. 438-445.

GUY, E., «Le style des figurations paléolithiques piquetées de la vallée du Côa (Portugal): pp. Premier essai de caractérisation», *L'Anthropologie*, 104, 2000, pp. 415-426.

—, «Esthétique et préhistoire: Pour une anthropologie due style», *L'Homme*, 165, 2003, pp. 283-290.

HAGEN, E. H. y G. A. Bryant, «Music and Dance as a Coalition-Signaling System», *Human Nature* 14, núm. 1, 2003, pp. 21-51.

HALVERSON, J., «Art for Art's Sake in the Paleolithic», *Current Anthropology* 28, núm. 1, 1987, pp. 63-89.

HAMMOND, M., «The Expulsion of the Neanderthals from Human Ancestry: Marcellin Boule and the Social Context of Scientific Research», *Social Studies of Science* 12, núm. 1, 1982, pp. 1-36.

HAYDEN, B., «The Cultural Capacities of Neandertals: A Review and Reevaluation», *Journal of Human Evolution*, 24, 1993, pp. 113-146.

HELVENSTON, P. A. y P. Bahn, «Testing the 'Three Stages of Trance' Model», *Cambridge Archaeological Journal* 13, núm. 2, 2003, pp. 213-224.

HENSHILWOOD, C. S. y C. Marean, «The Origin of Modern Human Behavior», *Current Anthropology*, 44, diciembre de 2003, pp. 627-651.

HUMPHREY, N., «Cave Art, Autism y the Evolution of the Human Mind», *Cambridge Archaeological Journal* 8, núm. 2, 1998, pp. 165-191.

HUYGE, D., «The 'Venus' of Laussel in the Light of Ethnomusicology», en *Rock Art in the Old World: Papers Presented in Symposium A of the* AURA *Congress*, Darwin, Australia, 1988, editado por M. Lorblanchet, Indira Gandhi National Centre for the Arts, dist. por UBS Publishers' Distributors, Nueva Delhi, 1992.

IGARASHI, J., «Relations entre les représentations figuratives et les signes danstrois grottes magdaléniennes», *L'Anthropologie*, 106, 2002, pp. 491-523.

IRWIN, A., «The Hooked Stick in the Lascaux Shaft Scene», *Antiquity*, 74, 2000, pp. 293-298.

JELINEK, A. J., «Hominids, Energy, Environment y Behavior in the Late Pleistocene», en *Origins of Anatomically Modern Humans*, editado por M. H. Nitecki y Doris V. Nitecki, Plenum, Nueva York, 1994, pp. 67-92.

JORDAN, P., *Neanderthal, Sutton Publishing*, Phoenix Mill, Reino Unido, 1999.

KELLER, O., «Eléments pour une préhistoire de la géométrie», *L'Anthropologie*, 105, 2001, pp. 327-349

KLEIN, R. G., *The Human Career*, 2ª ed., University of Chicago Press, Chicago, 1999.

—, «Archeology and the Evolution of Human Behavior», *Evolutionary Anthropology* 9, núm. 1, 2000, pp. 17-36.

—, «Whither the Neanderthals?», *Science*, 299, 7 de marzo de 2003, pp. 1.525-1.527.

KLEIN, R. G. con B. Edgar, *The Dawn of Human Culture*, Wiley, Nueva York, 2002.

KNECHT, H., «Splits and Wedges: The Technique and Technology of Early Aurignacian Antler Working», en *Before Lascaux: The*

Complex Record of the Early Upper Paleolithic, editado por H. Knecht, A. Pike-Tay y R. White, CRC Press, Boca Raton, FL, 1993.

KOHN, M. y Steven Mithen, «Handaxes: Products of Sexual Selection?», *Antiquity* 73, núm. 281, 1999, pp. 518-526.

KOZLOWSKI, J. K., *L'art de la préhistoire en Europe orientale*, CNRS, París, 1992.

— y M. Otte, «La formation de l'Aurignacien en Europe», *L'Anthropologie*, 104, 2000, pp. 3-15.

KRINGS, M. *Et al.*, «Neandertal DNA Sequences and the Origin of Modern Humans», *Cell*, 90, 11 de julio de 1997, pp. 19-30.

KURTÉN, B., *Pleistocene Mammals of Europe*, Weidenfeld & Nicolson, Londres, 1968.

—, *The Cave Bear Story: Life and Death of a Vanished Animal*, Columbia University Press, Nueva York, 1976.

LAGRANGE, J. *Et al.*, *Le livre du jubilé de Lascaux, 1940-1990*, Société historique et archéologique du Périgord, Périgueaux, 1990.

LAHR, M. M. y R. Foley, «Demography, Dispersal and Human Evolution in the Last Glacial Period», en *Neanderthals and Modern Humans in the European Landscape During the Last Glaciation*, editado por T. H. van Andel y W. Davies, McDonald Institute for Archaeological Research, Oxford, dist. por Oxbow Books, Cambridge, Inglaterra, 2003, pp. 241-256.

LAMING-EMPERAIRE, A., *Lascaux: Paintings and Engravings*, traducido por E. F. Armstrong, Penguin Books, Baltimore, 1959.

—, *La signification de l'art rupestre paléolithique*, Picard, París, 1962.

—, Prologue a l'édition espagnole, *Nomades de la mer*, Serpent de Mer, Capharnaum, 1963.

—, *Origines de l'archéologie préhistorique en France*, Picard, París, 1964.

—, «Art rupestre et organisation social», *Stander Symposium*, Bash, M. A. *Et al*, ed., Stunder-Madrid, no figura la editorial, 1972, pp. 65-79.

LANTIER, R., *Hommage a l'abbé Henri Breuil*, CNRS, París, 1957.

LAVALEE, D., «Annette Laming-Emperaire», *Journal de la société des américanistes*, 65, 1978, pp. 224-225.

LAYTON, R., «Shamanism, Totemism and Rock Art», *Cambridge Archaeological Journal* 10, núm. 1, 2000, pp. 169-186.

LEROI-GOURHAN, A., «L'Histoire sans textes», en *L'histoire et ses méthodes*, editado por C. Samaran, Encyclopédie de la Pléiade, 11, Gallimard, París, 1961, pp. 217-249.

—, *Les religions de la préhistoire (Paléolithique)*, Presses universitaires de France, París, 1964. [*Las religiones de la Prehistoria*, Laertes, Barcelona, 1994.]

—, *Treasures of Prehistoric Art*, Abrams, Nueva York, 1967.

—, *La France au temps des mammouths*, Hachette, París, 1969.

—, «Iconographie et interprétation», en *Symposium international sur les religions de la préhistoire*, Edizioni del Centro, Capo di Ponte, Italia, 1972.

—, «Préface», *Journal de la société des américanistes*, 67, 1981, pp. 21-22.

—, *The Dawn of European Art: An Introduction to Paleolithic Cave Painting*, traducido por S. Champion, Cambridge University Press, Cambridge, 1982. [*Prehistoria del arte occidental*, Gustavo Gili, Barcelona, 1968.]

—, *Les racines du monde*, P. Belfond, París, 1982.

—, *Le fil du temps*, Fayard, París, 1983.

—, *Pincevent*, Ministère de la Culture, París, 1984.

—, *The Hunters of Prehistory*, traducido por C. Jacobson, Atheneum, Nueva York, 1989.

—, *Gesture and Speech*, traducido por A. Bostock Berger, MIT Press, Cambridge, 1993.

LEROI-GOURHAN, A. *Et al.*, *La Préhistoire*, Presses universitaires de France, París, 1966.

LEROI-GOURHAN, Arl., «The Archaeology of Lascaux Cave», *Scientific American*, junio de 1972, pp. 104-112.

—, «Les Artistes de Lascaux», *Les Dossiers d'Archéologie*, 152, 1990, pp. 24-29.

— *et al.*, *Lascaux Inconnu*, Éditions du Centre national de la recherche scientifique, París, 1979.

LEWIS-WILLIAMS, D., *The Mind in the Cave: Consciousness and the Origins of Art*, Thames & Hudson, Londres, 2002.

—, *Believing and Seeing: Symbolic Meanings in Southern San Rock Paintings*, Academic Press, Londres, 1981.

—, «Wrestling with Analogy: A Methodological Dilemma in Upper Palaeolithic Art Research», *Proceedings of the Prehistoric Society*, 57, 1991, pp. 149-162.

— y T. A. Dowson, «The Signs of All Times: Entoptic Phenomena in Upper Palaeolithic Art», *Current Anthropology* 29, núm. 2, 1988, pp. 201-245.

LHOTE, H., «À propos de la «Lionne» des Trois-Freres», *L'Anthropologie* 92, núm. 1, 1988, pp. 371-372.

LINDLEY, J. M., y G. A. Clark, «Symbolism and Modern Human Origins», *Current Anthropology* 31, núm. 3, 1990, pp. 233-261.

LISTER, A., y P. Bahn, *Mammoths*, Marshall, Londres, 2000.

LORBLANCHET, M., «Finger Markings in Pech Merle and their Place in Prehistoric Art», en *Rock Art in the Old World: Papers Presented in Symposium A of the AURA Congress, Darwin, Australia, 1988*, editado por M. Lorblanchet, Indira Gandhi National Centre for the Arts, distribuido por UBS Publishers' Distributors, Nueva Delhi, 1992.

—, «Lascaux et l'art magdalénien», *Les dossiers d'archéologie*, 152, verano de 1990, pp. 46-61.

—, «Spitting Images: Replicating the Spotted Horses of Pech Merle», *Archaeology*, noviembre/diciembre de 1991, pp. 24-31.

—, *Les grottes ornées de la préhistoire: Nouveaux regards*, Errance, París, 1995.

—, *La Naissance de l'Art*, Errance, París, 1999.

LORBLANCHET, M., y A. Sieveking, «The Monsters of Pergouset», *Cambridge Archaeological Journal* 7, núm. 1, 1997, pp. 37-56.

MARQUER, J.-C. y M. Lorblanchet, «A Neanderthal Face? The Proto-figurine from La Roche-Cotard, Langeais (Indre-et-Loire, France)», *Antiquity* 77, núm. 298, 2003, pp. 661-670.

MARSHACK, A., «Methodology in the Analysis and Interpretation of Upper Palaeolithic Image», *Rock Art Research* 6, núm. 1, 1989, pp. 17-53.

—, «The Female Image: A 'Time-factored' Symbol», *Proceedings of the Prehistoric Society*, 57, aptdo. 1, 1991, pp. 17-31.

—, *The Roots of Civilization: The Cognitive Beginnings of Man's First Art, Symbol y Notation*, edición revisada y ampliada, Moyer Bell, Mount Kisco, Nueva York, 1991.

—, «The Tai Plaque and Calendrical Notation in the Upper Palaeolithic», *Cambridge Archaeological Journal* 1, núm. 1, 1991, pp. 25-61.

—, «The La Marche Antler Revisited», *Cambridge Archaeological Journal* 6, núm. 1, 1996, pp. 99-117.

—, «A Middle Paleolithic Symbolic Composition from the Golan Heights: The Earliest Known Depictive Image», *Current Anthropology* 37, núm. 2, 1996, pp. 357-365.

—, «The Berekhat Ram Figurine: A Late Acheulian Carving from the Middle East», *Antiquity* 71, núm. 272, 1997, pp. 327-338.

MCBREARTY, S. y A. Brooks, «The Revolution That Wasn't: A New Interpretation of the Origin of Modern Human Behavior», *Journal of Human Evolution*, 39, 2000, pp. 453-563.

MCDERMOTT, L., «Self-Representation in Upper Paleolithic Female Figurines», *Current Anthropology* 37, núm. 2, 1996, pp. 227-275.

MELLARS, P., «The Ecological Basis of Social Complexity in the Upper Paleolithic of Southwestern France», en *Prehistoric Hunter-Gatherers: The Emergence of Cultural Complexity*, editado por T. D. Price y J. A. Brown, Academic Press, Orlando, Florida, 1985.

—, «Major Issues in the Emergence of Modern Humans», *Current Anthropology* 30, núm. 3, 1989, pp. 349-385.

—, *The Neanderthal Legacy*, Princeton University Press, Princeton, 1996.

—, «Neanderthals, Modern Humans and the Archaeological Evidence for Language», en *The Origin and Diversification of Language: Third Paul L. and Phyllis Wattis Foundation Endowment Symposium (1997)*, editado por N. G. Jablonski y L. C. Aiello, California Academy of Sciences, dist. por University of California Press, San Francisco, 1998, pp. 89-115.

—, «The Neanderthal Problem Continued», *Current Anthropology* 40, núm. 3, 1999, pp. 341-364.

—, «Neanderthals and the Modern Human Colonization of Europe», *Nature*, 432, 2004 pp. 461-465.

—, «The Impossible Coincidence: A Single-Species Model for the Origins of Modern Human Behavior in Europe», *Evolutionary Anthropology*, 14, 2005 pp. 12-27.

MEROC, L. y J. Mazet, *Cougnac: Grotte peinte*, W. Kohlhammer Verlag, Stuttgart, 1956.

MICHELSON, A., «In Praise of Horizontality: André Leroi-Gourhan 1911-1986», *October*, 37, verano de 1986, pp. 3-5.

MILLER, M. A., «Love or War? The Demise of the Neanderthals», *Athena Review* 2, núm. 4, 2001, pp. 13-20.

MITHEN, S. J., «Looking and Learning: Upper Palaeolithic Art and Information Gathering», *World Archaeology* 19, núm. 3, 1988, pp. 297-327.

—, «To Hunt or to Paint: Animals and Art in the Upper Palaeolithic», *Man* 23, núm. 4, 1988, pp. 671-695.

—, *Thoughtful Foragers: A Study of Prehistoric Decision Makers*, Cambridge University Press, Cambridge, 1990.

— ed., *Creativity in Human Evolution and Prehistory*, Routledge, Londres, 1998.

MURRAY, T., ed. *Encyclopedia of Archaeology: The Great Archaeologists*, 2 vol., ABC-CLIO, Santa Barbara, California, 1999.

— ed., *Encyclopedia of Archaeology: History and Discoveries*, 3 vol., ABC-CLIO, Santa Barbara, California, 2001.

NIEDHORN, U., *The Lady from Brassempouy: A Fake-A Hoax?*, Haag und Herchen, Frankfurt am Main, 1990.

OLINS, Alpert, B., «Des preuves de sens ludique dans l'art au Pleistocene Supérieur», *L'Anthropologie* 96, núm. 2/3, 1992, pp. 219-244.

OLIVIER, L., «The Origins of French *Archaeology*», *Antiquity*, 73, 1999, pp. 176-183.

OTTE, M. «On the Suggested Bone Flute from Slovenia.» *Current Anthropology* 41, núm. 2 (2000): pp. 271-272.

OTTE, M. y L. Remache, «Réhabilitation des styles paléolithiques», *L'Anthropologie*, 104, 2000, pp. 365-371.

OVCHINNIKOV, I. *Et al.*, «Molecular Analysis of Neanderthal DNA from the Northern Caucasus», *Nature*, 404, 2000, pp. 490-493.

OWENS, D. A. y B. Hayden, «Prehistoric Rites of Passage: A Comparative Study of Transegalitarian Hunter-Gatherers», *Journal of Anthropological Archaeology*, 16, 1997, pp. 121-161.

PAGLIA, C., «The Magic of Images: Word and Picture in a Media Age», *Arion* 11, núm. 3, 2004, pp. 1-22.

PETERKIN, G. L., «Early Upper Palaeolithic Hunting Technology and Techniques in Southwest France», en *Questioning the Answers: Re-solving Fundamental Problems of the Early Upper Paleolithic*, editado por M. A. Hays y P. T. Thacker, Archaeopress, Oxford, 2001, pp. 171-186.

PETTITT, P., «Disappearing from the World: An Archaeological Perspective on Neanderthal Extinction», *Oxford Journal of Archaeology* 18, núm. 3, 1999, pp. 217-240.

—, «Neanderthal Lifecycles: Developmental and Social Phases in the Lives of the Last Archaics», *World Archaeology* 31, núm. 3, 2000, pp. 351-366.

PETTITT, P. y P. Bahn, «Current problems in dating Palaeolithic cave art: Candamo and Chauvet», *Antiquity*, 77, marzo de 2003, pp. 134-141.

PIETTE, E., *Histoire de l'art primitif*, Picard, París, 1987.

PIKE-TAY, A., «Hunting in the Upper Perigordian: A Matter of Strategy or Expedience?», en *Before Lascaux: The Complex Record of the Early Upper Paleolithic*, editado por H. Knecht, A. Pike-Tay y R. White, CRC Press, Boca Raton, FL, 1993, pp. 85-99.

PLASSARD, J., «Réflexion sur l'art de Rouffignac», *L'Anthropologie* 96, núm. 2/3, 1992, pp. 357-368.

POWERS, R. y C. Stringer, «Palaeolithic Cave Art Fauna», *Studies in Speleology*, 2, noviembre de 1975, pp. 266-298.

PROCTOR, R. N., «Three Roots of Human Recency», *Current Anthropology* 44, núm. 2, 2003, pp. 213-239.

RAPHAEL, M., *Prehistoric Cave Paintings*, traducido por N. Guterman, Pantheon, Bollingen 4, Nueva York, 1945.

—, *The Demands of Art*, Princeton University Press, para la Fundación Bollingen, Princeton, 1968.

—, *L'art pariétal paléolithique*, Couteau dans la plaie / Kronos, París, 1986.

RAPPENGLUCK, M. A., «Palaeolithic Timekeepers Looking at the Golden Gate of the Ecliptic», *Earth, Moon and Planets*, 85/86, 2001, pp. 391-404.

REINACH, S., «Gabriel de Mortillet», *Revue Historique*, 69, enero-abril de 1899, pp. 67-95.

—, «L'art et la magie», *L'Anthropologie*, 14, 1903, pp. 257-266.

REVERDIT, A., «Stations et traces des temps préhistoriques dans le canton de Montignac-sur-Vézère», *Bulletin de la Société historique et archéologique du Périgord*, 5, 1878, pp. 384-419.

RICHARD, N., «Gabriel de Mortillet», en Murray, *Encyclopedia of Archaeology: The Great Archaeologists*, 1, 1999, pp. 93-107.

—, «Marcellin Boule», en Murray, *Encyclopedia of Archaeology: The Great Archaeologists*, 1, 1999, pp. 263-272.

— ed., *L'invention de la préhistoire: Une anthologie*, Presses Pocket, París, 1992.

RIEL-SALVATORE, J. y G. Clark, «Middle and Early Upper Paleolithic Burials and the Use of Chronotypology in Contemporary Paleolithic Research», *Current Anthropology*, 42, agosto-octubre de 2001, pp. 449-479.

RIGAUD, A., «Les bâtons perces», *Gallia Préhistoire*, 43, 2001, pp. 101-151.

ROPER, M. K., «A Survey of the Evidence for Intrahuman Killing in the Pleistocene», *Current Anthropology* 10, núm. 4, aptdo. 2, 1969, pp. 427-459.

ROUSSOT, A., «Breuil et Lascaux», *Les dossiers d'archéologie*, 152, 1990, pp. 62-63.

ROZOY, C. y J.-G. Rozoy, «Roc-La-Tour I, le site des Esprits: L'art du Magdalénien VI à Monthermé (Ardennes)», *L'Anthropologie*, 107, 2003, pp. 501-531.

RUSPOLI, M., *The Cave of Lascaux: The Final Photographs*, Abrams, Nueva York, 1987.

RUSSELL, P., «Who and Why in Palaeolithic Art», *Oxford Journal of Archaeology* 8, núm. 3, 1989, pp. 237-249.

SABLIN, M. V. y G. Khlopachev, «The Earliest Ice Age Dogs: Evidence from Eliseevichi I», *Current Anthropology* 43, núm. 5, 2002, pp. 795-799.

SANDGATHE, D. M. y B. Hayden, «Did Neanderthals Eat Inner Bark?», *Antiquity* 77, núm. 298, 2003, pp. 709-718.

SAURA RAMOS, P. A., *The Cave of Altamira*, Abrams, Nueva York, 1999.

SAUVET, G., «La communication graphique paléolithique», *L'Anthropologie* 92, núm. 1, 1988, pp. 3-16.

SAUVET, G., «Fonction sémiologique de l'art pariétal paléolithique», en *La Mémoire*, L'Marmalton, París, 2, 1989, pp. 73-85.

—, *L'art mobilier non classique de la grotte magdalénienne de Bédeilhac (Ariège)*, Congres International UISPP, Lieja (en preparación), 2001.

—, «The paradigmatic pendulum in Paleolithic parietal art», *Paleoart* (en preparación), Chippindale.

SAUVET, G. y G. Tosello, «Le mythe paléolithique de la caverne», en *Le propre de l'homme: Psychanalyse et préhistoire*, editado por F. Sacco y G. Sauvet, Delachaux et Niestle, Lausana, 1998, pp. 55-90.

SAUVET, G. y A. Wlodarczyk, «Essai de sémiologie préhistorique», *Bulletin de la Societe Préhistorique Française*, 74, 1977, pp. 545-558.

—, «Structural Interpretation of Statistical Data from European Palaeolithic Cave Art», *23rd Chacmool Conference (1990)*, editado por A. S. Goldsmith *et al.*, University of Calgary Archaeological Association, Calgary, Canada, 1992.

— «Eléments d'une grammaire formelle de l'art pariétal paléozoïque», *L'Anthropologie* 99, núm. 2/3, 1995, pp. 193-211.

—, «L'art pariétal, miroir des sociétés paléolithiques», *Zephyrus*, 53/54, 2000-2001, pp. 215-238.

SHARPE, K. y L. Van Gelder, «Children and Paleolithic 'Art': Indications from Rouffignac Cave, France», *International Newsletter on Rock Art*, 38, 2004, pp. 9-17.

SHEA, J. J., «Modern Human Origins and Neanderthal Extinction: New Evidence from the East Mediterranean Levant», *Athena Review* 2, núm. 4, 2001, pp. 21-32.

—, «Neandertals, Competition y the Origin of Modern Human Behavior in the Levant», *Evolutionary Anthropology*, 12, 2003, pp. 173-187.

SHREEVE, J., *The Neandertal Enigma: Solving the Mystery of Human Origins, Morrow*, Nueva York, 1995.

SIEVEKING, A., *The Cave Artists*, Thames & Hudson, Londres, 1979.

—, «Style and Regional Grouping in Magdalenian Cave Art», *Institute of Archaeology Bulletin*, 16, 1979, pp. 95-109.

SIEVEKING, A., «Palaeolithic Art and Archaeology: The Mobiliary Evidence», *Proceedings of the Prehistoric Society*, 57, aptdo. 1, 1991, pp. 33-50.

SIMONS, M., «French Court Battle Delays Study of Ancient Cave 's Artworks», *New York Times*, 9 de diciembre de 1996.

SMITH, N. W., *An Analysis of Ice Age Art: Its Psychology and Belief System*, P. Lang, Nueva York, 1992.

SMITH, P. E., «The Abbé Henri Breuil and Prehistoric Archaeology», *Anthropologica* 4, núm. 2, 1962, pp. 199-208.

SOFFER, O., «Recovering Perishable Technologies Through Use Wear on Tools: Preliminary Evidence for Upper Paleolithic Weaving and Net Making», *Current Anthropology* 45, núm. 3, 2004, pp. 407-413.

SOFFER, O. *Et al.*, «Palaeolithic Perishables Made Permanent», *Antiquity*, 74, 2000, pp. 812-821.

SOFFER, O. *Et al.*, «The 'Venus' Figurines: Textiles, Basketry, Gender y Status in the Upper Paleolithic», *Current Anthropology* 41, núm. 4, 2000, pp. 511-537.

SOLECKI, R. S., *Shanidar, the First Flower People*, Knopf, Nueva York, 1971.

SOMMER, J. D., «The Shanidar IV 'Flower Burial': A Reevaluation of Neanderthal Burial Ritual», *Cambridge Archaeological Journal* 9, núm. 1, 1999, pp. 127-129.

SONNEVILLE-BORDES, D., «Le bestiaire paléolithique en Périgord: Chronologie et signification», *L'Anthropologie* 90, núm. 4, 1986, pp. 613-656.

SPETH, J. D., «News Flash: Negative Evidence Convicts Neanderthals of Gross Mental Incompetence», *World Archaeology* 36, núm. 4, 2004, pp. 519-526.

SPIESS, A. E., *Reindeer and Caribou Hunters: An Archaeological Study*, Academic Press, Nueva York, 1979.

STAPERT, D. y L. Johanson, «Flint and Pyrite: Making Fire in the Stone Age», *Antiquity*, 73, 1999, pp. 765-777.

STERN, N. y S. Holdaway, «Leroi-Gourhan yré», en Murray, *Encyclopedia of Archaeology: The Great Archaeologists*, 2, 1999, pp. 812-824.

STEWART, J. R. *Et al.*, «Neanderthals as Part of the Broader Late Pleistocene Megafaunal Extinctions?», en *Neanderthals and Modern Humans in the European Landscape During the Last Glaciation*, editado por T. H. van Andel y W. Davies, McDonald Institute for Archaeological Research, Oxford, dist. por Oxbow Books, Cambridge, Inglaterra, 2003, pp. 221-231.

STRAUS, L. G., «Upper Paleolithic Ibex Hunting in Southwest Europe», *Journal of Archaeological Science*, 14, 1987, pp. 163-178.

—, «The Upper Paleolithic of Cantabrian Spain», *Evolutionary Anthropology*, 14, 2005, pp. 141-158.

STRAUS, L. G. *Et al.*, «The Upper Palaeolithic Settlement of Iberia: First-Generation Maps», *Antiquity*, 74, 2000, pp. 553-566.

STRINGER, C., «Modern Human Origins-Distinguishing the Models», *African Archaeological Review* 18, núm. 2, 2001, pp. 67-75.

— y C. Gamble, *In Search of the Neanderthals: Solving the Puzzle of Human Origins*, Thames & Hudson, Nueva York, 1993.

TABORIN, Y., «Shells of the French Aurignacian and Perigordian», en *Before Lascaux: The Complex Record of the Early Upper Paleo-

lithic, editado por H. Knecht, A. Pike-Tay y R. White, CRC Press, Boca Raton, 1993, pp. 211-227.

TATTERSALL, I., *The Last Neanderthal: The Rise, Success y Mysterious Extinction of Our Closest Human Relations*, edición revisada, Westview Press, Boulder, Colorado, 1999.

TAUXE, D., «Participation figurative et abstraite du point dans l'iconographie pariétale de Lascaux», *L'Anthropologie* 103, núm. 4, 1999, pp. 531-548.

TERBERGER, T. y M. Street, «Hiatus or Continuity? New Results for the Question of Pleniglacial Settlement in Central Europe», *Antiquity*, 76, 2002, pp. 691-698.

THOMAS, H., *Human Origins: The Search for Our Beginnings*, Abrams, Nueva York, 1995.

THORNE, A. G. y M. H. Wolpoff, «The Multiregional Evolution of Humans», *Scientific American Special Edition*, New Look at Human Evolution, 2003, pp. 46-53.

TRINKAUS, E. y P. Shipman, *The Neandertals*, Vintage, Nueva York, 1994.

TYLDESLEY, J. A. y P. Bahn, «Use of Plants in the European Palaeolithic: A Review of the Evidence», *Quaternary Science Reviews*, 2, 1983, pp. 53-81.

UCKO, P. J. y A. Rosenfeld, *Palaeolithic Cave Art*, McGraw-Hill, Nueva York, 1967, reeditada en 1973.

VALLADAS, H. y J. Clottes, «Style, Chauvet and Radiocarbon», *Antiquity* 77, núm. 295, 2003, pp. 142-145.

VAN ANDEL, T. *Et al.*, «The Human Presence in Europe During the Last Glacial Period I: Human Migrations and the Changing Climate», en *Neanderthals and Modern Humans in the European Landscape During the Last Glaciation*, editado por T. H. van Andel y W. Davies, McDonald Institute for Archaeological Research, Oxford, dist. por Oxbow Books, Cambridge, Inglaterra, 2003, pp. 31-56.

VAUFREY, R., «Nécrologie-L'Abbé Henri Breuil», *L'Anthropologie* 66, núm. 1/2, 1962, pp. 158-165.

VIALOU, D., «Lascaux, architecture de l'art souterrain», *Les dossiers d'archéologie*, 152, 1990, pp. 38-43.

—, *Prehistoric Art and Civilization*, Abrams, Nueva York, 1998.

VIALOU, D., *La vache sautante de Lascaux*, Scala, París, 2003.

VOUVE, J., «Essai de caractérisation d'objets colorants découverts dans la grotte de Lascaux», *L'Anthropologie* 99, núm. 2/3, 1995, pp. 478-483.

WALLER, S. J., «Sound Reflection as an Explanation for the Content and Context of Rock Art», *Rock Art Research* 10, núm. 2, 1993, pp. 91-101.

WHITE, R., «Les Images féminines paléolithique: Un coup d'oeil sur quelques perspectives américaines», en *La Dame de Brassempouy*, editado por H. Delporte, ERAUL, Lieja, 1982.

—, *Dark Caves, Bright Visions: Life in Ice Age Europe*, W. W. Norton, Nueva York, 1986.

—, «Husbandry and Herd Control in the Upper Paleolithic: A Critical Review of the Evidence», *Current Anthropology* 30, núm. 5, 1989, pp. 609-632.

—, «Visual Thinking in the Ice Age», *Scientific American*, julio de 1989, pp. 92-99.

—, «Beyond Art: Toward an Understanding of the Origins of Material Representation in Europe», *Annual Review of Anthropology*, 21, 1992, pp. 537-564.

—, «Technological and Social Dimensions of 'Aurignacian-Age' Body Ornaments Across Europe», en *Before Lascaux: The Complex Record of the Early Upper Paleolithic*, editado por H. Knecht, A. Pike-Tay y R. White, CRC Press, Boca Raton, FL, 1993, pp. 277-299.

—, «Les archives du Paléolithique», *La Recherche*, julio de 1994.

—, «Personal Ornaments from the Grotte du Renne at Arcy-sur-Cure», *Athena Review* 2, núm. 4, 2001, pp. 41-46.

—, *Prehistoric Art: The Symbolic Journey of Humankind*, Abrams, Nueva York, 2003.

WHITE, R. y M. Bisson, «Imagerie féminine du Paléolithique», *Gallia Préhistoire*, 40, 1998, pp. 95-132.

WHITE, R. *Et al.*, «Upper Palaeolithic Fibre Technology», *Antiquity*, 70, 1996, pp. 526-524.

WILLEMONT, J., *Lascaux Revisited*, Crystal Productions, Glenview, IL, 1994.

WINDELS, F., *The Lascaux Cave Paintings*, traducido por C.F.C. Hawkes, Viking, Nueva York, 1950.

WOLPOFF, M. H. y R. Caspari, *Race and Human Evolution*, Simon & Schuster, Nueva York, 1997.

WOLPOFF, M. H. *Et al.*, «Multiregional, Not Multiple Origins», *American Journal of Physical Anthropology*, 112, 2000, pp. 129-136.

WOLPOFF, M. H. *Et al.*, «Why Not the Neanderthals?», *World Archaeology* 36, núm. 4, 2004, pp. 527-546.

WYNN, T. y F. L. Coolidge, «The Expert Neandertal mind», *Journal of Human Evolution*, 46, 2004, pp. 467-487.

Ilustraciones

Fotografías e ilustraciones que aparecen a lo largo del texto:

14 Henri Breuil, de Capitan, L., Breuil, H. y Peyrony, D. (1910). *La caverne de Font-de-Gaume aux Eyzies (Dordogne). Peintures et gravures murales des cavernes paléolithiques*, Imprimerie Veuve A. Chêne, Mónaco.

77 Museo Nacional y Centro de Investigación de Altamira.

89 Henri Breuil, *Quatre cents siècles d'art pariétal*, Centro de Estudios y Documentación sobre la Prehistoria, Montignac, Dordoña.

125 Colección privada. Con el permiso de Brigitte y Gilles Delluc, *Lascaux Retrouvé*, Pilote 24.

132 Nancy McMillen.

142 André Glory. Con permiso de Brigitte y Gilles Delluc, *Lascaux Retrouvé*, Pilote 24.

159 André Glory. Con permiso de Brigitte y Gilles Delluc, *Lascaux Retrouvé*, Pilote 24.

170 Fotografía perteneciente a *L'Art pariétal paléolithique*, de Raphael, traducción a cargo de P. Brault, Editions Le couteau dans la plaie/Kronos (1986).

177 Diagrama de G. Tosello según un calco de H. Breuil. Extraído de *L'Art pariétal paléolithique*, de Raphael, traducción a cargo de P. Brault, Editions Le couteau dans la plaie/Kronos (1986).

179 Henri Breuil, de Capitan, L., Breuil, H. y Peyrony, D. (1910). *La caverne de Font-de-Gaume aux Eyzies (Dordogne). Peintures et gravures murales des cavernes paléolithiques*, Imprimerie Veuve A. Chêne, Mónaco.
201 Brigitte y Gilles Delluc.
224, 249 Gregory Curtis.
227, 231, 238, 244, 246 Con permiso de Robert Bégouën, de Bégouën, Henri y Breuil, Henri, *Les Cavernes du Volp, Trois Frères, Tuc d'Audoubert a Montesquieu-Avantès*, Arts et Métiers Graphiques, París.

Agradecimientos

No podría haber escrito este libro sin la amistad y la ayuda que me ha brindado Jean Clottes. Desde el momento en que llegué a su casa de Foix, casi sin presentarme, fue amable y paciente conmigo, y me proporcionó toda clase de información. A medida que avanzaba con mi investigación, a menudo dando traspiés, siempre estuvo allí para responder preguntas y darme ánimos cuando lo necesité. Me abrió ciertas puertas que seguirían cerradas de no ser por él, y me ayudó a evitar numerosos errores. Le estaré eternamente agradecido por su amabilidad y generosidad.

Dos viejos amigos de confianza, Stephen Harrigan y William Broyles Jr., leyeron el manuscrito e hicieron muchas sugerencias útiles. Todo autor necesita amigos en quienes confíe que le dirán la verdad. Steve y Bill son los míos.

Le estoy agradecido a mi editora, Ann Close, por creer en este libro y ayudarme enormemente con él. Mi agente, David McCormick, manejó todos los detalles con admirable eficacia y ofreció también excelente asesoramiento editorial.

Al abrir la cueva de Les Trois-Frères para mí, Robert Bégouën no solo contribuyó al avance de este libro, sino que me proporcionó también uno de los mejores días de mi vida. Su hijo Eric también fue de gran ayuda.

En un periodo muy ajetreado de su vida, Laure Emperaire se tomó el tiempo de compartir conmigo sus recuerdos de su madre, Annette Laming-Emperaire.

La calurosa bienvenida que me dispensaron los arqueólogos en Francia me alentó a continuar mi investigación y mi escritura.

Georges Sauvet, de la Universidad de París, fue especialmente generoso con su tiempo y sus conocimientos. Brigitte y Gilles Delluc, matrimonio de prehistoriadores, me brindaron su amistad y me acogieron con extraordinaria hospitalidad. En particular, me hicieron partícipe de sus recuerdos sobre André Leroi-Gourhan. Claudine Cohen, de la École des Hautes Études en Sciences Sociales, tuvo la amabilidad de compartir conmigo una parte de su vasto conocimiento sobre la Prehistoria. Durante mi estancia con el equipo que lleva a cabo la investigación en Chauvet, tuve el privilegio de conocer a muchos científicos de talento, que sin excepción fueron amables y colaboraron conmigo. Por ello deseo dar las gracias a Norbert Aujoulat, Valérie Feruglio, Carole Fritz, Bernard Gely, Jean-Michel Geneste, Yanik Le Guillou —con quien además mantuve correspondencia después—, Gilles Tosello y Florian Berrouet. Ludivine Moreno fue gentil y me procuró valiosa información durante los recorridos por Niaux.

En medio de mi investigación mantuve varias conversaciones minuciosas con el historiador H. W. Brands. Sus comentarios resultaron especialmente útiles para situarme en el camino correcto. Al comienzo del proyecto, mi amigo del instituto, Norman Yoffee, ahora miembro del Departamento de Antropología de la Universidad de Michigan, me ayudó con los contactos y me dio continuos ánimos. John Speth, también de la Universidad de Michigan, pasó toda una mañana precisando conmigo ciertos matices del ámbito de la antropología. También leyó el manuscrito y realizó profusos comentarios, que corrigieron errores y llevaron a preguntas incisivas. Richard Klein, de Stanford, compartió generosamente conmigo algunos de sus profundos conocimientos en materia de desarrollo evolutivo.

Nancy McMillen fue de inmensa ayuda al recabar las ilustraciones.

Y, por supuesto, este libro no existiría de no ser por mis hijos y por mi esposa, Tracy.